世界500强企业最钟情的
领导力培训课程

# 最受欢迎的
# 哈佛管理课

| 乔布云◎编著 |

全球众多管理者、战略实战家和学者一致推荐，
是值得全球领袖深刻思考的一本书！

ZuiShouHuanYingDe
**HaFoGuanLiKe**

立信会计 出版社
LIXIN ACCOUNTING PUBLISHING HOUSE

图书在版编目（CIP）数据

最受欢迎的哈佛管理课 / 乔布云编著. —上海：
立信会计出版社，2014.6
　　（去梯言）
　　ISBN 978-7-5429-4214-2

　　Ⅰ.①最…　Ⅱ.①乔…　Ⅲ.①管理学–通俗读物
Ⅳ.①C93-49
　　中国版本图书馆CIP数据核字（2014）第068337号


策划编辑　蔡伟莉
责任编辑　蔡伟莉　宋　娟
封面设计　久品轩

**最受欢迎的哈佛管理课**

| 出版发行 | 立信会计出版社 | | |
|---|---|---|---|
| 地　　址 | 上海市中山西路2230号 | 邮政编码 | 200235 |
| 电　　话 | (021) 64411389 | 传　　真 | (021) 64411325 |
| 网　　址 | www.lixinaph.com | 电子邮箱 | lxaph@sh163.net |
| 网上书店 | www.shlx.net | 电　　话 | (021) 64411071 |
| 经　　销 | 各地新华书店 | | |

| | | | |
|---|---|---|---|
| 印　　刷 | 固安县保利达印务有限公司 | | |
| 开　　本 | 720毫米×1000毫米 | 1/16 | |
| 印　　张 | 19.5 | 插　页：1 | |
| 字　　数 | 268千字 | | |
| 版　　次 | 2014年6月第1版 | | |
| 印　　次 | 2014年6月第1次 | | |
| 书　　号 | ISBN 978-7-5429-4214-2/C | | |
| 定　　价 | 36.00元 | | |

# PREFACE
# 前　言

　　在美国哈佛大学，商学院学生都会上一门公开课，即管理课。教授们在这堂课中主要讲授领导力框架，帮助管理者提升团队绩效。这门课程，受到了许多学生的欢迎。

　　管理，直接影响着一个企业的兴衰成败。每一位高明的管理大师都像一位技艺精湛的厨师，能够根据实际情况来掌握好管理的火候，并不断地学习和尝试更先进的烹饪方法。日本企业的崛起归功于其对西方管理思想的吸收，印度软件业的成功则基本上是依靠现代的组织制度。那么中国企业的复兴靠什么？一位研究员曾经说过："中国企业最缺的是企业管理。那些深陷困境、风光不再的明星企业，危机多半来自管理不善。企业竞争实质上是管理水平的交流……"

　　随着全球化市场的形成，地球变得越来越小，在全球化市场竞争中已经没有一块受保护的领地了。任何企业要想生存和发展就必须面对激烈的竞争。不论其原来的基础如何，所有的企业在竞争中必须面对"优胜劣汰，适者生存"这一游戏规则。这是公平的，也是残酷的。中国加入WTO以后，中国的企业已经清醒地认识到，所面对的竞争对手将是那些世界级的企业。在新的形势下，中国的企业要生存、要发展，就必须以主动的姿态参与全球市场竞争并赢得竞争。而要赢得竞争，就要知己知彼。那么，今天西方的和东方的世界级企业的竞争优势是什么呢？产品和技术是我们容易看到的，但是更深层次的、起着关键作用的东西却是管理的理念和工具。

美国著名的管理学家彼得·德鲁克说过："在人类历史上，还很少有什么事比管理学的出现和发展更为迅猛，对人类具有更为重大和更为激烈的影响。"大到国家、企业，小到个人工作、生活中遇到的各种问题，管理都发挥着无可替代的作用。

20世纪末的20年，管理学发展迅猛。随着世界经济由制造业一统天下的格局成为历史，金融、贸易、IT产业、跨国集团大举发展，世界经济呈现繁荣多变的景象。游戏规则开始国际化、法制化，企业发展外部环境和对外关系上升为关乎企业生存的首要问题，公司治理结构取代了企业内部管理，连人力资源管理、市场营销这样的传统管理理论都无法沿袭旧路。

社会在交流中不断融合，各学科之间相互渗透。管理学也逐渐与经济学、哲学、社会学、心理学、数学等各种学科不断地融合。管理研究的层次在不断深入，管理理论也在不断地完善和发展，但更多的时候，人们需要的只是能够实际操作、简便、高效的组织管理原则。本书秉持这一原则，将西方和中国的一些基本的管理知识、管理思想以及管理的基本职能介绍给读者，让读者对管理有一个更清楚的了解。

企业的管理涉及人力资源、财务、组织、生产经营等各个方面，本书以哈佛管理课为蓝本，结合中外管理实践，将管理者的自我学习、组织管理、沟通技巧、指挥协调、企业文化、团队管理、信息管理等方面结合具体案例进行——阐述，希望对读者的理解和实际操作能有所帮助。

CONTENTS

# 目　录

## 第3章　哈佛变革课——为组织创造可持续的未来

## 第4章　哈佛领导魅力课

## 第5章　哈佛激励课

## 第6章　哈佛质量管理课

## 第7章　哈佛人员管理课

## 第8章　哈佛团队管理课

## 第9章　哈佛有效执行课

# 第1章

[哈佛决策课]

# 为什么犹豫不决是决策的大忌？
## ——布里丹毛驴效应

法国哲学家布里丹养了一头小毛驴，每天向附近的农民买一堆草料来喂。这天，送草的农民出于对哲学家的景仰，额外多送了一堆草料，放在旁边。这下子，毛驴站在两堆数量、质量和与它的距离完全相等的干草之间，可是为难坏了。它虽然享有充分的选择自由，但由于两堆干草价值相等，客观上无法分辨优劣。于是它左看看，右瞅瞅，始终无法分清究竟选择哪一堆好。

于是，这头可怜的毛驴就这样站在原地，一会儿考虑数量，一会儿考虑质量，一会儿分析颜色，一会儿分析新鲜度，犹犹豫豫，来来回回，在无所适从中活活地饿死了。

有人把决策过程中这种犹豫不定、迟疑不决的现象称之为"布里丹毛驴效应"。

"布里丹毛驴效应"是决策之大忌。古人讲："用兵之害，犹豫最大；三军之灾，生于狐疑。"

企业的经营管理中，机会往往稍纵即逝，如果决策人员在机会面前犹豫不决，无所适从，则必将错过良机，后悔都来不及。邓小平同志曾经就提出"机会要抓好，决策要及时"的口号。

日本尼西奇公司的发展就是一个典型的例子。

第二次世界大战后初期，日本经济萧条，尼西奇公司仅有30余名职工，公司生产雨衣、游泳帽、卫生带、尿布等橡胶制品，订货不足，经营不稳，公司有朝不保夕之虑。公司董事长多川博从人口普查中得知，日本每年大约出生250万婴儿，如果每个婴儿用两条尿布，一年就需要500万条，这是一个相当可观的尿布市场。多川博抓住时机，当机立断，放弃尿布以外的产品，把尼西奇公司变成尿布专业公司，集中力量，创立名牌，成了"尿布大王"。资本仅1亿日元，年销售额却高达70亿日元。

在我们每一个人的生活中也经常面临着种种抉择，因而人们都希望作出最佳的抉择，常常在抉择之前反复权衡利弊，再三仔细斟酌，甚至犹豫不决，举棋不定。但是，在很多情况下，机会稍纵即逝，并没有留下足够的时间让我们去反复思考，反而要求我们当机立断，迅速决策。如果我们犹豫不决，就会两手空空，一无所获。

# 为什么要比对手抢先一步？
## ——快鱼法则

当今市场竞争不是大鱼吃小鱼，而是快鱼吃慢鱼，这就是快鱼法则。

有两个人在树林里过夜。早上，树林里突然跑出一头大黑熊来，两个人中的一个忙着穿球鞋，另一个人对他说："你把球鞋穿上有什么用？我们反正跑不过熊啊！"忙着穿球鞋的人说："我不是要跑得快过熊，我是要跑得快过你。"

故事听起来有点无情，但竞争就是如此残酷。因为，我们面对的世界，是一个充满变数并且竞争非常激烈的世界，比跑得快不快，很可能成为决定成功与失败的关键。

当今市场竞争不是大鱼吃小鱼，而是快鱼吃慢鱼，这就是快鱼法则。这个法则是美国思科公司总裁约翰·钱伯斯深度概括出来的，他在谈到新经济的规律时说，现代竞争已"不是大鱼吃小鱼，而是快的吃慢的。"

以往，"大鱼吃小鱼"被视为常理，可是在信息社会的市场竞争中，有时不论大小，"快鱼吃慢鱼"的事时有发生。

它对于现代企业的启示有两个：一个是要学会快，另一个就是要学会吃。

"在社会进入信息时代的重要历史时期，市场反应速度决定着企业的命运，只有能够迅速应对市场者，才能成为市场逐鹿的佼佼者。"Modell体育用品公司的CEO默德在一次圆桌会议上重复了钱伯斯的这句话，他对与会的CEO们说："想要在以变制胜的竞赛中脱颖而出，速度是关键。"

正如非洲大草原上的动物们一样，当他们一开始迎着太阳奔跑的时候，狮子知道如果它跑不过速度比它慢的羚羊，它就会饿死；而羚羊也知道，如果自己跑不过速度最快的狮子，它就必然会被吃掉。

加拿大将枫叶旗定为国旗的决议通过的第三天，日本厂商赶制的枫叶小国旗及带有枫叶标志的玩具就出现在加拿大市场，销售火爆。作为"近水楼台"的加拿大厂商则坐失良机。有人曾形容说，美国人第一天宣布某项新发明，第二天投入生产，第三天日本人就把该项发明的产品投入了市场。

如今市场竞争异常激烈，市场风云瞬息万变，市场信息流的传播速度大大加快。谁能抢先一步获得信息、抢先一步做出应对，谁就能捷足先登，独占商机。因此，在这"快者为王"的时代，速度已成为企业的基本生存法则。企业必须突出一个"快"字，追求以快制胜，努力迅速应对市场变化。

众所周知，作为市场战略，时间对于资金、生产效率、产品质量、创新观念等，更具有紧迫性和实效性。因此，"快鱼吃慢鱼"亦即"抢先战略"，是赢得市场竞争最后胜利的首要条件。实施"抢先战略"，意在"先"，贵在"抢"，因为"商机"是短暂的、有限的，是稍纵即逝的。正所谓"机不可失，时不再来"。

某报载：某地一企业的一名年轻大学生，翻阅国内大量资料，长期蹲在市场调查研究，最后拿出一份周密而可行的调查报告，建议开发某项新产品，拓宽市场，拯救企业濒危之命运。企业领导慎之又慎，邀请有关专家40余人，展开讨论30余次。但众说纷纭、争论不休，几个月下来才达成一致意见，却闻讯邻厂早已捷足先登推出了同一系列产品，并获得国家专利，深受广大消费者青睐。

在市场上，人们往往将企业间的兼并收购比喻为"吃鱼"。有时是"大鱼吃小鱼"，这是指大企业兼并小企业，有时是"小鱼吃大鱼"，通过资本动作等方法实现小企业吞并大企业。

青岛海尔集团的老总张瑞敏认为，在市场经济发达的国家，企业的兼并经过三个阶段：① 大鱼吃小鱼，亦即弱肉强食；②"快鱼吃慢鱼"，技术先进的企业吃掉技术落后的企业；③ 鲨鱼吃鲨鱼，亦即强强联合。而在目前的中国，国企之间的兼并却不会出现这三种情况，因为是国有的，企业只要有一口气，就不会被吃掉，且"小鱼不觉其小，慢鱼不觉其慢，各得其所"。"死鱼"就根本不能吃。这是由中国的国情决定的。张瑞敏认为，既不能吃活鱼，又不能吃死鱼，唯有吃"休克鱼"，也就是处于休克状态的鱼，即企业的表面死了，但是肌体还没有坏，企业的管理有严重问题，停滞不前，只是处于休克状态。

张瑞敏所说的"休克鱼"，事实上也就是对带有中国国情的"慢鱼"的更传神称呼。中国市场经济中的"快鱼"——海尔，迄今已经进行了近20起兼并案，这些被收购的企业的亏损总额超过5亿元人民币，但是重组之后盘活的资本总额超过15亿元人民币，可以说是吃得其所，吃得其法！

对于传统产品来说，当"快鱼"的企业才能生存；而在新经济时代，企业之间的竞争就更为激烈，突出的就是"不快则死"。

有一段时间，北京前门外一家商店的经理发现，有许多顾客到店里来打听有无某种畅销商品，于是他马上决定亲自到广州进货，可到了广州才发现，已经有多家北京商店的采购人员都已经捷足先登，前来进这种货。

这位经理当机立断，马上采购，即刻用飞机抢运回京。果然，产品供不应求，当这家商店的产品销售已经进入尾声时，其他商家的货才通过铁路姗姗而来。这便是"快鱼吃慢鱼"的最好诠释，正所谓"领先一步，海阔天空；落后一步，寸步难行"。

由此可见，企业是不是"快鱼"，厂长、经理能否对市场信息作出快速反应是关键。然而，面对惊涛骇浪、瞬息万变的现代市场，企业家要具有快速反应这根神经，并非易事，应当从以下三个方面加以训练：

（1）培养事事关心、处处留意的观察能力，使自己耳聪目明，为作出快速反应奠定基础。"若将天地常揣摩，妙理终有一日开"，这句话很有道理。

（2）注重预测、分析、判断能力的提高，为加快决策速度提供必要的保证。企业家应是运用预测、判断能力解决复杂问题的专家，在没有现成的模式规律可循的时候，或者在有关信息不可靠、不全面的情况下，判断力是制定决策的一种能力。

（3）建立"灵活生产体系"，这是对快速反应、快速决断、进而付诸实施的必然途径。灵活的生产体系可以适应市场需求，改变大批量生产单一型号产品的做法，迅速将新产品发展计划变成现实，在最短时间内满足消费者的需求。

# 为什么"最佳"方案未必令人满意？

## ——决策学派

赫伯特·西蒙是美国管理学家和社会科学家，在管理学、经济学、组织行为学、心理学、政治学、社会学、计算机科学等方面都有较深的造诣。他早年就读于芝加哥大学，于1943年获得博士学位。自1949年担任美国卡内基梅隆大学计算机与心理学教授，他因"对经济组织内的决策程序所进行的开创性研究"获得1978年诺贝尔经济学奖。

西蒙认为，绝大多数的人类决策，不管是个人的还是组织机构的决策，都是属于寻找和选择合乎要求的措施的过程，这是因为寻找最大化措施的过程比寻找前一个过程要复杂得多。后者首要的条件是存在完全的理性，而现实中的人或组织都只是具有有限度的理性。西蒙的管理理论所关注的焦点是，人的社会行为的理性与非理性方面的界线。他的管理理论是关于意向理性和有限理性的一种独特理论，是关于那些因缺乏寻求最优的才智而转向寻求满意的人类行为的理论。

**作为管理决策者的经理，其决策制定包括四个主要阶段：**

（1）情报活动：找出制定决策的理由，即探寻环境，寻求要求决策的条件。

（2）设计活动：找出可能的行动方案，即创造、制定和分析采取的行动方案。

（3）抉择活动：在各种行动方案中进行抉择。

（4）审查活动：对已进行的抉择进行评价。

决策可以区分为性质相反的两种决策：一种是程序化决策，即结构良好的决策；另一种是非程序化决策，即结构不良的决策。区分它们的主要依据是这两种决策所采用的技术是不同的。

制定常规性程序化决策的传统方式，由于运筹学和电子数据处理等新的数字技术的研制和广泛的应用而发生了革命，而制定非程序化决策的传统方式包括大量的人工判断、洞察和直觉观察还未经历过任何较大的革命，但在某些基础研究方面正在形成某种革命，如探索式解决问题、人类思维的模拟等。自动化方面的进步和人类决策方面的进步会把组织中人的部分和电子的部分结合起来构成一种先进的人机系统。

**西蒙的组织设计思想认为，一个组织可分为三个层次：**

最下层是基本工作过程，在生产性组织中，指取得原材料、生产产品、储存和运输的过程；中间一层是程序化决策制定过程，指控制日常生产操作和分配系统；最上一层是非程序化决策制定过程，指对整个系统进行设计和再设计，为系统提供基础的目标，并监控其活动。

自动化通过对整个系统进行较为清晰而正规的说明，将使各层次之间的关系更为清楚明确。大型组织不仅分有层次，而且其结构几乎都是等级结构。

在最现代的组织中，西蒙的三层次理论已经不太适用，一方面，组织结构正在崩溃；另一方面，非程序性工作日益成为基层工作的特征，因此决策的重心正在由高层向底层转移。尽管如此，西蒙的决策理论仍然是我们理解人类行为的钥匙。

# 怎样激发有创意的方案？

## ——头脑风暴法

在群体决策中，由于群体成员心理相互作用影响，易屈于权威或大多数人意见，形成所谓的"群体思维"，群体思维削弱了群体的批判精神和创造力，损害了决策的质量。为了保证群体决策的创造性、决策质量的提高，管理上发展了一系列改善群体决策的方法，头脑风暴法是较为典型的一个。

头脑风暴法又可分直接头脑风暴法和质疑头脑风暴法。前者是在专家群体决策尽可能激发创造性，产生尽可能多的设想的方法，后者则是对前者提出的设想、方案逐一质疑，分析其现实可行性的方法。

采用头脑风暴法组织群体决策时，要集中有关专家召开专题会议，主持者以明确的方式向所有参与者阐明问题，说明会议的规则，尽力创造融洽轻松的气氛。主持者一般不发表意见，以免影响会议的自由气氛，由专家们自由提出尽可能多的方案。

**头脑风暴法应遵守如下原则：**

（1）无错判决原则。对每种意见、方案的评价必须放到最后阶段，此前不能对别人的意见提出批评和评价。认真对待任何一种设想，而不管其是否适当和可行。

（2）欢迎各抒己见，自由鸣放。创造一种自由的气氛，甚至容许参加者提出各种荒诞的想法。

（3）追求数量。意见越多，产生好意见的可能性越大。

（4）探索取长补短和改进方法。除提出自己的意见外，鼓励参加者对他人已经提出的设想进行补充、改进和综合。

为便于提供一个良好的创造性思维环境，应该确定专家会议的最佳人数和会议进行的时间。经验证明，专家小组规模以10~15人为宜，会议时间一般以20~60分钟效果最佳。

专家的人选应严格限制，便于参加者把注意力集中于所涉及的问题上；具体应按照下述三个原则选取：

（1）如果参加者相互认识，要从同一职位（职称或级别）的人员中选取，领导人员不应参加，否则可能对参加者造成某种压力。

（2）如果参加者互不认识，可从不同职位（职称或级别）的人员中选取。这时不应宣布参加人员职称，不论成员的职称或级别的高低，都应同等对待。

（3）参加者的专业应力求与所论及的决策问题相一致，这并不是专家组成员的必要条件，但是，专家中最好包括一些学识渊博、对所论及问题有较深理解的其他领域的专家。

头脑风暴法的主持工作，最好由对决策问题的背景比较了解并熟悉头脑风暴法的处理程序和处理方法的人担任。

头脑风暴法专家小组应由下列人员组成：

方法论学者：专家会议的主持者；

设想产生者：专业领域的专家；

分析者：专业领域的高级专家；

演绎者：具有较高逻辑思维能力的专家。

头脑风暴法的所有参加者，都应具备较高的联想思维能力。在进行"头脑风暴"（即"思维共振"）时，应尽可能提供一个有助于把注意力高度集中于所讨论问题的环境。有时候某个人提出的设想，可能正是其他准备发言的人已经思考过的设想。其中一些最有价值的设想，往往是在已提出设想的基础之上，经过"思维共振"的"头脑风暴"，迅速发展起来的设想，或是对两个或多个设想的综合设想。因此，头脑风暴法产生的结果，应当是专家成员集体创造的成果，是专家组这个宏观智能结构互相感染的总体效应。

头脑风暴主持者的发言应能激起参加者的思维"灵感"，促使参加者急需回答会议提出的问题。通常在"头脑风暴"开始时，主持者需要采取询问的做法，因为主持者很少有可能在会议开始前5~10分钟内创造一种自由交换意见的气氛，并调动参加者踊跃发言。

主持者的主动活动也只局限于会议开始之时，一旦参加者被鼓励起来以后，新的设想就会源源不断地涌现出来。这时，主持者只需根据"头脑风暴"的原则进行适当引导即可。应当指出，发言量越大，意见越多种多样，所论问题越广越深，出现有价值设想的概率就越大，会议提出的设想应由专人简要记载下来或存储在光盘中，以便由分析组对会议产生的设想进行系统化处理，供下一阶段使用。系统化处理程序如下：

（1）对所有提出的设想编制名称一览表。

（2）用所有参会者都理解的术语说明每个设想的要点。

（3）找出重复的和互为补充的设想，并在此基础上形成综合设想。

在决策过程中，对上述直接头脑风暴法提出的系统化的方案和设想，还经常采用"质疑头脑风暴法"进行质疑和完善。这是头脑风暴法中对设想或方案的现实可行性进行估价的一个专门程序。"质疑头脑风暴法"包括四个阶段：

（1）要求参加者对每一个提出的设想都要提出质疑，并进行全面评论。评论的重点，是研究有碍设想实现的所有限制性因素。在质疑过程中，可能会产生一些可行的新设想。这些新设想，包括对已提出的设想无法实现的原因的论证、存在的限制因素以及排除限制因素的建议。其结果通常是："××设想是不可行的。因为……如要使其可行，必须……"

（2）是对每一组或每一个设想，编制一张评论一览表以及可行性设想一览表。

质疑头脑风暴法应遵守的原则与直接头脑风暴法一样，只是禁止对已有的设想提出肯定意见，而是鼓励提出批评和新的可行设想。

在进行质疑头脑风暴法时，主持者应首先简明介绍所讨论问题的内容，扼要介绍各种系统化的设想和方案，以便把参加者的注意力集中于所讨论问题的全面评价上。质疑过程一直进行到没有问题可以质疑为止。质疑中提出的所有评价意见和可行设想，应专门记录或录音。

（3）是对质疑过程中提出的评价意见进行估价，以便形成一张对解决所讨论问题实际可行的最终设想一览表。对于评价意见的估价，与对所讨论设想质疑一样重要。因为在质疑阶段，重点是研究有碍设想实施的所有限制因素，而这些限制因素即使在设想产生阶段也是放在重要地位予以考虑的。

（4）由分析组负责处理和分析质疑结果。分析组要吸取一些有能力对设想实施作出较准确判断的专家参加。如果须在很短时间就重大问题作出决策时，吸取这些专家参加尤为重要。

实践经验表明，头脑风暴法可以排除折中方案，对所讨论问题通过客观、连续的分析，找到一组切实可行的方案，因而头脑风暴法在军事决策和民用决策中得到了较广泛的应用。例如，在美国国防部制订长远科技规划中，曾邀请50名专家采取头脑风暴法开了两周会议。参加者的任务是对事先提出的长远规划提出异议。通过讨论，得到一个使原规划文件变为协调一致的报告，在原规划文件中，只有25%~30%的意见得到保留，由此可以看出头脑风暴法的价值。

当然，头脑风暴法实施的成本（时间、费用等）是很高的，另外，头

脑风暴法要求参与者有很好的素质。这些因素是否满足会影响头脑风暴法实施的效果。

# 怎样充分发挥专家集思广益的作用？
## ——德尔菲法

德尔菲法是借用Delphi（即古希腊遗址中预卜未来的阿波罗神殿的名字）来命名的一种政策行动预测方法。据有关资料介绍，德尔菲法最先是由兰德公司与道格拉斯在20世纪60年代（1969年）首先创立出来的一种专家咨询预测法。从一定意义上说，德尔菲法也是一种专家分析方法，但不是直接性的专家分析，而是间接性的专家分析。

德尔菲法依据系统的程序，采用匿名发表意见的方式，即专家之间不得互相讨论，不发生横向联系，只能与调查人员发生关系，通过多次调查专家对问卷所提问题的看法，经过反复征询、归纳、修改，最后汇总成专家基本一致的看法，作为预测的结果。这种方法具有广泛的代表性，较为可靠。

**德尔菲法的具体实施步骤如下：**

（1）组成专家小组。按照课题所需要的知识范围，确定专家，德尔菲法成功的关键，是专家组的每位成员，不再是该领域的学有专长的专家。专家人数的多少，可根据预测课题的大小和涉及面的宽窄而定，一般不超过20人。

（2）向所有专家提出所要预测的问题及有关要求，并附上有关这个问题的所有背景材料，同时请专家提出还需要什么材料。然后，由专家作出书面答复。

（3）各个专家根据他们所收到的材料，提出自己的预测意见，并说明自己是怎样利用这些材料并提出预测值的。

（4）将各位专家第一次判断意见汇总，列成图表，进行对比，再分发给各位专家，让专家比较自己同他人的不同意见，以便修改自己的意见和判断。也可以把各位专家的意见加以整理，或请身份更高的其他专家加以评论，然后把这些意见再分送给各位专家，以便他们参考后修正自己的意见。

（5）将所有专家的修改意见收集起来，汇总，再次分发给各位专家，以便作出第二次修改。逐轮收集意见并为专家反馈信息是德尔菲法的主要环节。收集意见和信息反馈一般要经过三四轮，在向专家进行反馈的时候，只给出各种意见，但并不说明发表各种意见的专家的具体姓名。这一过程重复进行，直到每一个专家不再改变自己的意见为止。

（6）对专家的意见进行综合处理。

书刊经销商采用德尔菲法对某一专著销售量进行预测。该经销商首先选择若干书店经理、书评家、读者、编审、销售代表和海外公司经理组成专家小组。该经销商将该专著和一些相应的背景材料发给各位专家，要求大家给出专著最低销售量、最可能销售量和最高销售量三个数字，同时说明自己作出判断的主要理由。该经销商将专家们的意见收集起来，归纳整理后返回给各位专家，然后要求专家们参考他人的意见对自己的预测重新考虑。从表1中我们可以看出，专家们完成第一次预测并得到第一次预测的汇总结果以后，书店经理除外，其他专家在第二次预测中都作了不同程度的修正。重复进行，在第三次预测中，大多数专家又一次修改了自己的看法。第四次预测时，所有专家都不再修改自己的意见（表1中没有列出）。因此，专家意见收集过程在第四次以后停止，最终结果为最低销售量26万册，最高销售量60万册，最终可能销售量46万册。

表1 专家们的预测

| 专家小组成员 | | 第一次预测 | | | 第二次预测 | | | 第三次预测 | | |
|---|---|---|---|---|---|---|---|---|---|---|
| | | 最低销售量 | 最可能销售量 | 最高销售量 | 最低销售量 | 最可能销售量 | 最高销售量 | 最低销售量 | 最可能销售量 | 最高销售量 |
| 书店经理 | A | 25 | 60 | 85 | 25 | 70 | 80 | 25 | 75 | 80 |
| | B | 36 | 50 | 75 | 35 | 50 | 75 | 35 | 50 | 75 |
| | C | 50 | 60 | 70 | 40 | 50 | 60 | 50 | 70 | 75 |
| 书评家 | A | 5 | 15 | 37 | 9 | 22 | 47 | 9 | 24 | 47 |
| | B | 30 | 55 | 85 | 35 | 50 | 70 | 25 | 68 | 75 |
| 读者 | A | 40 | 55 | 80 | 35 | 45 | 70 | 25 | 35 | 60 |
| | B | 10 | 25 | 55 | 22 | 35 | 60 | 20 | 35 | 60 |
| 编审 | A | 19 | 22 | 31 | 22 | 28 | 34 | 22 | 28 | 34 |
| | B | 20 | 30 | 45 | 22 | 34 | 44 | 22 | 34 | 44 |
| 销售代表 | A | 16 | 22 | 31 | 12 | 25 | 31 | 28 | 37 | 62 |
| | B | 20 | 35 | 50 | 20 | 35 | 50 | 20 | 45 | 50 |
| 海外公司经理 | | 20 | 35 | 55 | 20 | 35 | 50 | 25 | 45 | 50 |
| 小组平均数 | | 23 | 39 | 58 | 24 | 40 | 57 | 26 | 46 | 60 |
| 书店平均数 | | 37 | 57 | 77 | 33 | 57 | 72 | 37 | 65 | 77 |
| 书说家平均数 | | 18 | 34 | 61 | 17 | 36 | 59 | 17 | 46 | 60 |
| 读者平均数 | | 22 | 42 | 65 | 25 | 41 | 63 | 22 | 38 | 60 |
| 编审平均数 | | 20 | 26 | 38 | 22 | 31 | 39 | 22 | 31 | 39 |
| 销售代表平均数 | | 18 | 29 | 41 | 16 | 30 | 41 | 27 | 41 | 56 |
| 海外公司经理平均数 | | 20 | 35 | 55 | 20 | 35 | 50 | 25 | 45 | 50 |

德尔菲法作为一种主观、定性的方法，不仅可以用于预测领域，而且可以广泛应用于各种评价指标体系的建立和具体指标的确定过程。

我们在考虑一项投资项目时，要对该项目的市场吸引力作出评价。我们可以列出同市场吸引力有关的若干因素，包括整体市场规模、年市场增长率、历史毛利率、竞争强度、对技术要求、对能源的要求、对环境的影响等。市场吸引力的这一综合指标就等于上述因素的加权求和数。每一因素在构成市场吸引力时的重要性即权重和该因素的得分，需要由管理人员的主观判断来确定，这时，我们同样可以采用德尔菲法。

德尔菲法与常见的召集专家开会、通过集体讨论得出一致预测意见的专家会议法既有联系又有区别。

德尔菲法能发挥专家会议法的优点：

（1）能充分发挥各位专家的作用，集思广益，准确性高。

（2）能把各位专家意见的分歧点表达出来，取各家之长，避各家之短。

德尔菲法又能避免专家会议法的缺点：

（1）权威人士的意见影响他人的意见。

（2）有些专家碍于情面，不愿意发表与其他人不同的意见。

（3）出于自尊心而不愿意修改自己原来不全面的意见。

德尔菲法的主要缺点是过程比较复杂，花费时间较长。

# 如何识别管理的关键因素？
## ——ABC分类法

帕累托分析法，它是根据在技术或经济方面的主要特征，进行分类排队，分清重点和一般，从而有区别地确定管理方式的一种分析方法。由于它把被分析的对象分成A、B、C三类，所以又称为ABC分类法。

ABC分类法由意大利经济学家帕累托首创的，1879年，帕累托在研究个人的分布状态时，发现少数人的收入占全部人口收入的大部分，而多数人的收入却只占一小部分，他将这一关系用图表示出来，就是著名的帕累托图，该分析方法的核心思想是在决定一个事物的众多因素中分清主次。识别出少数的但对事物起决定作用的关键因素和多数的但对事物影响较少的次要因素。后来帕累托法被不断应用于管理的各个方面，1951年，管理学家戴克将其应用于库存管理，命名为ABC分类法。1951年至1956年，朱兰将ABC分类法引入质量管理，用于质量问题的分析，被称为排列图。1963年，德鲁克将这一方法推广到全部社会现象，使ABC分类法成为企业提高效益的普遍应用的管理方法。

**ABC分类法大致可以分五个步骤：**

（1）收集数据。针对不同的对象和分析内容，收集有关数据。

（2）统计汇总。

（3）编制ABC分析表。

（4）绘制ABC分析图。

（5）确定重点管理方式。

我们以库存管理为例来说明ABC分类法的具体应用，如果我们打算对库存商品进行年销售额分析，那么：

（1）收集各个品目商品的年销售量、商品单价等数据。

（2）对原始数据进行整理并按要求进行计算。如计算销售额、品目数、累计品目数、累计品目百分数、累计销售额、累计销售百分数等。

（3）作ABC分类表。在总品目数不太多的情况下，可以用大排队的方法将全部品目逐个列表（见表2）。按销售额的大小，由高到低对所有品目顺序排列；将必要的原始数据和经过统计汇总的数据，如销售量、销售额、销售额百分数填入、计算累计品目数、累计品目百分数、累计销售额、累计销售百分数；将累计销售额为60%~80%的前若干品目定为A类；将销售额为20%~30%的若干品目定为B类；将其余的品目定为C类。如果品目数很多，无法全部排列在表中或没有必要全部排列出来，可以采用分层的方法，即先按销售额进行分层，以减少品目栏内的项数，再根据分层的结果将关键的A类品目逐个列出来进行重点管理。

**表2 分层的ABC分析表**

| 按销售额分层范围（千元） | 品目数 | 累计品目数 | 类计品目百分数（%） | 销售额（千元） | 累计销售额（千元） | 累计销售额（%） | 分类结果 |
|---|---|---|---|---|---|---|---|
| ≥6 | 280 | 260 | 7.5 | 5800 | 5800 | 69 | A |
| 5~6 | 86 | 346 | 9.9 | 500 | 6300 | 75 | A |
| 4~5 | 55 | 401 | 11.7 | 250 | 6550 | 78 | B |
| 3~4 | 95 | 496 | 14.4 | 340 | 6890 | 82 | B |
| 2~3 | 170 | 666 | 19.4 | 420 | 7310 | 87 | B |
| 1~1 | 352 | 1018 | 29.6 | 410 | 7720 | 92 | B |
| ≤1 | 2421 | 3439 | 100 | 670 | 8390 | 100 | C |

（4）以累计品目百分数为横坐标，累计销售额百分数为纵坐标，根据ABC分析表中的相关数据，绘ABC分析图。

**表3 ABC分类管理策略**

| | A | B | C |
|---|---|---|---|
| 管理要点 | 投入较大力量精心管理，将为存压缩到最低水平 | 按经营方针调节为存水平 | 集中大量订货，以较高的库存来减少订货费用 |
| 订货方式 | 计算每种商品的订货量，按最优批量订货批量，采用定期订货的方式 | 采用定量订货方式，当库存降到最低点时发出订货，订货数为经济批量 | 采用双堆法，用两个库位储存，一个库位公网发完了，用另一个库位发，并补充第一个库位的存公网 |
| 定额水平 | 按品种甚至规格控制 | 按品种大类品种控制 | 按总金额控制 |
| 检查方式 | 经常检查 | 一般检查 | 按年或季度检查 |
| 统计方法 | 详细统计，按品种上、规格规定统计项目 | 一般统计，按大类规定统计项目 | 按金额统计 |

（5）根据ABC分析的结果，对ABC三类商品采取不同的管理策略（见表3）。

ABC分类法还可以应用到质量管理、成本管理和营销管理等管理的各个方面。

在质量管理中，我们可以利用ABC分类法分析影响产品质量的主要因素，并采取相应的对策。例如，我们列出影响产品质量的因素包括外购件的质量、设备的状况、工艺设计、生产计划变更、工人的技术水平、工人对操作规程的执行情况等。我们以纵轴表示由于前几项因素造成的不合格产品占不合格产品总数的累计百分数，横轴按造成不合格数量的多少，从大到小顺序排列影响产品质量的各个因素。这样，我们就可以很容易地将影响产品质量的因素分为A类、B类和C类因素。假设通过分析发现外购件的质量和设备的维修状况造成产品质量问题的A类因素，那么我们就应该采取相应措施，对外购件的采购过程严格控制，并加强对设备的维修，解决好这两个问题，就可以把质量不合格产品的数量减少80%。

ABC分类法还可以应用在营销管理中，例如企业在对某一产品的顾客进行分析和管理时，可以根据用户的购买数量将用户分成A类、B类和C类用户。由于A类用户数量较少，购买量却占公司产品销售的80%，企业一般会为A类用户建立专门的档案，指派专门的销售人员负责对A类用户的销售业务，提供销售折扣，定期派人走访，采用直接销售的渠道方式。而对数量众多、购买量很小、分布不均的C类用户则可以采取利用中间商，间接销售的渠道方式。

应当说明的是，应用ABC分类法，一般是将分析对象分成A、B、C三类。但我们也可以根据分析对象重要性分布的特性和对象的数量的大小分成两类或三类以上。

# 怎样判断你的公司是不是太大了？
## ——艾奇布恩定理

艾奇布恩定理是指，如果你遇见员工而不认得，或忘了他的名字，那你的公司就太大了点。摊子一旦铺得过大，你就很难把它照顾周全。该定理的提出者是英国史蒂芬·约瑟剧院导演亚伦·艾奇布恩。

2002年年末法国时装设计大师皮尔·卡丹，邀请文化艺术界名流1 000人，在卡丹艺术中心举办慈善音乐会，随后在马克西姆餐厅举办大型招待晚宴。法国《费加罗报》认为，在某种意义上，这是卡丹的告别活动，因为第二天他就着手处理出售其部分企业。

卡丹在时装界拼搏了半个世纪，靠勤奋和天赋在竞争激烈的时装之都——巴黎站稳了脚跟，成为时装设计的一代宗师。借助在时装业取得的成功，卡丹迅速扩展事业，建立起一个由24个公司组成的"帝国"。"帝国"的结构是金字塔形的，以时装业和香水业为基础，还包括旅馆业、餐饮业、房地产业等众多公司。卡丹以他的名字作为产品的牌子，这产生了神奇的效应，财富滚滚而来。据法国经济杂志《挑战》报道，卡丹的资产达6亿欧元，居法国富人排行榜第44位。卡丹的私宅和总统府爱丽舍宫相邻，他曾说："我的卧室朝着希拉克的卧室，早晨我们可以隔着窗户打招呼。"

年满80岁的卡丹未能在功成名就之时安享晚年，反而加倍操劳，因为他的一些公司经营不佳，卡丹"帝国"出现了裂缝。2001年，卡丹艺术中心亏损10万欧元，卡丹出版社亏损19万欧元，马克西姆连锁餐厅亏损600万欧元……这一年，公司的总负债额达6 900万欧元，卡丹的自有资产减少了2 870万欧元。

除了负债额上升外，卡丹内心还有更深的忧虑，那就是以其名字命名的品牌效应在下降。欧洲研究市场营销的权威机构的一项研究表明，从1999年到2001年，卡丹品牌的信誉度下降了7个百分点，从62%下降到55%。法国媒体认为这种情况出现的主要原因是他的名字过于商业化。卡丹大量出售生产和经营许可证，借此收费。以服装生产为例，每出售一张许可证，他可以从该转包商的营业额中提取8%～12%的品牌使用费。卡丹也许是世界上最充分发掘自己名字价值的企业家。世界上有900个转包商在生产"皮尔·卡丹牌"产品，越南、中国、白俄罗斯等全世界150个国家都设有"卡丹工厂"。

卡丹深知卖出了牌子就要保住品牌的声誉，他一年四季不停地到各国的"卡丹工厂"进行监控，他时常组织转包商聚会，联络感情，也曾为某些产品的不达标而大发雷霆。但卡丹的摊子铺得太大、太分散了，900个转包商中难免会掺杂少数素质较差、不善于经营的人，卡丹经常会留下鞭长莫及的遗憾。

经营管理企业，小有小的好处，大有大的难处。企业在做大过程中，难免会出现管理瓶颈。艾奇布恩定理正是反映了这一问题。企业在实现规模经济时，一定要提防"大企业病"。在做大过程中，要注意：

（1）不能为了做大而做大。

（2）对做大后的管理难题要有充分认识，做好应对准备。

（3）谨慎行事，缓图发展，不可一口吃个胖子。

# 为什么细节决定成败？
## ——蝴蝶效应

蝴蝶效应是指在一个动力系统中，初始条件下微小的变化能带动整个系统的长期的巨大的连锁反应。

美国气象学家爱德华·罗伦兹（Edward Lorenz）1963年在一篇提交纽约科学院的论文中分析了这个效应。"一个气象学家提及，如果这个理论被证明正确，一个海鸥扇动翅膀足以永远改变天气变化。"在以后的演讲和论文中他用了更加有诗意的蝴蝶。对于这个效应最常见的阐述是"一个蝴蝶在巴西轻拍翅膀，可以导致一个月后德克萨斯州的一场龙卷风。"

蝴蝶效应通常用于天气、股票市场等在一定时段难于预测的比较复杂的系统中。

此效应说明，事物发展的结果，对初始条件具有极为敏感的依赖性，初始条件的极小偏差，将会引起结果的极大差异。正如西方谚语所说：

丢失一个钉子，坏了一只蹄铁；

坏了一只蹄铁，折了一匹战马；

折了一匹战马，伤了一位骑士；

伤了一位骑士，输了一场战斗；

输了一场战斗，亡了一个帝国。

从科学的角度来看，"蝴蝶效应"反映了系统的长期行为对初始条件的敏感依赖性。在系统中，初始条件的十分微小的变化经过不断放大，会使其未来状态产生极其巨大的差别。

1986年1月28日，当美国"挑战者"号航天飞机载着人类征服宇宙的希望腾空升起时，就因为一块小小的价值仅7美元的橡胶垫片出现问题，73秒后，在数十亿电视观众的众目睽睽之下，5亿美元的航天飞机连同7名宇航员的生命灰飞烟灭了。

这就是蝴蝶效应在工作中带给我们的启示：任何一个小小的失误，都可能酿成一场大的悲剧。

一个明智的领导人一定要防微杜渐，看似一些极微小的事情却有可能造成集体内部的分崩离析，那时岂不是悔之晚矣？

一个微不足道的动作，或许会改变人的一生，这绝不是夸大其词，可以作为佐证的事例也能随手拈来，美国福特公司名扬天下，不仅使美国汽车产业在世界独占鳌头，而且改变了整个美国的国民经济状况，谁又能想到该奇迹的创造者福特当初进入公司的"敲门砖"竟是"捡废纸"这个简单的动作？

的确，"蝴蝶效应"存在于我们的人生历程中：一次大胆的尝试，一个灿烂的微笑，一个习惯性的动作，一种积极的态度和一次真诚的服务，都可以击发生命中意想不到的起点，它能带来的不仅仅是一点点喜悦和表面上的报酬。

今天的企业，其命运同样受"蝴蝶效应"的影响，因为消费者越来越相信感觉，品牌消费、购物环境、服务态度……这些无形的价值都成为他们选择的因素。所以，只要稍加留意，我们不难看到一些管理规范、运作良好的公司在理念中出现这样的句子：

"在你的统计中，你的100名客户里只有一位不满意，因此你骄称只有1%的不合格，但是，对于该客户而言，他得到的却是100%的不满意。"

"你一朝对客户不善，公司需要10倍甚至更多的努力去补救。"

"在客户眼里，你代表公司。"

今天，能够让企业命运发生改变的"蝴蝶"已远不止"计划之手"，随着企业坐而无忧的垄断地位的日渐式微，开放式的竞争让企业不得不考虑各种影响发展的潜在因素。而企业选择的结果就是：谁能捕捉到对生命有益的"蝴蝶"，谁就不会被社会抛弃。最后让我们记住一句话：横过深谷的吊桥，常从一根细线拴个小石头开始。

## 附：决策管理的31条经验

1.作决策之前必须小心审视每一个方案。

2.如果发现以前的决策仍旧有效，可以好好利用。

3.作长期决策时，同时将短期选择铭记在心。

4.改变那些不再适用的决策。

5.问一下自己，你的决策可能会发生什么错误。

6.作决策时，要考虑所有可能的结果。

7.可以沿用有效的前例，但若已失效，则应避免使用。

8.了解决策背后的权术。

9.衡量决策对所有部属的影响。

10.永远不要在强大的时间压力下作决定。

11.不要拖延一个重要的决策，而应快速地作决定。

12.如果你在决策时遇到困扰，试着改变一下观点。

13.要明了谁会受到决策影响。

14.避免因为有人在等待这个决定，而草率作出重要的决策。

15.作决策时，尽量让你所需要的人都参与。

16.如果你已经要求大家提供意见，就要准备接受他们的意见。

17.尽可能从不同角度考虑决策。

18.如果决策无法发挥作用，则需重新审查。

19.激发想法时不需要太有章法，但进一步发展这些想法就要有系统。

20.以赞美而不是责难，鼓励大家说出新的想法。

21.在脑力激荡的过程中，要将一切个人情绪置于一旁。

22.要设定取得信息的时间表。

23.指派最聪明的人去搜集信息。

24.不要把资料源遗失，也许以后还会用到。

25.定期研究市场，对结果采取行动。

26.随时注意对手的举动。

27.了解游戏规则，将它们变成你的优势。

28.将你决策之前的所有恐惧写在纸上，然后将其丢进垃圾桶。

29.预测前要质疑每一个假设，然后再检查一次。

30.将你所做的交易列出一张清单。

31.做好准备以应付意外事件的发生。

# 第2章

[哈佛战略课——创造独特的竞争优势]

# 如何 准确分析企业的现实情况?
## ——ＳＷＯＴ分析法

SWOT分析法又称为态势分析法，它是由旧金山大学的管理学教授于20世纪80年代初提出来的，是一种能够较客观而准确地分析和研究一个单位现实情况的方法。

SWOT四个英文字母分别代表：

优势：Strength

劣势：Weakness

机会：Opportunity

威胁：Threat

从整体上看，SWOT可以分为两部分：第一部分为SW，主要用来分析内部条件；第二部分为OT，主要用来分析外部条件。利用这种方法可以从中找出对自己有利的、值得发扬的因素，以及对自己不利的、要避开的东西，发现存在的问题，找出解决办法，并明确以后的发展方向。

根据这个分析，可以将问题按轻重缓急分类，明确哪些是目前急需解决的问题，哪些是可以稍微拖后一点的事情，哪些属于战略目标上的障碍，哪些属于战术上的问题，并将这些研究对象列举出来，按照矩阵形式排列，然后用系统分析的思想，把各种因素相互匹配起来加以分析，从中得出一系列相应的结论，而结论通常带有一定的决策性，有利于领导者和管理者作出较正确的决策和规划。

SWOT分析法常常被用于制定集团发展战略和分析竞争对手情况，在战略分析中，它是最常用的方法之一。进行SWOT分析时，主要有以下几个方面的内容。

**1. 分析环境因素**

运用各种调查研究方法，分析公司所处的各种环境因素，即外部环境因素和内部能力因素。外部环境因素包括机会因素和威胁因素，它们是外部环境对公司的发展直接有影响的有利和不利因素，属于客观因素。内部环境因素包括优势因素和弱点因素，它们是公司在其发展中自身存在的积极和消极因素，属于主观因素，在调查分析这些因素时，不仅要考虑到历史与现状，而且更要考虑未来发展趋势。

**2. 构造SWOT矩阵**

将调查得出的各种因素根据轻重缓急或影响程度等排序方式，构造SWOT矩阵。在此过程中，将那些对公司发展有直接的、重要的、大量的、迫切的、久远的影响因素优先排列出来，而将那些间接的、次要的、少许的、不急的、短暂的影响因素排列在后面。

**3. 制订行动计划**

在完成环境因素分析和SWOT矩阵的构造后，便可以制定出相应的行动计划。制订计划的基本思路是：发挥优势因素，克服弱点因素，利用机会因素，化解威胁因素；考虑过去，立足当前，着眼未来。运用系统分析的综合分析方法，将考虑的各种环境因素相互匹配起来加以组合，得出一系列公司未来发展有关的可选择对策。

L公司成立于1979年，只用了10年的时间就发展成美国最大的运动鞋生产商之一，年销售额达到6亿美元，股票售价从1988年的每股10.94美元上升到每股40美元，被《华尔街日报》、《商业周刊》、和《财富》杂志选为当年表现最突出的上市公司。但时隔1年，L公司的经营出现问题，影响投资者信心，股价受挫。L公司的市场份额从1990年至1992年连续3年下降，从12%降到8%，又从8%再降到5%。由于公司经营状况不好，融资出现问题，直接影响到公司的运营，L公司设法从一家投资公司吸资1亿美元，条件是让出公司34%的股份，并且让该投资公司在L公司董事会拥有3个席位。这家投资公司的入股，带来了L公司的内部重组，公司高层易人，公司创办人RG离开公司。经过内部重组后的L公司，面临许多挑战，有许多迫切的问题需要公司拿出对策，其中包括L公司的运动鞋是否能吸引更多的少年男孩？如何改变消费者一直认为L公司是生产女用时装鞋的成见？如何制止市场份额继续下降？

下面运用SWOT分析法对L公司所处优势劣势进行分析。

### 1. 公司高层的优势

首先是董事会及公司高层主管：11位董事中有9位来自其他行业，跟L公司没有其他关系，属于"外来人"，这不但给L公司带来了各种不同的经历、看法、建议，也使得董事会对公司高层主管的评定能比较客观。新任董事长兼CEO以及新任总裁都有将企业扭亏为盈的经验。

公司明确了近期及长远的发展目标。短期内公司继续调整产品结构，全面降低运营成本。长期目标是在5年内将市场份额增加5%～10%。为达到这些目标，L公司采取了三大策略：压缩开支、产品开发、精简整编。压缩开支包括减少员工和全面降低运营成本。产品开发包括采用新的生产技术。精简整编主要是放弃公司的服装生意。

### 2. 职能部门的优势

市场营销：公司聘请另一家运动鞋生产商的前雇员来负责市场营销，市场营销部门的负责人既有经验又了解其他生产商的内部情况，无疑会给L公司增加不少实力。L公司还聘请了体育明星来推广自己的运动鞋。在海外市场，L公司通过来料加工、合资合作在亚洲巩固了自己的地位。

销售渠道：重新制定了销售渠道的策略，将销售渠道划分为"形象"、"主流"、"高销售量"、"实惠"四大类，在不同的销售渠道推出不同的运动鞋产品。

**产品开发**：利用新技术开发新产品，使高质量运动鞋能以高价与其他厂商竞争。

**公关**：各种慈善捐献、公益活动树立公司形象，帮助促销产品。

### 3. 公司高层的弱点

董事会及公司高层主管均为新人，可能会在公司雇员里产生抵触情绪。新的企业文化与原来高层主管倡导的企业文化差别很大。

### 4. 职能部门的弱点

**市场营销**：几次邀请演艺界名流参加的促销活动花费很高但却不成功，不成功的原因是演艺界人士的参加更加深了消费者的成见，认为L公司是生产女用时装鞋的，不是生产高质量运动鞋的。L公司仍无法摆脱女鞋生产商、质量差的形象。

**产品开发**：新产品的开发落后于其他主要生产商，引起零售商的不满。

**法律事务**：虚报利润，遭到持股人起诉。虚报进口发票，被海关罚款130万美元。另外，一家生产商告L公司专利侵权，被迫支付对方100万美元庭外和解费。

**财务**：公司毛利润连续3年下降，从1990年的28 600万美元下降到1992年的10 900万美元；公司净利润也下降，从1990年的3 100万美元下降到1992年净亏损7 200万美元。库存积压，被迫低价抛售，影响利润。

### 5. 机会与挑战

**市场容量**：美国鞋市场为120亿美元，L公司大有发展余地。海外市场持续发展，也给L公司提供了发展的空间。在很大程度上，海外市场是L公司发展的希望所在。鞋市场，尤其是运动鞋市场，没有季节性变化，保证了生产商一年四季都有生意。昂贵的广告费用、产品研发费用及树立品牌的难度，对其他想进入运动鞋制造业的人来说都是很大的障碍，这使得：

①不会有更多的竞争者进入本行业；②其他实力不强的竞争者不会对L公司造成很大的威胁。

消费者、文化、宏观经济、政治环境：人口增长、人们对健康的认识和要求越来越高、低利率使得融资较便宜、经济复苏使人们的消费提高。

对L公司来说，挑战主要来自行业本身和行业内部。鞋制造业是个很成熟的行业，业内竞争很激烈。冒牌货越来越多，既损害了L公司的形象，又影响了销售。实力很强的另外两家制造商，营销能力强，品牌效应好，在海外市场被认为质量好，这些对L公司来说都是很大的挑战。

在消费者方面，L公司的产品始终不被认为是质量好、效果好、性能高的运动鞋。

在政府规定方面，国会拟增强对鞋类进口的配额管理，L公司的产品全部都在东南亚国家生产，严格的进口配额管理无疑是又增加了一个挑战。另外，L公司的国外制造商被认为采取了"不公平的贸易手段"，一旦证实，将会影响L公司的生产和供货成本。

基于对L公司的SWOT分析，紧缩开支、裁减员工、降低成本、处理库存、调整产品结构，是L公司必须采取的策略。同时，L公司必须对其国外的制造商进行严格的质量管理，保留质量有保证的制造商，去除质量有问题的制造商。

在公司内部进行调整的同时，L公司应该制定一个开拓亚洲市场的营销计划。亚洲市场潜力大，是L公司增加销售量、彻底改变其财务状况的最好的选择。

（由于篇幅有限，这里只提供了简单的分析，略去了L公司的详细资料，包括财务报表、媒体的报道等。有关美国鞋业、行业状况、竞争者情况、消费者特点、经济状况等的详细资料这里也没有详细列出。）

SWOT分析法是一种能够较客观且准确地分析和研究一个企业现实情况的方法。利用这种方法可以从中找出对自己有利的、值得发扬的因素，以及对自己不利的、如何去避开的东西，发现存在的问题，找出解决办法，并明确以后的发展方向。根据这个分析，可以将问题按轻重缓急分类，明确哪些是目前急需解决的问题，哪些是可以稍微拖后一点的事情，哪些属于战略目标上的障碍，哪些属于战术上的问题。它很有针对性，有利于管理者在企业的发展上作出较正确的决策和规划。

## 获得竞争优势的基本道路是什么？
### ——竞争战略

迈克尔·波特是哈佛大学商学院研究院的著名教授，是当今世界上少数最有影响的管理学家之一。他曾在1983年被任命为美国总统里根的产业竞争委员会主席，开创了企业竞争战略理论，并引发了美国乃至世界的竞争力讨论热潮。他还是世界各地很多企业领导和政府官员的顾问。他先后获得过威尔兹经济学奖、亚当·斯密奖和麦肯锡奖，拥有很多大学的名誉博士学位。

波特对于竞争战略理论作出了非常重要的贡献，"五种竞争力量"——分析产业环境的结构化方法就是他的杰出思想；他更具影响力的贡献是在《竞争战略》一书中明确了三种通用战略。

波特认为，在与五种竞争力量的抗争中，蕴涵着三类成功型战略思想，这三种思路是：

（1）总成本领先战略。

（2）差别化战略。

（3）专一化战略。

波特认为，这些战略类型的目标是使企业的经营在产业中技高一筹：在一些产业中，这意味着企业取得较高的利益；而在另一些产业中，一种战略的成功可能只是企业在绝对意义上能获取少些收益的必要条件。有时企业追逐的基本目标可能不止一个，但波特认为这种情况实现的可能性是较小的。因为要有效地贯彻任何一种战略，通常都要全力以赴，并且要有一个支持这一战略的组织安排（波特在这方面的思想与小钱得勒是一致的）。如果企业的基本目标不止一个，则这些方面的资源将被分散。

### 1. 总成本领先战略

总成本领先战略要求坚决地建立起高效规模的生产设施，在经验的基础上全力以赴降低成本，抓紧成本与管理费用的控制，以及最大限度地减少研究、开发、服务、推销、广告等方面的成本费用。为了达到这些目标，就要在管理方面对成本给予高度的重视。尽管质量、服务以及其他方面是不容忽视的，但贯穿于整个战略之中的是使成本低于竞争对手的成本。若公司成本较低，意味着当别的公司在竞争过程中已失去利润时，该公司依然可以获得利润。

赢得总成本最低的有利地位，通常要求具备较高的相对市场份额或其他优势，如与原材料供应方面的良好联系、产品的设计要便于制造生产、易于保持一个较宽的相关产品线以分散固定成本以及为建立起批量生产模式而对主要顾客群进行服务。

总成本领先地位非常吸引人。一旦公司赢得了这样的地位，所获得的较高的边际利润又可以重新对新设备、现代设施进行投资以维持成本上的领先地位，而这种再投资往往是保持成本领先状态的先决条件。

### 2. 差别化战略

差别化战略是将产品或公司提供的服务差别化，树立起一些在全产业范围中具有独特性的东西。实现差别化战略可以有许多方式：设计名牌形象、技术上的独特、性能特点、顾客服务、商业网络及其他方面的独特性。最理想的情况是公司在几个方面都有其差别化特点。例如，履带拖拉机公司不仅以商业网络和优良的零配件供应服务著称，而且以其优质耐用的产品质量享有盛誉。

如果差别化战略成功地实施了，它就会成为在一个产业中赢得高水平收益的积极战略，因为它能建立起防御阵地对付五种竞争力量，虽然其防御的形式与总成本领先战略有所不同。波特认为，推行差别化战略有时会与争取占有更大的市场份额的活动相矛盾。推行差别化战略往往要求公司对于这一战略的排他性有思想准备。这一战略与提高市场份额两者不可兼顾。在建立公司的差别化战略的活动中总是伴随着很高的成本代价，有时即便全产业范围的顾问都了解公司的独特优点，也并不是所有顾问都将愿意或有能力支付公司要求的高价格。

**3. 专一化战略**

专一化战略是主攻某个特殊的顾客群、某产品线的一个细分区段或某一地区市场的战略。正如差别化战略一样，专一化战略可以具有许多形式。低成本与差别化战略都是要在全产业范围内实现其目标，但专一化战略的思想却是围绕着很好地为某一特殊目标服务这一中心建立的，它所开发推行的每一项职能化方针都要考虑这一中心思想。这一战略依靠的前提思想是：公司业务的专一化能够以更高的效率、更好的效果为某一狭窄的战略对象服务，从而超过在较广阔范围内的竞争对手们。波特认为这样做的结果，是公司或者通过满足特殊对象的需要而实现了差别化，或者在为这一对象服务时实现了低成本，或者二者兼得。这样的公司具有的盈利的潜力超过产业的普遍水平，这些优势保护公司抵御各种竞争力量的威胁。

但专一化战略常常意味着限制了可以获取的整个市场份额。专一化战略必然地包含着利润率与销售额之间互以对方为代价的关系。

波特在《竞争战略》中还对三种通用战略实施的要求进行了详细的

分析，并一一列举。波特认为，这三种战略是每一个公司必须明确的，因为徘徊在其间的公司处于极其糟糕的战略地位。这样的公司缺少市场占有率、缺少资本投资，从而削弱了"打低成本牌"的资本。全产业范围的差别化的必要条件是放弃对低成本的努力。而采用专一化战略，在更加有限的范围内建立起差别或低成本优势，更会有同样的问题。徘徊在其间的公司几乎注定是低利润的，所以它必须作出一种根本性战略决策，向三种通用战略靠拢。一旦公司处于徘徊状况，摆脱这种令人不快的状态往往要花费时间并要经过一段持续的努力；而相继采用三种战略的公司，波特认为注定会失败，因为它们要求的条件是不一致的。

波特的竞争战略研究开创了企业经营战略的崭新领域，对全球企业发展和管理理论研究的进步，都作出了重要的贡献。

# 企业成功的"软件"和"硬件"是什么？
## ——麦肯锡7S模型

20世纪七八十年代，美国人饱受了经济不景气、失业的苦恼，同时听够了有关日本企业成功经营的艺术等各种说法，也在努力寻找着适合本国企业发展振兴的法宝。

长期服务于美国著名的麦肯锡管理顾问公司的学者汤姆·彼得斯，访问了美国历史悠久且最优秀的62家大公司，又以获利能力和成长的速度为准则，挑出了43家杰出的模范公司，其中包括IBM、德国仪器、惠普、麦当劳、柯达、杜邦等各行业中的翘楚，他们对这些企业进行了深入调查并与美国一些大学的管理学教授进行讨论，以麦肯锡顾问公司研究中心设计的企业组织七要素（简称7S模型）为研究的框架，总结了这些成功企业的一些共同特点，写出了《追求卓越——美国企业成功的秘诀》一书，使众多的美国企业重新找回了失去的信心。

7S模型指出了企业在发展过程中应全面地考虑各方面的情况，包括结构、制度、风格、员工、技能、战略、共同的价值观，也就是说，企业仅具有明确的战略和深思熟虑的行动计划是远远不够的，因为企业还可能会在战略执行过程中失误。因此，战略只是其中的一个要素。如图1所示。

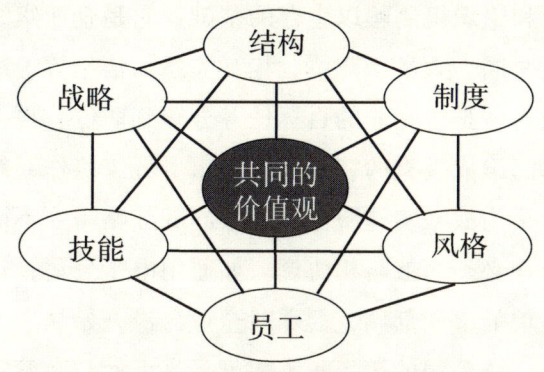

图1　7S模型

在模型中，战略、结构和制度被认为是企业成功的"硬件"，风格、人员、技能和共同的价值观被认为是企业成功的"软件"。麦肯锡的7S模型提醒世界各国的经理们，软件和硬件同样重要，两位学者指出，各公司长期以来忽略的人性，如非理性、固执、直觉、喜欢非正式的组织等，其实都可以加以管理，这与各公司的成败息息相关，绝不能被忽略。

1. **硬件要素分析**

战略（Strategy）：战略是企业根据内外环境及可取得资源的情况，为求得企业生存作长期稳定的发展，对企业发展目标、达到目标的途径和手段的总体谋划，它是企业经营思想的集中体现，是一系列战略决策的结果，同时又是制定企业规划和计划的基础，企业战略这一管理理论是20世纪50年代到60年代由发达国家的企业经营者在社会经济、技术、产品和市场竞争的推动下，在总结自己的经营管理实践经验的基础上建立起来的。1947年美国企业中制定发展战略的只有20%，而1970年已经达到了100%了。日本经济新闻社在1967年曾进行过专门调查，在63家给予问答的日本大公司中，99%有战略规划。在美国进行的一项调查中，有90%以上的企业家认为战略企业取得成功的重要因素，企业的经营已经进入了"战略制胜"的时代。

结构（Structure）：战略需要健全的组织结构来保证实施，组织结构是企业的组织意义和组织机制赖以生存的基础，它是企业组织的构成形式，即企业的目标、协同、人员、职位、相互关系、信息等组织要素的有效排列组合方式。结构就是将企业的目标任务分解到职位，再把职位综合到部门，由众多的部门组成垂直的权利系统和水平分工协作系统的一个有机的整体，组织结构是为战略实施服务的，不同的战略需要不同的组织结构与之对应，组织结构必须与战略相协调。如通用电子公司，在20世纪50年代末，执行的是简单的事业部制，但那时企业已经开始从事大规模经营的战略，到了60年代，该公司的销售额大幅度提高，而行政管理却跟不上，造成多种经营失控，影响了利润的增长，在70年代初，企业重新设计了组织机构，采用战略经营单位结构，使行政管理滞后的问题得到了解决，妥善地控制了多种经营，利润也相应地得到了提高。由此看出，企业组织结构一定要适应实施企业战略的需要，它是企业战略贯彻实施的组织保证。另外，两位学者在研究中发现简单明了是美国成功企业的组织特点，这些企业中上层的管理人员尤其少，常常可以见到在某些公司，不到一百个管理人员经营着上百亿美元的事业。

制度（Systems）：企业的发展和战略的实施需要完善的制度作为保证，而实际上各项制度又是企业精神和战略思想的具体体现。所以，在战略实施过程中，应制定与战略思想相一致的制度体系，要防止制度的不配套、不协调，更要避免背离战略的制度出现。如，具有创新精神的3M公司的创新制度，在3M公司里，一个人只要参加新产品创新事业的开发工作，他在公司里的职位和薪酬自然会随着产品的业绩而改变，即使开始他只是一个生产线的工程师，如果产品打入市场，他就可以提升为产品工程师，如果产品的年销售额达到500万美元时，他就可以成为产品线经理，这种制度极大地激发了员工创新的积极性，促进了企业发展。

**2. 软件要素分析**

风格（Style）：两位学者发现，杰出企业都呈现出既中央集权又地方分权的宽严并济的管理风格。一方面，它们让生产部门和产品开发部门极端自主；另一方面，它们又固执地遵守着几项流传久远的价值观。

共同的价值观（Shared Values）：由于战略是企业发展的指导思想，只有企业的所有员工都领会了这种思想并用其指导实际行动，战略才能得到成功的实施。因此，战略研究不能只停留在企业高层管理者和战略研究人员这一层次上，而应该让执行战略的所有人员都能够了解企业的整个战略意图。企业成员共同的价值观念具有导向、约束、凝聚、激励及辐射作用，可以激发全体员工的热情，为实现企业的战略目标而努力。这就需要企业在准备战略实施时，要通过各种手段进行宣传，使企业的所有成员都能够理解它、掌握它，并用它来指导自己的行动，日本在经济管理方面的一个重要经验就是注重沟通领导层和执行层的思想，使得领导层制定的战略能够顺利地、迅速地付诸实施。

人员（Staff）：战略实施还需有充分的人力准备，有时战略实施的成败确系于有无适合的人员去实施，实践证明，人力准备是战略实施的关键。IBM的一个重要原则就是尊重个人，并且花很多时间来执行这个原则。因为，他们坚信员工不论职位高低，都是产生效能的源泉。所以，企业在做好组织设计的同时，应注意配备符合战略思想需要的员工队伍，将他们培训好，分配给他们适当的工作，并加强宣传教育，使企业各层次人员都树立起与企业的战略相适应的思想观念和工作作风。如，麦当劳的员工都十分有礼貌地提供微笑服务；IBM的销售工程师技术水平都很高，可以帮助顾客解决技术上的难题；迪斯尼的员工生活态度都十分乐观，他们为顾客带来了欢乐。人力配备和培训是一项庞大、复杂和艰巨的组织工作。

技能（Skills）：在执行公司战略时，需要员工掌握一定的技能，这有赖于严格、系统的培训。松下幸之助认为，每个人只有经过严格的训练，才能成为优秀的人才。如，在运动场上驰骋的健将们大显身手，但他们惊人的体质和技术，不是凭空而来的，是长期在生理和精神上严格训练的结果。如果不接受训练，一个人即使有非常好的天赋资质，也可能无从发挥。

因此，在企业发展过程中，要全面考虑企业的整体情况，只有在软硬两方面七个要素很好地沟通和协调的情况下，企业才能获得成功。

# 如何在多项业务间分配资源？
## ——波士顿矩阵

多数公司同时经营多项业务，有的业务如"明日黄花"，也有的如"明日之星"。为了使公司的发展能够与千变万化的市场机会取得切实可行的适应，就必须合理地在各项业务之间分配资源。在此过程中不能仅凭印象，认为哪项业务有前途，就将资源投向哪里，而是应该根据潜在利润分析各项业务在企业中所处的地位来决定，波士顿矩阵法就是一种著名的用于评估公司投资组合的有效模式。

　　波士顿咨询集团是世界著名的一流管理咨询公司，他们在1970年创立并推广了"市场成长率——相对市场份额矩阵"的投资组合分析法。如图2所示。

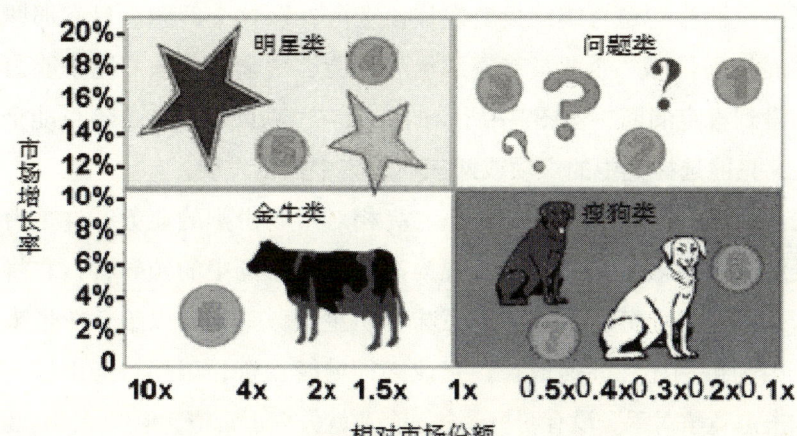

**图2　公司战略梳理工具之———波士顿矩阵**

　　图2中，纵坐标市场成长率表示该业务的销售量或销售额的年增长率，用数字0~20%表示，并认为市场成长率超过10%就是高速增长。横坐标相对市场份额表示该业务相对于最大竞争对手的市场份额，用于衡量企业在相关市场上的实力。用数字0.1X（该企业销售量是最大竞争对手销售量的10%）~10X（该企业销售量是最大竞争对手销售量的10倍）表示，并以相对市场份额1X为分界线。需注意的是，这些数字范围可能在运用中要根据实际情况的不同进行修改。

　　矩阵图中的八个圆圈代表公司的八个业务单位，它们的位置表示这个业务的市场成长率和相对市场份额的高低；面积的大小表示各业务的销售额大小。

　　波士顿矩阵法将一个公司的业务分成四种类型：问题、明星、金牛和瘦狗。

问题业务：是指高市场成长率、低相对市场份额的业务。这往往是一个公司的新业务，为发展问题业务，公司必须建立工厂、增加设备和人员，以便跟上迅速发展的市场，并超过竞争对手，这些意味着大量的资金投入。"问题"非常贴切地描述了公司对待这类业务的态度，因为这时公司必须慎重回答"是否继续投资发展该业务？"这个问题。只有那些符合企业发展长远目标、企业具有资源优势、能够增强企业核心竞争能力的业务才能得到肯定的回答。图2中所示的公司有三项问题业务，不可能全部投资发展，只能选择其中的一项或两三项，集中投资发展。

明星业务：是指高市场成长率、高相对市场份额的业务，这是由问题业务继续投资发展起来的，可以视为高速成长市场中的领导者，它将成为公司未来的金牛业务。但这并不意味着明星业务一定可以给企业带来滚滚财源，因为市场还在高速成长，企业必须继续投资，以保持与市场同步增长，并击退竞争对手。没有明星业务，企业就失去了希望，但群星闪烁也可能会耀花了企业高层管理者的眼睛，导致作出错误的决策。这时必须具备识别行星和恒星的能力，将企业有限的资源投入能够发展成为金牛的恒星上。

金牛业务：是指低市场成长率、高相对市场份额的业务，是成熟市场中的领导者，它是企业现金的来源。由于市场已经成熟，企业不必大量投资来扩展市场规模，同时作为市场中的领导者，该业务享有规模经济和高边际利润的优势，因而给企业带来大量财源。企业往往用金牛业务来支付账款并支持其他三种需大量现金的业务。图2中所示的公司只有一个金牛业务，说明它的财务状况是很脆弱的。市场环境一旦变化，则导致这项业务的市场份额下降。这个强壮的金牛可能就会变弱，甚至成为瘦狗。

瘦狗业务：是指低市场成长率、低相对市场份额的业务。一般情况下，这类业务常常是微利甚至是亏损的。瘦狗业务存在的原因更多是感情上的因素，虽然一直微利经营，但像人对养了多年的狗一样恋恋不舍而不忍心放弃。其实，瘦狗业务通常要占用很多资源，多数时候是得不偿失的。图3中的公司有两项瘦狗业务，可以说，这是沉重的负担。

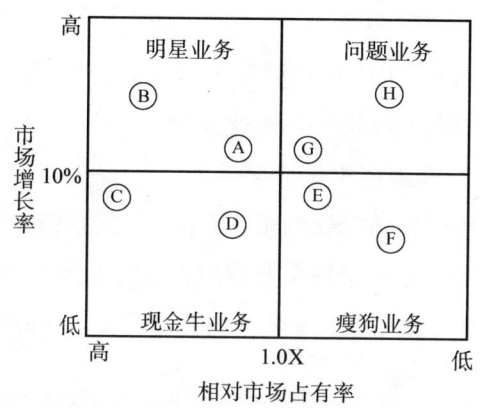

图3 波士顿知阵图

波士顿矩阵法可以帮助我们分析一个公司的投资业务组合是否合理。如果一个公司没有：金牛业务，说明它当前的发展缺乏现金来源；如果没有明星业务，说明在未来的发展中缺乏希望。一个公司的业务投资组合必须是合理的，否则必须加以调整。如，巨人集团在将保健品业务发展成明星业务后，就迫不及待地开发房地产业务，可以说，在当时的市场环境下，保健品和房地产都是明星业务，但由于企业没有能够提供源源不断的现金支持的金牛业务，导致企业不得不从本身还需要大量投入的保健品业务中不断抽血来支援大厦的建设，最后导致两败俱伤，企业全面陷入困境。

在明确了各项业务单位在公司中的不同地位后，就需要进一步明确战略目标。通常有四种战略目标分别适用于不同的业务。

（1）发展：继续大量投资，目标是扩大战略业务单位的市场份额，主要针对有发展前途的问题业务和明星中的恒星业务。

（2）维持：投资维持现状，目标是保持业务单位现有的市场份额，主要针对强大稳定的金牛业务。

（3）收获：实质上是一种榨取，目标是在短期内尽可能地得到最大限度的现金收入，主要针对处境不佳的金牛业务及没有发展前途的问题业务和瘦狗业务。

（4）放弃：目标在于出售和清理某些业务，将资源转移到更有利的领域，主要针对无利可图的瘦狗和问题业务。

波士顿矩阵法的应用产生了许多收益，它提高了管理人员的分析和战略决策能力，帮助他们以前瞻性的眼光看问题，更深刻地理解公司各项业务活动的联系，加强了业务单位和企业管理人员之间的沟通，及时调整公司的业务投资组合，收获或放弃萎缩业务，加强在更有发展前景的业务中投资。

# 怎样具体应用波士顿矩阵？
## ——通用电气公司矩阵

通用电气公司（GE）在波士顿矩阵的基础上，于20世纪70年代开发了吸引力/实力矩阵。该矩阵也提供了产业吸引力和业务实力之间的类似比较，但波士顿矩阵用市场增长率来衡量吸引力，用相对市场份额来衡量实力，而GE矩阵使用数量更多的因素来衡量这两个变量，由于该矩阵使用多个因素，可以通过增减某些因素或改变它们的重点所在，很容易地使矩阵适应经理的具体意向或某产业特殊性的要求。

GE矩阵可以用来根据事业单位在市场上的实力和所在地市场的吸引力对这些事业单位进行评估，也可以表述一个公司的事业单位组合判断其强项和弱点且需要对产业吸引力和业务实力作广义且灵活的定义时，可以以

GE矩阵为基础进行战略规划。绘制GE矩阵，需要找出内部和外部因素，然后对各因素加权，得出衡量内部因素和市场吸引力外部因素的标准。当然，在开始搜集资料前仔细选择那些有意义的战略事业单位是十分重要的。

### 1. 定义各因素

选择要评估业务实力和市场吸引力所需的重要因素。在GE内部，分别称之为内部因素和外部因素。表4中列出的是经常考虑的一些因素。确定这些因素的方法可以采取头脑风暴法或专家小组法等，关键是不能遗漏重要因素，也不能将微不足道的因素纳入分析中。

**表4　一般考虑的因素**

| 内部因素 | 广告 | 产品线宽度 | 顾客服务 | 经销 | 财务实力 | 商誉 | 管量实力 | 生产能力 | 市场份额 | 营销 | 新产品开发 | 感觉质量 | 维修和支持 | 销售人员 |
|---|---|---|---|---|---|---|---|---|---|---|---|---|---|---|
| 外部因素 | 销售的周期性 | 人口情况 | 进入壁垒 | 环境问题 | 退出壁垒 | 市场集中度、结构 | 市场增长率 | 市场规模 | 政治问题 | 盈利性 | 法规 | 资源的获取可能性 | 社会问题 | 技术进步 |

### 2. 估测内部因素和外部因素的影响

从外部因素开始，纵览这张表，并根据每一因素的吸引力大小对其评分。若某一因素对所有竞争对手的影响相似，则对其影响作总体评估，若某一因素对不同竞争者有不同影响，可比较它对自己业务的影响和重要竞争对手的影响。在这里可以采取五级评分标准（1=毫无吸引力，2=没有吸引力，3=中性影响，4=有吸引力，5=极有吸引力）。然后也使用五级标准对内部因素进行类似的评定（1=极度竞争劣势，2=竞争劣势，3=同竞争对手持平，4=竞争优势，5=极度竞争优势），在这一部分应该选择一个总体上最强的竞争对手作对比的对象。

**3. 对外部因素和内部因素的重要性进行估测，得出衡量实力和吸引力的简易标准**

这里有定性、定量两种方法可以选择。

定性方法：审阅并讨论内外部因素，以在第二步中打的分数为基础，按强、中、弱三个等级来评定该战略事业单位的实力和产业吸引力。

定量方法：将内外部因素分列，分别对其进行加权，使所有因素的加权系数总和为1，然后用其在第二步中的得分乘以其权重系数，再分别相加，就得到所评估的战略事业单位在实力和吸引力方面的得分（介于1和5之间，1代表产业吸引力低或业务实力弱，而5代表产业吸引力高或业务实力强）。

**4. 将该战略事业单位标在GE矩阵上**

矩阵坐标横轴为产业吸引力，纵轴为业务实力。每条轴上用两条线将数轴划为三部分，这样坐标就成为网格图。两坐标轴刻度可以为高中低或1~5。根据经理的战略利益关注，对其他战略事业单位或竞争对手也可作同样分析。另外，在图上标出一组业务组合中位于不同市场或产业的战略事业单位时，可以用圆来表示各企业单位，其中直径与相应单位的销售总额成比例，而阴影面积代表其市场份额。这样GE矩阵就可以提供更多的信息。

**5. 对矩阵进行诠释**

通过对战略事业单位在矩阵上的位置分析，公司就可以选择相应的战略举措。表5列出了矩阵表达的各种组合的战略意义，仅供参考。

GE矩阵还可以用于预测战略事业单位业务组合的产业吸引力和业务实力，只要在因素评估中考虑未来某个时间每一因素的重要程度及其影响大小，就可以建立预测矩阵。由此我们可以看出，GE矩阵比较全面地对战略事业单位的业务组合进行规划分析，而且可以针对企业实际和其特性。因此GE矩阵具有广泛的应用价值。

**表5　矩阵组合的战略选择**

| 产业吸引力 | 业务实力 | 建议采取战略 |
|---|---|---|
| 高 | 高 | 成长战略：谋求居于主导地位，尽量扩大投资 |
| 中 | 高 | 找出适宜增长的细分市场大力投资，在其他方面保持地位 |
| 低 | 高 | 维持总体地位：谋求流动资金，维持基本水准投资 |
| 高 | 中 | 通过市场细分估测达到主导地位的潜力，找出弱点，巩固强项 |
| 中 | 中 | 找出适应增长的细分布市场，专门化，有选择地进行投资 |
| 低 | 中 | 削减产品系列，尽量减少投资，准备放弃 |
| 高 | 低 | 专门化，谋求占据合适的市场小板块，考虑收购 |
| 中 | 低 | 专门化，谋求占据合适的市场小板块，考虑退出 |
| 低 | 低 | 及时退出和放弃投资 |

# 怎样找出企业的战略短板？
## ——木桶定律

众所周知，一个木桶能盛多少水，不是取决于桶壁上最长的那块木板，而是取决于桶壁上最短的那块木板，这就是我们所说的"木桶定律"。围绕着这个核心内容，木桶定律还拓展出三个推论：① 只有构成木桶的所有木板都足够高，木桶才能盛满水；② 所有木板比最低木板高出的部分都是没有意义的，高的越多，浪费越大；③ 要想增加木桶的容量，应该设法加高最低木板的高度，这是最有效也是最直接的途径。对于推论可以理解为：要想盛满水，不是去增高那些长木板，而是应该对最短的木板下工夫，依次补齐。

正是这样一个简单的生活常识，却被具有无限创造性的成功学家发展

45 ▶▶

成为指导国家、企业和个人均衡发展的行动指南。而企业管理者最关注的就是如何将木桶定律与企业的发展管理联系起来，从而使得企业在原有的基础上获得实质性的超越。

### 1.木桶定律指导企业的业务发展

其实我们很容易发现木桶定律与企业发展的相通之处。一个企业就好比木桶，企业不断发展来适应激烈的竞争社会就好比木桶的不断扩容来盛更多的水，而企业的各个职能部门就好比木桶各个长短不齐的桶板。

对于一个企业来说，想要在激烈的竞争中立于不败之地，不能仅仅依靠一两个方面的突出能力，而是需要凭借整体的实力赢得优势。也就是说，如果企业从产品研发、生产管理、市场销售到客户管理的每个阶段，有一个环节薄弱了，都可能导致企业在竞争中处于不利的位置，最终制约企业的发展。因此，企业如果想做大、做强，则需要木桶定律的指导：只有构成木桶的所有木板都足够高，木桶才能盛满水；只有企业的各个职能部门和各个方面均做到位，企业才能以雄厚的实力与竞争对手抗衡。

### 2.木桶定律指导企业的团队建设

木桶定律可以启发我们对企业团队建设重要性的思考。要想增加木桶的容量，应该设法加高最低木板的高度，这是最有效也是最直接的途径。对于一个企业来说，决定团队战斗力强弱的不是能力最突出、表现最优异的人，而恰恰是能力最弱、表现最差的人。所以企业的团队建设就是设法让落后的人能够迎头赶上，让所有的人都能维持在一个"足够高"的相等高度，这样才能完全发挥团队作用。

木桶定律对于团队建设的指导性作用还表现在不仅要做到没有明显的短板，还要保证每块木板结实、整个系统坚固、各环节接合紧密无隙，这其中就涉及群体与团队的概念。例如，一根没有磁性的铁棒，每个分子都在按自身的目标旋转，各自的磁性相互抵消，铁棒整体不显磁性，如同乌合之众没有组织力量一样，这只能称为是一个群体；如果将铁棒置入一个磁场中，每个分子在磁场的作用下朝同一方向旋转，铁棒整体就显示出很强的磁性，这个时候才是一个具有核心力的团队。对于一个企业来说，要建设成为一个具有竞争力的团队，而不是一群各自为政的散沙，这不仅要做到没有明显的短板，还要保证每块木板都结实牢固。

在实际工作中，管理者往往更注重对"明星员工"的利用，而忽视对一般员工的利用和开发。如果企业将过多的精力关注于"明星员工"，而忽略了占公司多数的一般员工，会打击团队士气，从而使"明星员工"的才能与团队合作两者间失去平衡。而且实践证明，"明星员工"很难服从团队的决定。明星之所以是明星，是因为他们觉得自己和其他人的起点不同，他们需要的是不断提高标准，挑战自己。所以，虽然"明星员工"的光芒很容易看见，但占公司人数绝大多数的"非明星员工"也需要鼓励。三个臭皮匠，顶个诸葛亮。对"非明星员工"激励得好，效果可以大大胜过对"明星员工"的激励。

有一个华讯员工，由于与主管的关系不太好，工作时的一些想法不能被肯定，从而忧心忡忡、兴致不高。刚巧，摩托罗拉公司需要从华讯借调一名技术人员去协助他们搞市场服务。于是，华讯的总经理在经过深思熟虑后，决定派这位员工去。这位员工很高兴，觉得有了一个施展自己拳脚的机会。去之前，总经理只对那位员工简单交代了几句："出去工作，既代表公司，也代表我们个人。怎样做，不用我教。如果觉得顶不住了，打个电话回来。"一个月后，摩托罗拉公司打来电话："你派出的兵还真棒！""我还有更好的呢！"华讯的总经理在不忘推销公司的同时，着实松了一口气。这位员工回来后，部门主管也对他另眼相看，他自己也增添了自信。后来，这位员工对华讯的发展作出了不小的贡献。

华讯的例子表明，注意对"短木板"的激励，可以使"短木板"慢慢变长，从而提高企业的总体实力。人力资源管理不能局限于个体的能力和水平，更应把所有的人融合在团队里，科学配置，好钢才能够用在刀刃上。木板的高低与否有时候不是个人问题，而是组织的问题。

在家电的舞台上，百家争雄，然而海尔却一步一个脚印地跑在最前列。为什么？海尔的资本不比别人雄厚，引进的国际人才不比别人多，人才素质不比别人高……一句话，海尔的"高木板"并不多，但一方面，人家有一个好的团队，其整体绩效不比任何"高木板"差，另一方面，海尔凭借着从产品研发、生产管理、市场销售到客户管理，整体上的实力赢得优势。

所以，在加强木桶盛水能力的过程中，不能够把"高木板"和"低木板"简单地对立起来。每一个人都有自己的"高木板"，与其不分青红皂白地赶他出局，不如发挥他的长处，把他放在适合他的位置上。

除了在用人方面有效，木桶定律在企业的销售能力、市场开发能力、服务能力、生产管理能力等方面同样有效。进一步说，每个企业都有它的薄弱环节，正是这些环节使企业许多资源闲置甚至浪费，发挥不了应有的作用。如常见的互相扯皮、决策低效、实施不力等薄弱环节，都严重地影响并制约着企业的发展。因此，企业要想做好、做强，必须从产品设计、价格政策、渠道建设、品牌培植、技术开发、财务监控、队伍培育、文化理念、战略定位等方面一一做到位才行。任何一个环节太薄弱都有可能导致企业在竞争中处于不利位置，最终导致失败的恶果。

# 为何赛跑时不一定快的赢？
## ——鲁尼恩定律

鲁尼恩定律是由奥地利经济学家R·H·鲁尼恩提出的，是指赛跑时不一定快的赢，打架时不一定弱的输。无备，强不抵弱；出奇，弱可胜强。机会总是眷顾那些有准备的人，做好准备，成功就已经离你不远了。

竞争是一项长距离的赛跑，一时的领先并不能保证最后的胜利，阴沟里翻船的事并没少发生。同样，一时的落后并不代表会永远落后，奋起直追，你就会成为笑到最后的人。通用汽车公司与福特汽车公司对汽车行业主导权的纷争，就为我们提供了一个绝佳的案例。

20世纪初，汽车还是富人专有的玩具。1903年，亨利·福特建立了福特汽车公司。福特的目标非常明确，就是要制造工人们都买得起的汽车。经过多年的精心研制，亨利·福特终于制造出了自己梦想中的汽车。这种T型车坚固结实、容易操纵，售价是825美元。1908年，T型车推向市场，当年就卖出了1万多辆。接着，福特不断削减各种成本，到了1912年，T型车的售价就降到了575美元，这也是汽车售价第一次低于人们的年均收入。到了1913年，福特汽车的年销量接近25万辆。

要为大众制造汽车，就必须让他们买得起，这就意味着必须要建立一种规模经济，进行大规模生产，这样才能降低成本。一次偶然的机会，福特参观了芝加哥的一家肉品包装厂。当时他看到肉品切割生产线上的电动车将屠宰后的肉品传送到每位工人面前，工人们只需切割事先指定部位的肉品。福特大受启发，回来就为自己的公司建立了汽车装配线。装配线的建立，让福特公司拥有了明显的效率优势，远远胜过了竞争对手。在1908—1912年间，装配线的建立让汽车售价降低了30%。到了1914年，福特公司的1.3万名工人生产的汽车超过26万辆。那一年，其他所有汽车制造商总共才生产了28.7万辆汽车，仅仅比福特公司多出10%。

1920年，美国经济出现衰退，汽车的需求量也减少了。由于福特汽车的成本很低，因此他们能够将自己汽车的价格再降低25%。这时的通用汽车公司就无法像福特汽车公司那样去做，则销售额急剧下滑。到了1921年，福特汽车的销量占据了整个市场份额的55%，而通用汽车公司所有汽车的销量仅仅占了整个市场份额的11%。

在与福特的竞争中败下阵来的通用汽车公司总裁斯隆明白，自己不能与福特汽车公司的低成本T型车展开竞争。经过权衡利弊，斯隆认为，福特汽车公司只制造一种类别的汽车，这虽是他们的优势，但也是他们的劣势。随着人们对汽车需求的改变，产品多样化、消费者分层化应该是汽车发展的一个方向。于是，斯隆为通用汽车公司制定了"满足各类钱袋、各种要求"的汽车新战略，参照人们经济状况的不同，提供不同价位和档次的产品。

在斯隆的领导下，通用汽车公司的业绩节节上升。1927年5月，这逼迫亨利·福特不得不关闭了自己钟爱的T型车装配线，转而向产品多样化和分层化方向努力。1940年，通用汽车公司的市场份额上升到了45%，而福特汽车公司的市场份额则下跌到16%。斯隆的战略取得了辉煌成就。

用我们今天的眼光，斯隆当年的改革稀松平常，实在普通不过。但在当时，这却是一个具有革命意义的变革。如果人们只想得到福特汽车公司生产的T型车，而且永远只想得到T型车，那么，福特汽车公司高度集中的管理体系或许就会长期占据主导地位，因为那是生产T型车的最佳途径。但是，福特汽车公司的管理体系只完全关注公司内部事务，也就是生产本身。斯隆的设计结构则让通用汽车公司更加贴近市场，适应性更强，也能够不断成长发展。

亨利·福特没有想到，一旦人们都拥有汽车，他们的生活就发生了彻底改变。某人购买一辆汽车，可能只是他购买的第一辆汽车。福特从来没有想到，人们还有可能购买第二辆、第三辆，更乐意购买更好的汽车，这种汽车会更加舒适、强劲、时尚。这一切真的发生了！伴随着美国经济的繁荣发展和分期付款购物方式的出现，越来越多的人买得起更好的汽车了。

一位曾经独自创造了未来的伟人，却无法忘怀自己昔日的辉煌。假如福特没有沉醉于自己过去的创造之中，他肯定能预见即将到来的变化。

但是，他反应太慢，终于被自己的竞争对手远远甩在了后面。当然，亨利·福特的短视并没有使公司走向毁灭，他通过战略的调整，最终仍然使公司存活了下来。但有些人则没有这么幸运，他们付出了更加昂贵的代价。

鲁尼恩定律给人们的启示是：先动未必先赢，笑到最后的才是赢家。竞争是一项长距离的赛跑，一时的领先并不能保证以后的胜利，阴沟里翻船的事并没少发生。同样，一时的落后并不代表会永远落后，奋起直追，你就会成为笑到最后的人。

# 联想成功的管理经验是什么？
## ——管理三要素

联想之所以能有今天的成功，是有深层次原因的。在别人生病的时候，联想却没事儿，这与联想一直十分注重完善的管理体制的建设是密不可分的。提到联想的管理，柳传志曾不无自豪地说："尽管我和集团其他创始人是中关村研究人员出身，但从1984年下海以后，我们把最大的力量投入到了企业管理及其规律的研究上，经过不懈的努力，实践证明我们的管理十分成功。"从创业至今，联想实践确立了联想管理的核心理念就是联想管理的三要素：搭班子、定战略、带队伍。

### 1. 搭班子
所谓"搭班子"是指联想建立以总裁为首的战略领导核心，最高层领导班子及各级领导班子。这个班子有集体智慧和德才兼备，能进行战略设计和科学决策；能发挥个人专长同时又能优势互补，形成集体的力量；能分工协作，快速实施，办成个人能力所做不到的事；能带队伍，培养出各级干部梯队，使联想的事业后继有人，保持事业的稳定和可持续发展，形成团结向上的管理文化；能不断地相互学习交流，取长补短，完善提高自我；有统一的意志和规范，有共同的行为准则，是联想发展的中坚力量。战略要靠班子来制定，队伍要靠班子来带，所以搭班子是三要素中的第一位，班子不和，什么事都做不成。

搭班子的主要内容包括："一把手是有战斗力的班子的核心，第一把手应该具备什么条件，应该如何进行自身修养？"第一把手应该如何选择班子的其他成员，其他成员不合标准怎么办？班子的成员如何进行考核？没有一个意志统一的、有战斗力的班子，什么定战略、带队伍都做不出来。宗派是形成团结班子的绝症，要杜绝一切可能产生宗派的因素。"

搭班子事实上就是要建立一套集团领导的机制来克服由于个人领导可能带来的弊端。因为柳传志明白："自己再怎么能干，也比不上和李勤、杨元庆、郭为大家在一起能干。集体的智慧绝对是重要的。"柳传志把班子看成"一种制约"，"第一把手要能够知道建这个班子就是为了制约自己的。重要的事情，要人人都知道。小的民营公司的第一把手将财务控制在自己一个人手里，什么事都不对别人说，这很容易造成相互的猜忌与不团结。"

为了避免这种情况，联想规定：① 公司的大事必须经过讨论，执委会的每一个人都要知道；② 所有的话都摆在桌面上，为了贯彻这一点，认定之前说的话完全不算数；③ 坚决不允许宗派的出现，为了杜绝宗派，联想实行高层干部互相调换，避免拥兵自重、不知道老板是谁、不知道公司大的目标、只知道小部门的利益等情况的出现。另外，一旦发现宗派，不惜经济利益一定要把毒瘤砍掉，联想认为及早处理的只是一小块，若不忍痛切除，大了以后损失会更大，联想是要办成一个长久发展的企业，而不是企业家自己的企业。

对于联想班子的特点，柳传志认为联想这个中国企业的班子成员与美国的职业经理人是不同的。美国的职业经理人做到了高层，就有这样的认知："我能够从一个公司跳到另一个公司，到哪里都是这样的身价。"联想要求员工有"三心"：基层的普通员工要有责任心；中层员工要有上进心，去追求良好的工资待遇、广阔的个人发展空间；到了公司的高层领导，就应该具有事业心。柳传志说，杨元庆、郭为、朱立南这些人就等于卖给了联想，他们的认识是："联想的事业就是我的事业，联想的成功才是我的成功"，只有有了这样的感情，他们才能抵御得住其他公司来挖人。这是中国一种特殊的情况，也是与其他企业，甚至是国外大企业的不同之处。

联想认为，在管理三要素中，排在首位的是搭班子。不论在什么情况下，班子的团结永远是企业发展的首要条件。而宗派是形成团结班子的一个障碍。为杜绝一切可能产生宗派的因素，联想确定第一把手是一个有战斗力的班子的核心，对第一把手应该具备的条件、自身修养、如何选择班子的其他人员、对其他成员不符合标准的处理办法、班子成员如何发挥作用、班子成员的考核标准等问题举办过高级干部研讨班进行过培训。只有有了一个意志统一、有战斗力的班子，才能谈定战略、带队伍。

**2. 定战略**

所谓"定战略"是指公司各级领导干部要有大局观念，要学会长远考虑，形成发展目标以后要学会分解成具体的战术步骤和实施策略，并在发展过程中不断调整。联想在学习西方企业的过程中，通过自己具体的实践，总结出了一套制定战略的方法，而且进一步把它们分解为一个个的具体步骤推进下去。

联想将定战略分为以下五个步骤：

第一步是确定公司远景。联想早期确定的公司远景就是：做大规模的、长久的、高科技的联想，将联想做成一个百年老店。在新的时代和环境下，新联想少帅杨元庆描绘未来的联想应该是：高科技的联想，服务化的联想，国际化的联想。

第二步是确定中远期发展战略目标。公司目标的长短各有不同，计算机领域的一些核心技术还掌握在别人手里，联想需要根据形势的发展不断调整自己的战略目标。2001年，新联想成立时宣布：确定在2010年进军世界500强，希望联想能够率先为中国人圆这个梦。

第三步是制定发展战略的总体路线。这是制定战略比较重要的部分，有很多具体步骤：一是制定前的调查和分析。首先是外部的调查分析——世界和地区的政治、经济方面的调查分析，本行业的状况和前景的分析；其次内部资源能力的审视，包括对价值链各个环节的分析、核心业务流程的分析、核心竞争力的分析等。二是竞争对手的分析和比较。分析竞争对手的战略、实际情况等。三是制定路线。

第四步是确定当年的战略目标（总部和各子公司的），并分解成具体战略步骤操作实施。

第五步是检查调整，达到目标。

联想把制定战略分为五步，明确了要达到中长期的目标到底走什么路，进一步，怎么在中长期目标的指导下确定当前做什么或者不做什么。制定企业的这种战略路线很重要，柳传志带着中科院的10个技术人员和20万元资金创办联想时，像一只没头的苍蝇到处乱碰，在经历了沉痛的教训和痛苦的思索后，他意识到在一没有资金，二不懂市场不懂管理的条件下，企业要生存只有走"贸工技"的发展战略。外国企业好比是兔子，中国企业好比是乌龟。乌龟和兔子赛跑，兔子又不肯睡觉，那么乌龟要做两件事：第一件是如何向兔子学习，培养兔子基因；第二件是如何利用赛跑的环境，比如在沼泽地赛跑。于是，联想开始给IBM、AST做PC机的代理，给HP做激光打印机的代理，给TOSHIBA做笔记本电脑的代理等，通过做代理联想学会了解市场，学会企业管理，通过做代理积累了资金。在基本上学会做代理以后，联想才开发出自己的品牌，联想品牌的产品有自己的设计和生产，这就是"工"和"技"。

这条道路相对比较稳健，如果联想一开始就将仅有的一点资金投到技术开发中，在当时没有风险投资，得不到后续资金的支持，完全不懂开拓市场，完全不懂如何销售的情况下，企业会走上死路的。所以这条"贸工技"的路线对联想当时的情况来讲应该是很正确的。在做贸易的时候，联想向供应商学到了很多东西，特别是HP。从1988年起，联想一直是HP在中国区最大的代理，为HP在中国的业务开展起了很大的作用，但同时联想向HP学习到了很多东西：财务控制、销售渠道的管理等。

把战略分解成具体的战术步骤去实现是一个难度更大的问题。联想的具体计划一般只做一年，甚至更短，保持了"有所为，有所不为"的清醒。联想主要部门的骨干通过多次培训、研讨，都已习惯在战略目标制定以后，详细研究各个战术步骤，并认真地保证每个具体步骤的实施以求完成总目标。在制订计划时都考虑最恶劣的边际条件，将指标留有余地。因此，联想在全球PC业务低迷的背景下，步履坚定地走过来，一直保持着较高的业绩增长。

### 3. 带队伍

所谓"带队伍"是指塑造联想独具特色的企业文化，加强员工的凝聚力，形成爱岗敬业的氛围，培养领军人物，为未来发展奠定基础。有很多公司，能够制定战略，但就是实现不了。带队伍与定战略好比是知与行的关系。在中国，有句古语叫做"知易行难"，能制定战略就相当于"知"，知道应该怎么做，但为什么做不到呢？这主要是因为"带队伍"没做好。

在联想，带队伍有五项实际内容，包括：建立合适的组织架构、落实岗位责任制；制定令行禁止的严格的规章制度；采用充分调动积极性、发挥创造力的激励方式；加强企业文化建设，增强公司凝聚力；加强内部培训，培养骨干队伍和领军人物。

带队伍需要做好三件事：一是如何充分调动员工的积极性，让你的兵爱打仗；二是如何提高员工能力，让你的兵会打仗；三是如何使组织有序、协调、效率高，让你的兵组织有序，有一个最好的队形，作战最有效率。这些都是组织、架构和规章制度要解决的事。

联想在带队伍方面是做得非常好的。联想对员工有很好的激励方式，激励的核心就是把员工的发展方向和追求与企业的目标融合在一起，这是联想最高的愿望。如果员工没有一个共同的利益，每个人都以己为本，就不成一个企业了。这一点联想叫入模子，不管是什么样的人进入到联想，都要熔化在这个模子里。你可以改造这个模子，比如，联想有些地方做得不好，大家提了以后联想可以修改，但进来之后就要按这个做。

入模子的意思是说联想要形成一个坚硬的模子，进入联想的职工必须进到联想的"模子"里来，符合联想的理想、目标、精神、情操、行为的特定要求。

对于联想的一般员工，入模子的基本要求就是按照联想的行为规范做事，联想的行为规范主要是指以岗位责任制为核心的一系列规章制度，包括财务制度、人事制度等。执行制度是对一个联想人的最基本要求。

对领军人物和骨干队伍的培养，这是最重要的。第一把手像阿拉伯数字的"1"，后面跟一个0就是10，跟两个0就是100，跟三个0就是1 000。这些"0"虽然也很重要，但没有前面的"1"就什么都没有。联想对领军人物有"德"、"才"两方面的要求，"德"就是要把企业的利益放在最高地位，"才"就是一定是个学习型的人，要善于总结，善于学习，善于把理论的东西拿去实践，善于把实践加以总结。

搭班子、定战略、带队伍就构成了联想的管理三要素，联想每年都要对员工培训管理三要素的基本内容。在PC行业的竞争中，联想从1996年开始一直处于中国第一的位置，而从第二名到第十名的排名一直在不停地变更。这是为什么？这不是某一个业务策略形成的，而是由于管理三要素这种更深层次的原因在起作用。

联想成立28年了，应该说在20世纪80年代，也就是联想成立的初期，中国企业生存的环境是很困难的。而在20世纪90年代，环境逐渐变好，但企业竞争的程度大大加剧了。在这种复杂的情况下，联想之所以能一直高速发展，它的真正核心竞争力，就是因为有一个好的领导班子，有制定正确战略的能力，能培养出一支很好的队伍。

# 为什么说竞争是造就强者的学校？

## ——犬獒效应

当年幼的藏犬长出牙齿并能撕咬时，主人就把它们放到一个没有食物和水的封闭环境里让这些幼犬自相撕咬，最后剩下一只活着的犬，这只犬称为獒。据说十只犬才能产生一只獒。犬獒效应的寓意是：竞争是造就强者的动力。

在电视剧《康熙大帝》中，康熙在执政六十年大庆中敬的第三杯酒，是鳌拜、吴三桂、朱三太子等人，这些人是他一生中遇到的死对头，然而也正是这些对手造就了康熙，内忧外患的困境铸就了康熙的雄才大略，铸就了当时的丰功伟绩，为康乾盛世奠定了内安外定的良好开端。因此，康熙被后人尊称为"千古一帝"。

我们生活在一个变革的时代。挑战和机遇同在，竞争是它最显著的特征。竞争是一种刺激，一种激励，也意味着新的选择和新的机遇。竞争出生产力，竞争出战斗力。

比斯高公司行政主管唐纳·肯杜尔认为：在生意上遇到强劲、精明的竞争对手，是用钱都买不到的"好事"。在他看来，竞争乃是重燃斗志、维持成功的真正力量。他说："有很多人苟且偷生，毫无竞争之志，最后终于白头以终。对于这类人，我只感到悲哀。打从做生意以来，我一直很感激生意竞争对手。这些人有的比我强，有的比我差；但不论其行与不行，他们虽令我跑得更累，但也跑得更快。脚踏实地的竞争，最足以保障一个企业的生存。"

在比斯高公司，接班人不论男女，都被要求重新去过竞争性的生活。他们不能只满足于与对手平起平坐，也不能满足于产品质量和生产设备不输他人，而是要超过对手。做不到这一点，这个接班人就是不合格的。在比斯高公司的公司文化中，竞争是最核心的内容。他们有一个信条：超过对手乃是此生中获得成功、幸福的唯一途径。正是在这种企业文化的熏陶下，比斯高公司的员工受到了更多的竞争力的训练，生产线也不断扩大，成为了同类企业中的佼佼者。

美国企业十分重视为职工提供公平竞争环境和竞争规则，充分调动其积极性，发挥他们的才能。如，IBM对员工的评价是以其贡献来衡量，提倡高效率和卓越精神，鼓励所有管理人员成为电脑应用技术专家。

福特汽车公司在提升干部时，凭业绩取人，严格按照"贵以授爵，能以授职"的原则行事。福特汽车公司前总裁亨利·福特说："最高职位是不能遗传的，只能靠自己去争取。"

竞争是市场经济有效运行的必要条件，也是市场经济充满活力的杠杆。有竞争才会有压力，有压力才会有动力和活力。竞争会迫使企业经营者不得不发奋图强，不得不革故鼎新，不得不锐意进取。否则，就只有等着被兼并、被淘汰。有的人视竞争为坏事，还有的人把竞争对手看成是心腹大患，是异己，是眼中钉、肉中刺，恨不得马上除之而后快。其实只要反过来仔细一想，便会发现拥有一个强劲的对手，反而倒是一种福分、一种造化。因为一个强劲的对手会让人有一种危机四伏的感觉，它会激发起人们更加旺盛的精力和斗志。

加入WTO后，我国的一些产业将面临更加激烈的竞争，特别是那些成本高、技术水平低和管理落后的企业会遭受巨大的冲击和压力。这既是严峻的挑战也是重要的发展机遇。加入WTO，本质上给我国经济搭起了一个更高的竞争平台，它要求我国企业必须向上"跳"，在不断提高自身素质中求发展。因此，加入WTO，引入竞争与压力，将更有利于我国的社会主义现代化建设。正如智者所说："迎接挑战最好的办法就是将挑战引进来，如同鲨鱼来了别的鱼才游得快一样。"

# 松下为什么强调"经营要留有余地"？
## ——水坝式经营法

松下幸之助，1894年出生于日本和歌山县，1989年去世。10岁那年他没有上完小学四年级就退学当学徒。1918年，23岁的松下在大阪建立了"松下电气器具制作所"，并在其苦心经营下成为了当今世界闻名的松下电器集团。1925年，松下幸之助首次成为日本最高收入者，从那时起直到1988年的63年中，有10年他的收入居日本第一位，有6年居第二位，他的个人资产达到3 500亿日元。尽管松下幸之助取得了惊人的成功，但他的性格和为人依然是典型大阪商人的样子：腿短、身长，见到陌生人先低头哈腰，说起话来小声小气，生怕吓着对方。

松下幸之助在经营公司的同时，也关心政治、文化和国际问题，经常在各地举行演讲，并有许多著作。日本人民非常尊敬和崇拜他，称之为"经营之神"、"20世纪最伟大的成功者"，他的思想被称为"松下哲学"。

松下幸之助认为维持企业的稳定成长是天经地义的事情，为了使企业确实能够稳定地发展，水坝式经营是很重要的观念。

水坝的目的是拦阻和储存河川的水，随着季节或气候的变化，经常保持必要的用水量。企业也需要有这种调节和运用的机制，这样才能稳定发展。如果公司的各部门都能像水坝那样，一旦外界情况发生变化，不会受到很大影响，反而能够维持稳定的发展，这就是"水坝式经营"的观念。在企业中，无论设备、资金、人员、库存、技术、企划或功能。换句话说，在经营各方面都要保留宽裕并运用弹性。

例如资金，假设经营一个需要10亿元资金的事业，如果只准备10亿元，万一发生事情，10亿元不够时，问题就不能得到解决。因此需要10亿元或12亿元的资金，这就是资金水坝。关于资金问题，松下幸之助还发表过他的特殊看法。日本在一段时期内流行过银行要求公司把从银行贷款中的一部分再存入银行的做法，许多企业指责银行的做法太过分了。松下幸之助却说："50多年来，我一直是这样做的，我从银行借钱的时候，只需借1万元就够了，可是我多借些，借了2万元，然后把剩余的1万元钱又原封不动地作为定期存款存入银行。看起来是赔钱的，但是我却把它当成保险金。有了这笔保险金，在需要的时候，随时都可以提出来使用，而且银行总是十分信任我。"实际上，这也是一种资金水坝的建立方法。

例如生产设备，如果只有生产设备的使用率达到100%才会赢利，那对企业来讲是非常危险的。换句话说，平时即使只运用80%或90%的生产设备，企业也应该有获利的能力。那么一旦市场需求量突然增加，因为设备有余，则可以立即提高生产量，达到市场的要求。这就是设备水坝发挥了作用。

另外，经常保持适当的库存，以应付需求的激增，不断开发新产品，永远要为下一次的新产品做准备，这些都应在制订企业的发展计划中有所考虑。如果公司能随时运用这种水坝式的经营法，即使外界有变化，也一定能够迅速且妥当地应付这种变化，维持稳定的经营与成长。这就好像水坝在干旱时能通过泄洪来解决水源短缺的问题一样。

但是，还有必须注意的一点是，"设备水坝"或"库存水坝"并不是设备闲置或库存过剩。如果一个企业预估销售量，并根据预测来购置设备和决定生产量，却因为卖不出去而有库存，设备也没有完全利用，这和水坝式经营没有关系。这只不过是估计错误所造成的，而这种剩余是不应该发生的。松下幸之助特别强调水坝式经营是基于正确的估计，事先保留10%或20%的准备。

松下幸之助同时认为，除了有形的经营水坝，还有更加重要的"心理水坝"，也就是企业经营者要具有水坝经营观念。如果能以水坝意识去经营，就会根据各个企业的具体情况而拟订不同的水坝式经营方法。

为了经营上有所发展，用任何方法都做到留有余地，而那种只顾眼前的做法是十分危险的。水坝式经营不是靠眼前的利益而获益的，因为资金水坝和设备水坝无法在短期内产生利润。但是从长远角度来看，采取水坝式经营则比较可靠，很少出现失败的结局。所以企业如果希望长期稳定地发展，就必须建筑经营中的水坝。

在我国，有许多的民营企业取得一时性成功之后，往往没过多长时间就走向衰退，使得企业的平均寿命只有3年左右，形成了"各领风骚三五载，你方唱罢我登台"的局面。造成这种局面的原因很复杂，但是不能克服过度扩张的风险是一个共同的原因。而松下幸之助就是通过水坝式经营方法克服这种风险的。这种被他自己称为经营秘诀之一的"经营要留有余地"的思想，或者叫做水坝式经营哲学，为企业的长远发展、永续经营提供了重要的保证，这种思想是值得我们的企业家特别是民营企业经营者借鉴和学习的。

## 为什么本田是技术和活力的代名词?

### ——本田管理模式

本田技术研究所是当今日本乃至世界汽车业的佼佼者。在日本企业界，本田是技术和活力的代名词，也是日本大学生毕业后非常向往的就业目标。这个创立于1946年的企业能够在短短几十年里内取得如此的成绩，与它的创立者本田宗一郎的性格有很大关系。

本田宗一郎于1906年出生在静冈县，1922年从乡下来到东京进入汽车修理厂当学徒。他对机械技术非常热心，很快成为优秀的修理工，而且在1928年曾独立开办过汽车修理厂，经营得非常成功。1934年他关闭了修理厂，成立了东海精密机械公司，并生产活塞环，产品的主要买主为丰田公司。由于本田宗一郎不愿永远为别人做嫁衣裳，1945年他把公司出售给丰田公司。1946年他创建本田技术研究所，并开始生产摩托车。1971年辞去董事长职务，把公司的经营权交给了河岛喜好。本田宗一郎只有小学文化，但他能够在复杂的环境中，苦心经营，花费一生精力，创建出世界一流的企业，随后又毫不吝惜地把它交给与自己没有丝毫血缘关系的年轻

人，自己过起恬淡的生活，这是没有胆识的人绝对做不到的。

本田宗一郎在经营中一直遵循着以下一些原则和规定，这些原则和规定已经渗透到企业的每个角落，成为人们所说的本田管理模式。

**1. 充分尊重个人，公平合理授权**

早在经营东海精密机械公司时，本田宗一郎就能很好地与性格完全不同的人一道工作，并以此作为自己的工作信念。他认为同类型的人固然好相处、易交往，但要把一个公司办下去必须有各种类型的人才行。在经营本田技术研究所的过程中，他与藤泽武夫的配合也体现了这一原则。本田宗一郎和藤泽武夫的性格完全不同，他们之间分工明确，本田宗一郎负责技术和产品，而销售和经营完全由藤泽武夫负责。1971年他们两人同时退休。

为了保证权力确实能够交给有能力的人，在企业中担任领导人的亲属一律不得进入公司工作。本田变成大企业后，这个原则依然保留着，中途录用者占职工人数的一半，实施混血主义，以保持公司的创造力。

进入公司，无论是高级干部还是一般职工均以"先生"相称，而不是以职务相称。公司董事没有个人单独的办公室，而是采取同用一个大房间的"董事同室办公制度"。

本田宗一郎的语录"为自己工作"是这种尊重个人精神的高度概括。他告诫职工不要考虑向公司宣誓忠诚，而是要为自己工作；在本田，这种尊重人的精神到处可见，人员安排、调动，贯彻"自我申请制"是这种精神的体现之一。

本田宗一郎既无官僚色彩，也不存在派系和宗派主义，职工可以轻松愉快地工作。高级干部到50岁就为后来的年轻人让位，最大限度地尊重年轻职员。力戒害怕失败的谨小慎微作风，按照本田宗一郎的说法是不工作才不失误。在对本田职工进行的一项关于"本田精神的核心是什么"的问卷调查中，回答顺序分别是：独创性、要为自己工作、人尽其才、不要怕失败。

## 2. 一人一事，自由竞争

本田宗一郎的搭档藤泽武夫认为，在企业内使每个人的能力都得到最大限度的发挥，能够专心从事研究，在传统的金字塔形的组织结构中是很难实现的，因此废除这种结构、采取一人一事并进行自由竞争是非常重要的。

一人一事就是废除公司强迫一个人干一项他不能胜任的工作做法。保证每一个人都自由选择一个自己的主攻方向的权利。自由竞争则是主张进行不同性质的自由竞争。为了达到共同的目标，每一个人、每一个小集体都要有自己的设想，并通过它来找到开发领域，把竞争机制引进公司内部。

在本田研究所，由研究员个人提出课题开始，课题一旦被采纳，就以提出者为中心组成项目攻关组，课题研究工作的领导、筹划、管理全部交给提出课题者个人负责。在两人以上的研究人员分别提出类似课题且被同时采纳时，令他们各自组成独立项目攻关组，通过自由竞争夺取成果。因此本田在组织结构上实现了"镇纸型组织"的横向组织。顶端就像镇纸上的提钮，有几位高级领导，在它之下的研究人员全部处于对等关系，形式上虽分为设计室、试制室等部门，但是室长级人员也都是具体工作人员而非专职管理干部。

## 3. 造就独创型人才

要造出风格独特的产品，企业职工就必须具备独创性的头脑。横向型组织、项目攻关制度只是一种保证，归根到底，关键还取决于人。企业中能拥有多少独创性人才是本田创业以来一直给自己设置的课题。为此，本田采取了下列措施：

（1）引进合理化建议制度。1953年，本田率先引进了合理化建议制度。到20世纪70年代，一年所提建议总数突破10万，平均每4条中有3条被采纳。对于优秀的建议，本田给予免费出国旅游的奖励。

（2）建立"新设想工作室"。本田在其国内各工厂设有名为"新设想工作室"的实验工作室，室内备有机械设备。职工一旦产生好主意就可以到实验室中把设想具体化，当然原则上是利用业余时间。

（3）举办违反常规作品的展览会。展览会的宗旨是提出自由奔放的设想并给予实施的"头脑运动会"，是提供彻底的群众文娱活动。这与本田"不论工作、娱乐，只要心情舒畅就干到底"的理念相吻合，在大会上能看到许多异想天开的作品。

（4）技术面前人人平等。在本田，技术面前人人平等，没有上下级的区分，经常发生被称为"下克上"的事情。在汽车发动机由空冷改为水冷时，由于本田宗一郎是空冷的绝对拥护者，匀米等人采取"罢工"方式进行抗议。在看到水冷式的优点后，本田宗一郎发出了"今后是年轻人的时代了"的感叹，从而决心退役。在开发集成电路过程时，同样发生过对本田宗一郎抗议的事件。当时已经是顾问的本田宗一郎不喜欢电子技术，认为电子用眼睛看不到，技术是实实在在看得见的。但是机器人开发小组不顾本田宗一郎的反对，完全独立开发出第一流的焊接机器人和生产线系统，在事实面前本田宗一郎不得不低头。

**4. 顾客满意第一的原则**

在本田，人们强调娱乐，认为娱乐可以扩大人的视野，积累经验，密切关系。本田宗一郎甚至认为只要有一种尽情地去玩乐的期望，就会白天比别人干得起劲，同时又十分注意效率。如果通宵达旦工作而不休息，那么本田宗一郎也许不会有什么创新了，可能还会失去全面培养人的机会。

本田宗一郎指出，独特的发明创造，如果不能及时地提供给社会，它将毫无价值。在本田，研究人员认为他们不是在研究技术，而是在研究人们的心理，在想尽一切办法，用尽一切技术满足人们的心理。

本田历代的领导者们从来没有提出诸如"称霸世界市场"、"赶上丰田"、"超过日产"之类的口号，而是强调顾客满意第一，在使用户满意方面力争第一。

本田没有专门的市场调查研究机构，它依靠的是开发小组。开发部门的全体人员都是市场调研员，他们用自己的眼睛、耳朵探索市场动向，这比依靠市场调查部门得到的信息更有感性认识。

本田的管理模式是一个完整的系统，它是一系列原则和规定在一定的哲学思想下的和谐统一。我们只有理解了它的完整性，才能为我所用，只着眼于一点是不能发挥其功效的。

## 制造业最理想、最具生命力的生产系统是什么？

——丰田模式

日本汽车工业从其起步到今天经历了"技术设备引进—国产化—建立规模生产体制—高度成长—工业巨大化—强化国际竞争力—出口增大—全球战略"这样一个过程。但是，从一开始技术设备引进阶段，日本汽车工业就没有照搬美国的汽车生产方式。这其中除了当时的日本国内市场环境、劳动力以及第二次世界大战之后资金短缺等原因以外，一个很重要的原因是，以丰田汽车公司副社长大野耐一等人为代表，他们从一开始就意识到了，美国汽车工业的生产方式虽然已很先进，但需采取一种更灵活、更能适应市场需求的能够提高产品竞争力的生产方式。

在20世纪后半期，整个汽车市场进入了一个市场需求多样化的新阶段，而且对质量的要求也越来越高，随之给制造业提出的新课题是，如何有效地组织多品种小批量生产，否则，生产过剩所引起的是设备、人员、库存费用等一系列的浪费，从而影响到企业的竞争能力以致生存。

在此历史背景下，1953年，丰田汽车公司的副社长大野耐一综合了单件生产和批量生产的特点和优点，创造了一种在多品种、小批量混合生产条件下的高质量、低消耗的生产方式，即准时生产。

丰田生产方式的基本思想是"只在需要的时候，按需要的量，生产所需的产品"，也就是追求一种无库存，或库存达到最小的生产系统。这一思想被浓缩在三个英语单词"JUST IN TIME"里，因此被称为JIT生产方式。JIT的基本思想是生产的计划和控制及库存的管理。

JIT生产方式以准时生产为出发点，首先暴露出生产过量和其他方面的浪费，然后对设备、人员等进行淘汰、调整，达到降低成本、简化计划和提高控制的目的。在生产现场控制技术方面，JIT的基本原则是在正确的时间，生产正确数量的零件或产品，即时生产。它将传统生产过程中前道工序向后道工序送货，改为后道工序根据"看板"向前道工序取货，看板系统是JIT生产现场控制技术的核心，但JIT不仅仅是看板管理。

**JIT的目标是彻底消除无效劳动和浪费，具体要达到以下目标：**

（1）废品量最低。JIT要求消除各种引起不合理的因素，在加工过程中每一道工序都要求达到最好水平。

（2）库存量最低。JIT认为，库存是生产系统设计不合理、生产过程不协调、生产操作不良的证明。

（3）准备时间最短。准备时间长短与批量选择相关，如果准备时间趋于零，准备成本也趋于零，就有可能采用极小批量。

（4）生产提前期最短。短的生产提前期与小批量相结合的系统，应变能力强，柔性好。

（5）减少零件搬运，搬运量低。零件搬运是非增值操作，如果能使零件和装配件运送量减少，搬运次数减少，可以节约装配时间，减少装配中可能出现的问题。

（6）机器损坏低。

（7）批量小。

为了达到上述目标，JIT对产品和生产系统设计考虑的主要原则有以下三个方面：

（1）在当今产品寿命周期已大大缩短的情况下，产品设计应与市场需求相一致，在产品设计方面，应考虑到产品设计完后要便于生产。

（2）尽量采用或组织技术与流程式生产。

（3）与原材料或外购件的供应者建立联系，以达到JIT供应原材料及采购零部件的目的。

在JIT方式中，试图通过产品的合理设计，使产品易生产、易装配，当产品范围扩大时，即使不能减少工艺过程，也要力求不增加工艺过程，具体方法有：

（1）模块化设计。

（2）设计的产品尽量使用通用件，标准件。

（3）设计时应考虑易实现生产自动化。

JIT的基础之一是平均稀有化生产，即平均制造产品，使物流在各作业之间、生产线之间、工序之间、工厂之间平衡且均衡地流动。为达到均衡化，在JIT中采用月计划、日计划，并根据需求变化及时对计划进行调整。

JIT提倡采用对象专业化布局，用以减少排队时间、运输时间和准备时间，在工厂一级采用基于对象专业化布局，以使各批工件能在各操作时间和工作间顺利流动，减少通过时间；在流水线和工作中心一级采用微观对象专业化布局和工作中心"U"型布局，可以减少通过时间。

JIT可以使生产资源合理利用，包括劳动力柔性和设备柔性。当市场需求波动时，要求劳动力资源也作相应调整。如需求量增加不大时，可通过适当调整具有多种技能操作者的操作来完成；当需求量降低时，可采用减少生产班次、解雇临时工、分配多余的操作工去参加维护和维修设备，这就是劳动力柔性的含义。而设备柔性是指在产品设计时就考虑加工问题，发展多功能设备。

JIT强调全面质量管理，目标是消除不合格品，消除可能引起不合格品的根源，并设法解决问题，JIT中还包含许多有助于提高质量的因素，如批量小、零件很快移到下工序、质量问题可以及早发现等。

JIT生产管理方式在20世纪70年代末从日本引入中国，长春第一汽车制造厂最先开始应用看板系统控制生产现场作业。到了1982年，第一汽车制造厂采用看板取货的零件数，已达其生产零件总数的43%。20世纪80年代初，中国企业管理协会组织推广现代管理方法，看板管理被视为现代管理方法之一，在全国范围内宣传推广，并为许多企业采用。

JIT以订单驱动，通过看板，采用拉动方式把供、产、销紧密地衔接起来，使物资储备、成本库存和在制品大为减少，提高了生产效率，这一生产方式在推广应用过程中，经过不断地发展和完善，为日本汽车工业的腾飞插上了翅膀，提高了生产效率。这一生产方式亦为世界工业界所瞩目，被视为当今制造业中最理想且最具生命力的新型生产系统之一。

# 第3章

[哈佛变革课——为组织创造可持续的未来]

# "第五项修炼" 到底修炼什么？
## ——学习型组织

美国麻省理工学院教授彼得·圣吉，1947年出生于芝加哥，1970年在斯坦福大学获航空及太空工程学士学位，之后进入麻省理工学院斯隆管理学院攻读博士学位。1978年获得博士学位后，圣吉留在斯隆管理学院，继续致力于将系统动力学与组织学习、创造原理、认知科学、群体深度对话与模拟演练游戏融合，从而发展出"学习型组织"理论。作为研究成果的结晶，圣吉的代表作《第五项修炼——学习型组织的艺术与实务》于1990年在美国出版，该书于1992年荣获世界企业学会最高荣誉的开拓者奖，圣吉本人也于同年被美国《商业周刊》推崇为当代最杰出的新管理大师之一。

学习型组织理论认为，在新的经济背景下，企业要持续发展，就必须增强企业的整体能力、提高整体素质。也就是说，企业的发展不能再只靠像福特、斯隆、沃森那样伟大的领导者一夫当关、运筹帷幄、指挥全局，未来真正出色的企业将是能够设法使各阶层人员全新投入并有能力不断学习的组织——学习型组织。

所谓学习型组织，是指通过培养迷漫于整个组织的学习气氛，充分发挥员工的创造性思维能力而建立起来的一种有机的、高度柔性的、扁平的、符合人性的、能持续发展的组织。这种组织具有持续学习的能力，具有高于个人绩效总和的综合绩效。学习型组织具有下面的几个特征。

**1. 组织成员拥有一个共同的愿景**

组织的共同愿景，来源于员工个人的愿景而又高于个人的愿景。它是组织中所有员工愿景的景象，是他们的共同理想。它能使不同个性的人凝聚在一起，朝着组织共同的目标前进。

**2. 组织由多个创造性个体组成**

在学习型组织中，团体是最基本的学习单位，团体本身应理解为彼此需要他人配合的一群人。组织的所有目标都是直接或间接地通过团体的努力来达到的。

**3. 善于不断学习**

这是学习型组织的本质特征。所谓"善于不断学习"，主要有四点含义：

（1）强调"终身学习"。即组织中的成员均应养成终身学习的习惯，这样才能形成组织良好的学习气氛，促使其成员在工作中不断学习。

（2）强调"全员学习"。即企业组织的决策层、管理层、操作层都要全心投入学习，尤其是管理层和决策层，他们是决定企业发展方向和命运的重要阶层，因而更需要学习。

（3）强调"全过程学习"。即学习必须贯穿于组织系统运行的整个过程之中。约翰·瑞定提出了一种被称为"第四种模型"的学习型组织理论。他认为，任何企业的运行都包括准备、计划、推行三个阶段，而学习型企业不应该是先学习后进行准备、计划、推行，不应该把学习和工作分割开，应强调边学习边准备、边学习边计划、边学习边推行。

（4）强调"团体学习"。即不但重视个人学习和个人智力的开发，更强调组织成员的合作学习和群体智力（组织智力）的开发。

学习型组织通过保持学习的能力，及时铲除发展道路上的障碍，不断突破组织成长的极限，从而保持持续发展的态势。

**4. "地方为主"的扁平式结构**

传统的企业组织通常是金字塔式的，学习型组织结构是扁平的，即从最上面的决策层到最下面的操作层，中间相隔层次极少。它尽最大可能将决策权向组织结构的下层移动，让最下层单位拥有充分的自主权，并对其产生的结果负责，从而形成以"地方为主"的扁平式组织结构。例如，美国通用电器公司目前的管理层次已由9层减少为4层，只有这样的体制，才能保证上下级的不断沟通，下层才能直接体会到上层的决策思想和智慧光辉，上层也能亲自了解到下层的动态，吸取第一线的营养。只有这样，企业内部才能形成互相理解、互相学习、整体互动思考、协调合作的群体，才能产生巨大的、持久的创造力。

### 5. 自主管理

学习型组织理论认为，"自主管理"是使组织成员能边工作边学习，使工作和学习紧密结合的方法。通过自主管理，组织成员可以自己发现工作中的问题，自己选择伙伴来组成团队，自己选定改革进取的目标，自己进行现状调查，自己分析原因，自己制定对策，自己组织实施，自己检查效果，自己评定总结。组织成员在"自主管理"的过程中，能形成共同愿景，能以开放求实的心态互相切磋，不断学习新知识，不断进行创新，从而增加组织快速应变、创造未来的能量。

### 6. 组织的边界将被重新界定

学习型组织的边界的界定，建立在组织要素与外部环境互动关系的基础上，超越了传统的根据职能或部门划分的"法定"边界。例如，把销售商的反馈信息作为市场营销决策的固定组成部分，而不是像以前那样只是作为参考。

### 7. 员工家庭与事业平衡

学习型组织努力使员工丰富的家庭生活与充实的工作生活相得益彰。学习型组织承诺支持每位员工充分的自我发展，而员工也承诺以对组织的发展尽心作为回报。这样，个人与组织的界限将变得模糊，工作与家庭之间的界限也将逐渐消失，两者之间的冲突也必将大为减少，从而提高员工家庭生活的质量（满意的家庭关系、良好的子女教育和健全的天伦之乐），达到家庭与事业之间的平衡。

### 8. 领导者的新角色

在学习型组织中，领导者是设计师、仆人和教师。领导者的设计工作是一个对组织要素进行整合的过程，他不只是设计组织的结构和组织政策、策略，更重要的是设计组织发展的基本理念；领导者的仆人角色表现在他对实现愿景的使命感，他自觉地接受愿景的召唤；领导者作为教师的首要任务是界定真实情况，协助人们对真实情况进行正确、深刻的把握，提高他们对组织系统的了解能力，促进每个人的学习。

学习型组织有着它不同凡响的作用和意义。它的真谛在于：一方面，学习是为了保证企业的生存，使企业组织具备不断改进的能力，提高企业组织的竞争力；另一方面，学习更是为了实现个人与工作的真正融合，使人们活出生命的意义。

尽管学习型组织的前景十分迷人，但如果把他视为一贴万灵药则是危险的。事实上，学习型组织的缔造不应是最终目的，重要的是通过迈向学习型组织的种种努力，引导一种不断创新、不断进步的新观念，从而使组织日新月异，不断创造未来。

学习型组织的基本理念，不仅有助于企业的改革和发展，而且它对其他组织的创新与发展也有启示。人们可以运用学习型组织的基本理念，去开发各自为组织创造未来的潜能，反省当前存在于整个社会的种种学习障碍，推动如何使整个社会早日向学习型社会迈进。或许，这才是学习型组织所产生的更深远的影响。

# 如何对组织不必要的环节进行彻底变革?

## ——企业再造

企业再造也译为"公司再造"、"再造工程"。1993年开始,它是在美国出现的关于企业经营管理方式的一种新的理论和方法。

企业再造理论的产生有深刻的背景。20世纪六七十年代以来,信息技术革命使企业的经营环境和运行方式发生很大的变化,而西方国家经济的长期低增长又使得市场竞争日益激烈,企业面临着严峻挑战。有些管理专家用3C理论阐述了这种全新的挑战。

顾客(Customer)——买卖双方关系中的主导权转到了顾客一方。竞争使顾客对商品有了更大的选择余地;随着生活水平的不断提高,顾客对各种产品和服务也有了更高的要求。

竞争(Competition)——技术进步使竞争的方式和手段不断发展,发生了根本性的变化。越来越多的跨国公司越出国界,在逐渐走向一体化的全球市场上展开各种形式的竞争,美国企业面临日本企业、欧洲企业的竞争威胁。

变化(Change)——市场需求日益多变,产品市场寿命周期的单位已由"年"趋于"月"。技术进步使企业的生产、服务系统经常变化,这种变化已经成为持续不断的事情。因此,在大量生产、大量消费的环境下发展起来的企业经营管理模式已无法适应快速变化的市场。

面对这些挑战,企业只有在更高水平上进行一场根本性的改革与创新，才能在低速增长时代增强自身的竞争力。

在此背景下，结合美国企业为挑战日本企业、欧洲企业的威胁而展开的实际探索，1993年，哈默和钱皮出版了《再造企业》一书，书中认为："20年来，没有一个管理思潮能将美国的竞争力倒转过来，如目标管理、多样化、Z理论、零基础预算、价值分析、分权、质量圈、追求卓越、结构重整、文件管理、走动管理、矩阵管理、内部创新及一分钟决策"等。

1995年，钱皮又出版了《再造管理》。哈默和钱皮提出应在新的企业运行空间条件下，改造原来的工作流程，以使企业更适应未来的发展空间。这一全新的思想震动了管理学界，一时间"企业再造"、"流程再造"成为大家谈论的话题，哈默和钱皮的著作以极快的速度被大量翻译、传播，与此有关的各种刊物、演讲会也盛行一时。在短短的时间里，该理论便成为企业界以及学术界研究的热点。IBM信用公司通过流程改造，实行一个通才信贷员代替过去多位专才，并减少了九成作业时间的故事更是广为流传。

企业"再造"就是重新设计和安排企业的整个生产、服务和经营过程，使之合理化。通过对企业原来生产经营过程的每个方面、每个环节进行全面的调查研究和细致分析，对其中不合理、不必要的环节进行彻底的变革。在具体实施过程中，可以按以下程序进行。

**1. 对原有流程进行全面的功能和效率分析，发现其存在问题**

根据企业现行的作业程序，绘制细致、明了的作业流程图。一般地说，原来的作业程序是与过去的市场需求、技术条件相适应的，并由一定的组织结构、作业规范作为其保证的。当市场需求、技术条件发生变化，使现有作业程序难以适应时，作业效率或组织结构的效能就会降低。因此，必须从以下方面分析现行作业流程的问题：

功能障碍：随着技术的发展，技术上具有不可分性的团队工作，个人可完成的工作额度就会发生变化，这就会使原来的作业流程或者支离破碎增加管理成本，或者核算单位太大造成权责利脱节，并会造成组织结构设计的不合理，形成企业发展的瓶颈。

重要性：不同的作业流程环节对企业的影响是不同的。随着市场的发展，顾客对产品、服务的需求在变化，作业流程中的关键环节以及各环节的重要性也在变化。

可行性：根据市场、技术变化的特点及企业的现实情况，分清问题的轻重缓急，找出流程再造的切入点。

为了对上述问题的认识更具有针对性，还必须深入现场，具体观测、分析现存作业流程的功能、制约因素以及表现的关键问题。

**2.设计新的流程改进方案，并进行评估**

为了设计更加科学、合理的作业流程，必须群策群力、集思广益、鼓励创新。在设计新的流程改进方案时，可以考虑：

（1）将现在的数项业务或工作组合，合并为一。

（2）工作流程的各个步骤按其自然顺利进行。

（3）给予职工参与决策的权力。

（4）为同一种工作流程设置若干种进行方式。

（5）工作应当超越组织的界限，在最适当的场所进行。

（6）尽量减少检查、控制、调整等管理工作。

（7）设置项目负责人。

对于提出的多个流程改进方案，还要从成本、效益、技术条件和风险程度等方面进行评估，选取可行性强的方案。

**3.制定与流程改进方案相配套的组织结构、人力资源配置和业务规范等方面的改进规划，形成系统的企业再造方案**

企业业务流程的实施，是以相应组织结构、人力资源配置方式、业务规范、沟通渠道甚至企业文化作为保证的，所以，只有以流程改进为核心形成系统的企业再造方案，才能达到预期的目的。

**4.组织实施与持续改善**

实施企业再造方案，必然会触及原有的利益格局。因此，必须精心组

织，谨慎推进。既要态度坚定，克服阻力，又要积极宣传，达成共识，以保证企业再造的顺利进行。

企业再造方案的实施并不意味着企业再造的终结。在社会发展日益加快的时代，企业总是不断面临新的挑战，这就需要对企业再造方案不断地进行改进，以适应新形势的需要。

1994年的早期，由CSC Index公司（战略管理咨询公司）对6 000家北美和欧洲大公司进行了621家抽样问卷调查。调查的结果是：北美497家中的69%、欧洲124家中的75%已经进行了一个或多个再造项目，余下的公司中一半也在考虑这样的项目。其中，一家公司的半导体部门，通过再造，对集成电路的订货处理程序的周期时间减少了一半还多，改变了顾客的满意度，由最坏变为最好，并使企业达到了前所未有的收益。

# 为什么事业平稳发展后成功会来得更快？

## ——飞轮效应

我们想象有一个很大的飞轮，直径30米，高1米，重50吨。这个飞轮就是你的企业，你带领一班人马来推这个轮子。你的任务是把飞轮推得尽可能地快，就好像你要把公司运转起来似的。刚开始的时候，轮子是静止的，你要费九牛二虎之力，才能让飞轮移动一丁点。但是你没有放弃，继续使劲地推，两天之后，轮子转了一整圈，并且转得稍稍快了点。你继续推，飞轮转的速度继续加快。两圈、三圈、四圈、五圈……轮子越来越快，越来越快，最终在某一点（你说不清的某一点）上，你只要用轻轻的力气，轮子就可以转得飞快了。你的力量没有增加，但是轮子的速度却飞快……

这就是"飞轮效应"。理解飞轮效应，需要联系到中学时代物理课学过的能量守恒定律。施力者同时也是受力者，当你不断往一事物持续施力的时候，到一定阶段，状态一定会改变，不是施力者，就是受力者。

飞轮效应告诉我们，在每件事情的开始都必须付出艰巨的努力，这样才能使你的事业之轮转动起来，而当你的事业走上平稳发展的快车道之后，一切都会好起来。万事开头难，努力再努力，坚持再坚持，光明就在前头。

神州数码在尝试向IT服务业的战略转型的过程中，在最初阶段也是遇到了重重磨难，员工思想观念难以转变、利益难以平衡等问题都难以解决，2002年，甚至发生了严重的管理团队流失现象，连神州数码的总裁郭为都曾经动摇过，怀疑自己的战略转型方向是否正确，但是，是他的坚持让公司度过了一次又一次的危机，并最终取得了阶段性的胜利。如今，神州数码销售总额突破200亿元，利润翻番，成为中国IT服务业的领先品牌，业务流程基本实现电子化。在深度概括成功的经验时，神州数码总裁郭为说："对于战略转型，我有两点体会：其一，转型能否成功，最终取决于企业是否真的看清楚了所选的方向，这是决心和信心的来源。其二，要坚持。在遇到各种困难和挑战时，唯有坚持才能笑到最后。"

飞轮效应的反面是"死亡循环"，陷入死亡循环的企业同样想实现战略变革，但是它们缺乏足够的执著去产生飞轮效应。它们以一种狂躁的热情去推动变革，想一口吃成个大胖子。它们的战略只有一个方向，一旦遭遇到预料之外的挫折，就会马上转向另一个方向——失败之后不是进行很好的反思，而是换个新的CEO，换一种策略，开始新的改革运动——继续失败——于是，这个企业就进入了"死亡循环"。

20世纪80年代初的华纳兰博特公司就是一个典型的"死亡循环"的例子。1979年，华纳兰博特公司告诉《商业周刊》，它们要做消费产品的领导性厂商。仅一年之后，它的目光就转向了医疗保健行业。到1981年，它开始多元化。不久，它的主业又转回到消费品。在1987年，它开始宣称要和默克制药竞争。90年代初，由于政府医疗改革方案迟迟没有通过，它又开始了多元化。1979年—1998年，华纳兰博特公司换了三位CEO，每位CEO都实行一个新的战略，而不是继承前任的战略。最终在2000年，这家公司被兼并了。

俗话说："坚持就是胜利"，要取得胜利就要坚持不懈地努力，飞轮效应对于一个公司或者一个人来说，它的借鉴意义在于：所有的梦想和希望在初现端倪时，只要我们能够再加一把力，再坚持一会儿就好了。原始的积累是艰辛的，但是前途是光明的。

# 如何 让知识成为价值创造的原动力？

## ——知识管理

知识就是以文字或语言的形式保存的信息资源与人头脑中具有的经验思维的综合。知识可以分为显性知识和隐性知识，显性知识是以可见的形式保存下来的知识；隐性知识是高度个人化和难以规范化的知识，包括员工个人长期积累的技能、技巧、经验等。隐性知识不具有可见性，也不容易规范地表达和分享，难以管理。对于企业来说，往往隐性知识的价值更大。知识管理是一种管理方法，力求将隐形知识显性化，使知识成为企业的一种资本，并利用这种资本形成创新能力，提高竞争力。

IBM公司将知识管理定义为：对知识加以有效地识别、获取、开发、分解、储存和传递，从而改进和提高个人、部门和组织的创新能力、响应能力、生产能力和技能素质。

国内有学者将知识管理定义为：协助企业组织和个人（People），借助信息技术（Technology），实现知识的创造、储存、分享、应用、更新，并在企业个人、组织、战略以及经济等多个方面形成知识优势和产生价值的过程（Process）。

可见，知识管理不同于传统的信息化手段，其内涵已经超越了生产和管理的标准化、规范化的范畴，其真正价值在于对知识的再创造，从而形成企业价值。

知识管理的核心主要在于知识的分享。知识管理提供了一种挖掘企业自身价值的新思想，知识管理的目标就是力图能够将最恰当的知识在最恰当的时间传递给最恰当的人，以便使他们能够作出最好的决策。知识管理的整个过程就是知识的创造、储存、分享、应用以及创新的过程。其核心就在于知识的分享。

随着信息技术的发展，对信息的存储和提取的技术问题已经不再是困扰企业的难题，知识管理的关键就是如何将这些既存的和潜在的知识合理地加工和深化，并在企业运行的动态环境中进行匹配，及时地将它传递给需求者，以提供商业决策的依据。

Karl M.Wiig 将企业中的知识分为三类：

（1）公共知识（Public Knowledge）。

（2）供分享的技能（Shared Expertise）。

（3）个人知识（Personal Knowledge）。

其中个人知识大多为隐性知识，难以提取和可视化，但却是最有价值的知识。公共知识和供分享的技能都是由个人知识经过积累和文档化形成的。

根据1999年 Gartner 集团针对811家北美和欧洲公司所作的题为《知识

管理：热起来还是冷却下去》的研究报告，在知识管理的八大主要驱动力中，首要驱动力是"促进各营运部门间知识共享"（占76%的投票率）。

　　知识管理的中心目的，就是建造知识管理平台，使得组织中的个人知识能够方便、及时、准确和规范地被提取、积累和文档化，形成可以被整个组织使用的公共知识。

　　知识管理是构建企业总体竞争战略不可缺少的、关键的因素之一。知识管理给企业带来的竞争优势体现在以下几个方面：降低运营成本；提高企业的运转效率；提高客户的满意度；加快创新，增强企业的创新能力；提高快速响应能力；提高员工业务技能。

　　20世纪90年代，信息产业蓬勃发展，知识管理结合网络、资料库以及应用电脑软件系统等工具，成为新世纪的企业积累知识财富、创造更强竞争力的利器。

　　中国惠普有限公司和三星数据系统（北京）有限公司是国内知识管理领域的先行者，不过它们的方式方法和指导思想并不完全相同。

　　中国惠普探索和实践知识管理不是从硬件建设和软件开发入手，而是从提升知识管理的能力和培育适合知识管理的企业文化入手，将提高组织智商、减少重复劳动、避免组织失忆确定为实施知识管理的三个目标。

　　为了实现这三个目标，中国惠普首先将需要的知识整理成文，包括一系列分类汇总的标准文件，内容涵盖企业发展、如何与客户沟通等多个方面，以便员工了解企业状况、掌握拓展业务流程等基本知识。其次是采取灵活多样的方式吸引员工学习知识并参与知识管理，如集中培训、建立行业专家库、定期举行读书会等。为了更好地鼓励员工参与知识学习，中国惠普建立了一整套激励机制，将知识学习与个人业绩考核、晋升机会进行挂钩，使公司内部逐渐形成了一种开放的员工之间自由交流和分享工作经验的文化氛围。

　　三星数据系统（北京）有限公司成立知识管理系统的目的是：形成以

专家为主导的组织文化，培养技术人才、新员工快速融入；确保高附加值事业的竞争力，确立核心竞争力、提高生产力、提供最优化的客户服务；建立全球化经营体系，通过知识共享工具完成全球化的知识管理。知识管理的实施过程经历了自行开发知识管理系统、系统大幅更新改进，引进电子货币，确立知识管理奖励制度、推动整个系统的人性化，建立社区知识活动体系等阶段。

从中国惠普有限公司和三星数据系统（北京）有限公司实施知识管理的情况可以看出，知识管理一般包括以下四个方面的内容：

（1）创造机会，使人们在合作中产生新的思路。

（2）提高人们对预测可能发生的事件的应变能力。

（3）不断提高分工程度的环境职能感，建立组织文化的保存和开发机制。

（4）采取措施来提高员工技能。

# 为何锯掉管理者的椅子靠背？
## ——走动管理法

西方工业发达国家的企业界颇为推崇"走动管理"。所谓"走动管理"，主要是提醒管理者不能脱离经营实际，要有"和群众打成一片"的精神。例如，日本某大公司偌大一座管理大楼，竟是一个"无座椅办公楼"，除电脑操作员及员工食堂外，各级管理人员包括各部门经理的办公室均不见座椅，唯一配备一圈安乐椅的办公室是国际、国内业务洽谈室。对于如此不近人情的做法，总经理的解释是：本公司除了允许与用户洽谈业务时可以坐下来外，其余时间要求"白领"们多多到下面走动，以促使当面迅速拍板解决问题。

美国某著名大公司的老板也曾下令，要求把分布于全球66个国家的一万余个分店经理座椅上的靠背全部锯掉，使他们不能久坐，以迫使他们"走动管理"，以提高经营效率。

"走动管理"对于中国来说，其实也不是什么新鲜的招数。提倡知识分子"与工人师傅"打成一片，科室人员到车间"沾一身油污"，这与西方的"走动管理"还是有着异曲同工之妙的。

实践证明，企业管理人员多到生产一线去看看、听听、问问。这既有利于和一线的生产工人保持感情上的融洽和思想上的沟通，更有利于及早发现问题、解决问题。

西式快餐连锁模式的发明者——"麦当劳"集团的第二任总裁雷克罗克先生，在走访了麦当劳的30多家连锁店后，站在办公室的大落地玻璃前进入了沉思。此时，麦当劳正陷入了经营绩效的低谷时期，他的办公桌堆满了调查报告。过一会，雷克罗克紧锁的眉头舒展开了，他快步走到桌前奋笔疾书起来。大约过了3天，所有麦当劳店长的办公桌上都放置了一份文件，那是雷亲自下达的一个命令。这份命令很奇怪，它要求每一位店长用钢锯锯下他们办公椅椅背。面对这份奇怪的命令，有些店长觉得很不理解，不过，他们仍然执行了这个命令，过了一个星期，这个命令的用意慢慢地明显了。原来，雷克罗克的用意是让每一位店长都不要舒服地坐在办公室里，而是要在店里走动，发现问题并解决问题。麦当劳的店长们把这种在走动中完成的管理称为"走动管理"，并且将之发扬到各个快餐行业中。经过这段小插曲，麦当劳的经营业绩也开始慢慢回升。

走动管理最直接的好处在于使管理者掌握企业经营的第一手资料，及时了解企业运作状况，便于管理者根据具体情况有的放矢地制定政策和管理制度，并可以随时解决一线操作中出现的问题，从而解决大企业效率低的难题。

在金字塔式的阶层制管理体制下，下级向上级汇报情况，往往是报喜不报忧，等到事态扩大到解决不了时才不得不向上级求救。这是企业经营中的隐患，走动管理显然可以使这一弊端得到克服。

同时，走动管理也是对下属有效的考核和激励办法，下属的工作业绩如何，去一线看一看自然一清二楚，而下属预计到上司会经常走动，自然也不敢谎报军情，反而会努力把事情做好，以随时接受上司的走动式检查。

对员工士气的有效激励是企业管理的重要环节，走动管理是发挥激励作用的有效手段。这样的管理者显然给员工树立起身体力行的形象，并且也表达了希望与大家沟通和交流的意愿。这实际上形成了一种很好的信息沟通渠道，将报表上无法反映的情况反馈给管理者，使许多管理上的问题处理起来事半功倍。

部门管理人员之间的走动，也可以加强部门之间的沟通，共同提高工作效率，出色地完成工作。

正如一则故事所讲，一个著名企业的董事长在退休时把职位交托给一个年轻人，继任者向他请教管理的秘诀，他指着大班椅说："去走动吧，告诉你，这张椅子我很少去坐"。

另外，走动管理最适用于离一线比较远的高层主管，组织比较庞大的单位由于层级较多，高层主管更需勤于走动，便于作出政策性的决定。至于其他层级的主管离工作现场比较近，平时就应该透过敏锐的观察，搜集必要的信息。走动管理是一种方法或技术，不是一种理论，它强调高层主管应及时搜集第一手的信息，至于其他经营管理事项，则仍应采取其他适当的方法或技术。

# 如何找出与同行的差距？
## ——标杆管理法

标杆管理起源于20世纪70年代末80年代初。当时，日本成为了世界企业界的学习榜样。在美国学习日本的运动中，美国的施乐公司首先开辟了后来被他们命名为标杆管理的管理方式。

经过长期的实践，施乐公司将标杆管理定义为：一个将产品、服务和流程与最强大的竞争对手或是行业领导者相比较的持续流程。其核心就是以行业最高标准或是以最大竞争对手的标准作为目标来改进自己的产品（包括服务）和工艺流程。

也就是说，标杆管理是指企业将自己的产品、服务和流程同行业内或其他行业的领袖企业进行比较和衡量，并在此基础上进行的一种持续不断的学习过程，学习的对象可以是行业中的强手，也可以是本企业内的先进单位，还可以是其他行业中的领袖企业，通过学习提高自己产品质量和经营管理水平，增强企业竞争力。简言之，就是"找出差距，制定目标，对照基准点，学习无止境。"

标杆管理的显著特征是向业内或其他行业中的最优企业学习，学习是手段，超越才是目的。通过学习，企业重新思考、定位、改进经营方式来不断完善自己，创造自己的最佳业绩，这实际上是模仿创新的过程。

**标杆管理可以分为以下四类。**

1.竞争标杆管理——以竞争对象为基准的标杆管理

竞争标杆管理的目标是与有着相同市场的企业在产品、服务和工作流程等方面的绩效与实践进行比较,直接面对竞争者。这类标杆管理的实施较困难,原因在于除了公共领域的信息容易接近外,其他关于竞争企业的信息都不易获得。

2.流程标杆管理——以最佳工作流程为基准进行的标杆管理

标杆管理是类似的工作流程,而不是某项业务与操作职能或实践。这类标杆管理可以跨不同类组织进行。它一般要求企业对整个工作流程和操作有很详细的了解。

3.客户标杆管理——在客户标杆管理中,标杆就是客户的期望值

4.财务标杆管理——以标准财务比率测评的杰出组织的绩效为标杆

标杆管理的流程主要有以下几步。

1. **什么过程需要标杆管理**

这是标杆管理的第一步,这一步的主要内容是决定向标杆学习什么,组成标杆管理小组。

(1)界定标杆学习的明确主题。首先,必须确定哪些活动、哪些流程能产生最大效益,然后再确定学习、比较和改善的优先顺序。这是标杆管理的基础。另外,需要注意的是,实施标杆管理的过程中,要坚持系统优化的思想,不是追求企业局部的优化,而是着眼于企业整体的最优。其次,制定有效的实践准则,以避免实施中的盲目性。

(2)组成标杆管理小组。虽然个人也可以向标杆学习,但大多数标杆学习是团队行动。挑选、训练及管理标杆小组是下一阶段任务。

首先,将组织中来自各领域的员工召集起来,组成标杆小组;其次,通过小组找出问题并研究对策,标杆小组可能面临各种各样的问题,如服务差、产品研发周期长、对需求变化反应迟钝等;再次,使用帕累托分析,确

定解决这些问题的优先次序；最后，小组一起研究改进流程，解决问题。

**2. 选定标杆学习伙伴**

即谁做得好，确定比较目标。比较目标就是能够为公司提供值得借鉴信息的公司或个人。

标杆学习伙伴可以分为两类：

（1）内部学习标杆。

（2）外部学习标杆。

寻找标杆伙伴时，应注意优先次序：应先在一个大的组织内部寻找；再在被认为处于行业领先地位的外部公司；再次是竞争对手，这适宜在技术领域内采用。

**3. 收集分析信息**

在此阶段，标杆小组必须选择明确的收集方法，而负责收集信息的人必须对这些方法很熟悉。标杆小组在联络标杆伙伴后，依据既定的规范收集信息，然后再对信息摘要进行分析。接下来是依据最初的顾客需求，分析标杆学习信息，从而提出行动建议。

**4. 评价与提高**

这一阶段是通过对比分析绩效差距，对现有流程进行评价，制定目标，实施改进。

例如，1976年以后，一直保持着世界复印机市场实际垄断地位的施乐遇到了国内外特别是日本竞争者的全方位挑战，如佳能、NEC等公司以施乐的成本价销售产品且能够获利，产品开发周期、开发人员也比施乐短或少50%，于是施乐的市场份额从82%直线下降到35%。面对着竞争威胁，施乐从生产成本、周期时间、营销成本、零售价格等领域中，找出一些明确的衡量标准或项目，然后将施乐在这些项目的表现，与佳能等主要的竞争对手进行比较，找出其中的差距，弄清这些公司的运作机理，全面调整经营战略、战术，改进了业务流程，很快收到了成效，把失去的市场份额重新夺了回来。在提高交付订货的工作水平和处理低值货品浪费大的问题上，施乐同样应用标杆管理方法，以交付速度比自己快3倍的比恩为标杆，并选择14个经营同类产品的公司逐一考察，找出问题的症结并采取措施，使仓储成本下降了10%，年节省低值品费用数千万美元。

自从施乐利用标杆管理的方法获得了巨大成功后，标杆管理的方法就不胫而走，为越来越多的公司，尤其是美国公司所采用。标杆管理是一种能引发新观点、激起创新的管理工具，它对大公司和小企业都同样有用。

企业在运用标杆管理工具时，要注意以下几个问题。

### 1. 标杆管理可以运用到企业的各个方面

标杆管理并非只能运用到企业的战略定位、位次竞争等整体运行中，在企业的许多具体层面也可以使用，并且，标杆管理并非只能运用于大型企业，小企业也可以结合自己的发展情况适当运用。

### 2. 对标杆企业应当选择某方面领先的企业

标杆管理不同于一般的学习或模仿，学习的对象只要比自己企业优秀即可，而标杆管理的对象应当是某行业或某方面的佼佼者。因为只有这些行业中优秀的领军者才能指引行业的发展方向，才能最大可能的为企业提供借鉴优势。

### 3. 进行标杆管理不能顾此失彼

每个企业都有自己的特点，无论是采取全方位对标还是局部对标，都应当考虑自身的特点。尤其是在局部对标中，不能为了追求某个目标而影响其他方面。

### 4. 可以借鉴其他行业经验

行业之间的管理具有不同特点，但管理的核心是相通的。某些行业先进企业的经验是不可复制的，但不同行业的经验有时却可以加以利用，如许多行业曾经借鉴家电、百货等较成熟行业的销售经验。因此，标杆管理可以不局限于本行业内部，在特定方面可以引用"外援"。

# 为什么"民少官多，最易腐败"？
## ——苛希纳定律

在管理中，如果实际管理人员比最佳人数多2倍，工作时间就要多2倍，工作成本就多4倍；如果实际管理人员比最佳人数多3倍，工作时间就要多3倍，工作成本就多6倍。这条定律是西方著名管理学者苛希纳研究发现的，故得其名。

苛希纳定律阐明了一个道理：人多必闲，闲必生事；民少官多，最易腐败。由于实际的人员数目比需要的人员数目多，诸多弊端由此产生，形成恶性循环。

首先来讲一个"十羊九牧"的故事。"十羊九牧"出自《隋书·杨尚希传》："当今郡县，倍多于古。或地无百里，数县并置；或户不满千，二郡分领；县寮以众，资费日多；吏卒又倍，租调岁减；精干良才，百分无二……所谓民少官多，十羊九牧。"

一则统计资料说，一个官吏，汉代管理7 945人，唐代管理3 927人，元代管理2 613人，清代管理911人。我们今天一个干部管理30人。这些统计数字的可靠性也许值得研究，但官冗之患确实日见其甚了。

苛希纳定律告诉我们：要想铲除"十羊九牧"的现象，必须精兵简政，寻找最佳的人员规模与组织规模。这样才能构建高效精干、成本合理的经营管理团队。

管理大师德鲁克举过一个例子。他说，在小学低年级的算术入门书中有这样一道应用题："2个人挖一条水沟要用2天时间；如果4个人合作，要用多少天完成？"小学生回答是"1天"。而德鲁克说，在实际的管理过程中，可能要1天完成，可能要4天完成，也可能永远完不成。

有一家企业准备淘汰一批落后的设备。

董事会说："这些设备不能扔，得找个地方存放。"于是专门为这批设备建造了一间仓库。

董事会说："防火防盗不是小事，应找个看门人。"于是找了个看门人看管仓库。

董事会说："看门人没有约束，玩忽职守怎么办？"于是又委派了两个人，成立了计划部，一个人负责下达任务，一个人负责制订计划。

董事会说："我们应当随时了解工作的绩效。"于是又委派了两个人，成立了监督部，一个人负责绩效考核，一个人负责写深度概括。

董事会说："不能搞平均主义，收入应当拉开差距。"于是又委派了两个人，成立了财务部，一个人负责计算工时，一个人负责发放工资。

董事会说："管理没有层次，出了岔子谁负责？"于是又委派了4个人，成立了管理部。一个人负责计划部工作，一个人负责监督部工作，一个人负责财务部工作，一个人是总经理，对董事会负责。

一年之后，董事会说："去年仓库的管理成本为35万元，这个数字太大了，你们一周内必须想办法解决。"

于是，一周之后，看门人被解雇了。

这个故事讲的是"苛希纳定律"的现象。这样的例证与分析有很多。企业通常都有一种不因事设人而因人设事的倾向，造成企业机构臃肿、层次重叠、人浮于事、效率低下。其主要表现在：

（1）机构设置过多，分工过细。

（2）人员过多，严重超出实际需要。

这种状况使企业难以摆脱多头管理、办事环节多、手续繁杂的困境，难以随市场需要随时调整经营计划和策略，从而使企业难以培养真正的竞争力。

　　苟希纳定律的现象告诉我们：只有缩减不必要的管理人员才能减少工作时间和工作成本。而唯有精简才能达到这一目的。

　　那么，如何精兵简政呢？汤姆·彼德斯在其最近写的一本书中提到了"五人规则"，指的是营业额在10亿美元的企业配备5名管理人员就可以了。对此，他举了总部设在瑞士苏黎世的国际电气工程（ABB）公司的例子加以说明。

　　ABB公司是生产发电机、机车以及防公害设备的具有世界水准的重型机电设备企业，年销售额为300亿美元。1988年，瑞典的阿塞亚公司和瑞士的布朗·保彼公司合并时，该公司总裁帕西·巴奈彼科将总部原有的1 000多人缩减到150人，而且他们几乎都是负责生产一线的管理人员。通常由总部担负的职能，如财务、人事、战略规划等都下放给基层，由分布在不同国家和地区的业务部门自行完成。该公司还有一个引人注目的地方，就是它拥有5 000个"利润中心"，每个利润中心平均有50名员工。各利润中心分别拥有各自的损益计算表、资产负债平衡表，与客户保持直接的业务联系。这种利润中心的最大优势是具有独立性，它可以摆脱各种制约，最大限度地接近市场，为客户提供全面、满意的服务，是一种最能代表顾客需要的企业组织形式。能够与市场保持最紧密的业务运营，可以说是精干的总部的最大优势。此外，它还有很多优点，如决策迅速、便于内部交流，以及对经营资源的分配较为高效。

　　铲除官僚主义，面对市场变化进行快速反应和决策，对提高员工的工作热情很有帮助。当然，在改革之初，都会伴随着某种阵痛。如ABB公司在将总部上千名员工派往各业务部时，由于人员调动会不可避免地涉及迁居等实际问题，也确实产生了某种不稳定和震荡。

　　建立精干的总部还有利于培养员工的创新意识。大幅度放宽权限后，促进了员工创新素质和能力的提高，打破了过去那种逐级晋升的垂直移动，取而代之的是以水平调动的方式来磨炼员工的创新精神。

这样，ABB公司作为一家大型企业就更能适应未来世界市场的变化。美国通用汽车公司（GM）总裁约翰·史密斯说，通用汽车在欧洲的事业取得成功，也正是因为他改变了以往的做法，采取了类似ABB公司精兵简政的策略。ABB公司的这个经验值得在全世界广泛推广。要想使你的组织更有效率、更有活力，就必须先给你的组织"瘦身"。

苛希纳定律告诫我们：鸡多不下蛋，龙多不下雨，人多瞎捣乱。确定责任人的最佳人数，对企业"瘦身"计划的实施和提高企业效率至关重要。那么，责任人的数量与责任人的责任感或负责程度有什么内在的联系？

1964年3月，在纽约的克尤公园发生了一起震惊全美国的谋杀案，一位年轻的酒吧女经理在凌晨3点回家的途中被一男性杀人狂杀死。这名男子作案时间长达半个小时。当时，住在公园附近公寓里的住户中共有38人看到或听到女经理被杀的情形或其反复的呼救声，然而没有一个人挺身而出去保护和营救她，也没有一个人及时打电话报警。事后，美国大小媒体纷纷谴责纽约人的冷漠。

两位年轻的心理学家巴利与拉塔内的思想没有被舆论束缚，他们对旁观者的无动于衷、见死不救作出了新的很有价值的补充解释和说明，并概括为"旁观者介入紧急事态的社会抑制"，或简单通俗地说，就是"旁观者效应"。他们认为，正是因为当一种紧急情形出现时，由于有其他的目击者在场，才使得一些人没有太强的责任感，从而成为袖手旁观的看客。

对某一件事来说，如果是单个个体被要求单独完成任务，责任感就会很强，会作出积极的反应。但如果是要求一个群体共同完成任务，群体中的每个个体的责任感就会很弱，面对困难或遇到责任往往会退缩。因为前者独立承担责任，后者期望别人多承担点儿责任。"责任分散"的实质就是人多不负责，责任不落实。

因此，确定责任人的最佳人数是解决苛希纳定律现象的根本方法。

苛希纳定律告诉我们，在管理上并不是人多力量大，管理人员越多，工作效率未必就会越高。人多就容易比享受、比待遇，人多就容易争权夺利、推卸责任。人多必闲，闲则生出种种是非；官多爵乱，最容易产生腐败。诸多弊端由此产生，形成恶性循环。苛希纳定律揭示出在管理工作中会存在人多不负责的现象，而要克服上述现象，这就要求企业制定出明确的职务工作规范，合理确定管理人员的人数。在管理工作中，既不能有职无权，也不能有责无权，更不能有权无责，必须职、责、权、利相互结合，分工明确。因此，要认真研究并找到一个最佳人数，以最大限度地减少工作时间，降低工作成本。

# 为什么很多企业会被"变革"牵着鼻子走？
## ——配套效应

18世纪，法国有个哲学家叫丹尼斯·狄德罗，一天，朋友送他一件质地精良、做工考究、图案高雅的酒红色睡袍，狄德罗非常喜欢。可他穿着华贵的睡袍在书房寻找感觉时，总觉得家具风格不对，地毯的针脚也粗得吓人。于是为了与睡袍配套，他将旧的东西先后更新，书房终于跟上了睡袍的档次，可他却觉得很不舒服，因为自己居然被一件睡袍胁迫了。

200年后，美国哈佛大学经济学家朱丽叶·施罗尔在《过度消费的美国人》一书中，把这种现象称为狄德罗效应，亦可称为配套效应，也就是人们在拥有了一件新的物品后不断配置与其相适应的物品以达到心理上平衡的现象。

其实，这种"狄德罗效应"在我们中国人看来绝不是什么新鲜事。早在2000多年前，先秦时的思想家韩非就在《韩非子》里写了这么一段故事："昔者纣为象箸而箕子怖，以为象箸必不加于土铏，必将犀玉之杯；象箸玉杯必不羹菽藿，则必旄象豹胎；旄象豹胎必不衣短褐而食于茅屋之下，则锦衣九重，广室高台。吾畏其卒，故怖其始。居五年，纣为肉圃，设炮烙，登糟丘，临酒池，纣遂以亡。"

这个故事说的是，商纣王叫人做了一双象牙筷子。他的叔父箕子看到了十分担心，因为他觉得象牙筷子肯定不会和土制的器皿在一起使用，必然是和用犀牛角和玉做的杯子。象牙筷子和玉杯也不可能会用来盛普通的豆、蔬菜类，必然是用来盛山珍海味。既然吃的是山珍海味，肯定不会穿粗布短衣在茅屋下用餐，肯定是绫罗绸缎的衣服无数，房子做得很高大堂皇。箕子认为这样下去就会不得了，而结果五年后，纣果然像他预见的那样亡国了。

现实生活中，狄德罗的苦恼恰恰也是我们经常遇到的，尤其是在企业运营的过程中，这种执著于配套的情况总是时有发生。近年来，企业变革的呼声不断，这往往要求"人、财、物"等相应条件的配套，造成了许多企业被"变革"这件"睡袍"牵着鼻子走，结果是"捡了芝麻，丢了西瓜"。不管是企业变革，还是其他方面的管理手段的引进或新技术的运用，从来都应该强调活学活用和因地制宜，而非盲目地克隆。事实上，讲究一种绝对的配套，充其量是理想主义的狄德罗，或者说是形式主义的"睡袍"。

在企业里，我们经常提到产品的配套、人才的配套，抑或管理制度的配套，其实都是从系统角度出发的。但是狄德罗先生对睡袍的配套，却是为了一味迎合睡袍而改变原有的设施，其结果只能导致自己被直线式（非系统）思考所牵制。或者说，狄德罗没有摆正两者之间的关系，置室内家具不顾，让睡袍喧宾夺主。如果在企业里推行新政策，是不是老的一套规定都要全盘否定呢？我们想，还是悠着一点，选择循序渐进式的磨合会更好，省得像狄德罗一样被胁迫了。事物能配套固然很好，不配套也未必是核心的问题，关键要在系统思考下获得平衡。

管理学家彼得·圣吉认为，有经验的管理者，对于复杂的系统，大多有他们无法说明的丰富直觉。显然，狄德罗是缺少这种直觉的，否则他不会因为睡袍而找不着北。正如许多管理者意识到目标偏移或正常程序被破坏，却无法解释企业困境是因配套不足，还是自我设限更深的缘故。或者，狄德罗可能感觉到把焦点放在寻求为睡袍配套的档次上，反而掩饰了较深层次的胁迫感。总而言之，为配套而配套是一种很不理智的行为，我们在管理实践中最好要时刻警惕。

# 第4章

[哈佛领导魅力课]

# 为什么卡特总统承认错误后支持率会上升?

——特里法则

　　承认错误是一个人最大的力量源泉。是由美国田纳西银行前总经理
L·特里提出的。它的意思是说，正视错误，你会得到错误以外的东西。

　　在营救驻伊朗的美国大使馆人质的作战计划失败后，当时美国总统
吉米·卡特即在电视里郑重声明："一切责任在我。"仅仅因为上面那句
话，卡特总统的支持率骤然上升了10%以上。

　　卡特总统的例子说明：下属对一个领导的评价，往往取决于他是否有
责任感；勇于承担责任不仅使下属有安全感，而且也会使下属进行反思，
反思过后会发现自己的缺陷，从而在大家面前主动道歉，并承担责任。

　　做下属的最担心的就是做错事，特别是花了很多精力却出了错，而在
这个时候，如果老板来了句"一切责任在我"，那这个下属又会是何种心境?

　　领导这样做，表面上看是把责任揽在了自己身上，使自己成为受谴责
的对象，实质上不过是把下属的责任提到上级领导身上，从而使问题解决
起来容易一些。假如你是个中级领导，你为你的下属承担了责任，那么你
的上司是否也会反思，他也有某些责任呢? 一旦公司里上行下效，形成勇
于承担责任的风气，便会杜绝互相推诿、上下不团结的局面，使公司有更
强的凝聚力，从而更有竞争力。

　　当人们犯错误的时候，脑子里往往会出现想隐瞒自己错误的想法，

害怕承认之后会很没面子。其实，承认错误并不是什么丢脸的事；反之，在某种意义上，它还是一种具有"英雄色彩"的行为。因为错误承认得越及时，就越容易被改正和补救。而且，由自己主动认错也比别人提出批评后再认错更能得到别人的谅解。更何况，一次错误并不会阻碍你今后的道路，真正会阻碍的，是那些不愿承担责任、不愿改正错误的态度。

# 为何 "重用即是奖励，信任才易胜任"？
## ——秋尾法则

秋尾法则是指如果我们把很重要的职责搁在年轻人的肩头，即使没有什么头衔，他也会觉得自己前途无量而努力工作。这是由日本管理学家秋尾森田提出的。也就是说，重用即是奖励，信任才易胜任。

信任是一种复杂的社会与心理现象。信任是合作的开始，也是企业管理的基石。一个不能相互信任的团队，是一支没有凝聚力的团队，是一支没有战斗力的团队。信任员工，对于一个团队有着重要的作用：

（1）信任能使员工处于互相包容、互相帮助的人际氛围中，易于形成团队精神以及积极热情的情感。

（2）信任能使每位员工都感觉到自己对他人的价值和他人对自己的意义，满足个人的精神需求。

（3）信任能有效地提高合作水平及和谐程度，促进工作的顺利开展。

刘哲是一个规模不是很大的食品公司的销售主管，在这样的工作岗位上一干就是五年。五年来，他工作认真，好学上进，偶尔还创新一下销售技能。他销售业绩连年第一，深受老总的赏识。老总决定让他去深造一下，目的是给他更多的压力和机会，于是就以公司的名义给他在某大学报了一个在职MBA的培训课程，由于培训中接触的都是一些大企业的高级管理人才，则学习机会较多，眼界得到了很大的开拓，企业管理和销售理念也提高很多。回到公司，他先在自己的小团队里创建了一个学习小组，一个积极进取的团队。接下来的一年，这个小团队创造了奇迹，公司的销售规模扩大了一倍多。目前，公司已经是沃尔玛、华联等大型超市集团的优质供应商，销售规模扩张到了全国20多个省。

让员工承担更重要、更高级的工作，对于企业的发展意义很大。

青年人的腰是硬的，撑得动大石头；青年人的梦是远的，愿意为之付出。

一个有远大抱负的企业，其未来在年轻一代的领导人身上，其把握时代脉搏的神经在年轻人身上。如果你希望在未来的竞争中占据制高点，则着手培养年轻领导者一定没有错。

## 怎样让下属感受到管理者的温暖？
——南风法则

"南风"法则也称为"温暖"法则，源于法国作家拉封丹写过的一则寓言：北风和南风比威力，看谁能把行人身上的大衣脱掉。北风首先来一个凛冽刺骨的冷风，结果行人把大衣裹得紧紧的。南风则徐徐吹动，顿时风和日丽，行人因为觉得春意上身，始而解开纽扣，继而脱掉大衣，南风获得了胜利。这则寓言形象地说明了一个道理：温暖胜于严寒。

得人心者得天下，企业家与员工的关系是鱼和水的关系，企业家是离不开员工的，因此，一定要在企业内部搞好员工关系，增强企业的凝聚力。

正泰集团创始于1984年7月，主要生产经营高低压电器、输变电设备、仪器仪表、建筑电器、通信设备、汽车电器等产品。集团综合实力已连续五年名列全国民营企业500强前十位。正泰集团董事长南存辉说："企业讲究以人为本，全员参保是企业凝聚人心的重要措施，是企业应尽的社会责任，关乎国运，惠及子孙，恩泽本人，有利于企业的发展。"于是，2001年年末，遵照国务院《社会保险费征缴暂行条例》、《浙江省职工基本养老保险条例》等上级文件，作为民营企业的正泰集团，率先搞起了员工社会养老保险工作。这项工作被誉为正泰集团的"人心工程"。因为在南存辉眼里，为员工做好社会保险工作，是一项吸引人、凝聚人、激励人、留住人的重要手段。

到2002年年末，正泰集团总部所属各公司参保人数已达6 000多人，正泰集团为此支出了上千万元的资金。

南存辉的观点是正确的，社保的推行，不仅体现了企业的关爱，稳定了员工的人心，激发了大家的热情，更重要的是，还推动了企业的发展。2002年，正泰经济效益同比增长39%，取得了可喜的成绩。

南存辉注重保障员工的利益，这是人人皆知的。在他的企业里，如果员工的利益受到了侵犯，他会毫不犹豫地站在员工这边；如果员工遇到了困难，他会毫不犹豫地帮助员工解决困难，顺利渡过难关。

有一次，江西籍员工张献福的脖子上长了个硬包，医院诊断为甲状腺瘤。于是，张献福到江西医院做了切除手术。当时临近春节，公司生产紧张，人手不足，尽管张献福的身体还没有完全康复，但是，他主动上岗值班。正泰集团精神文明委员会主任叶逢林知道了张献福的情况，及时给他送去了医疗补助费。对此，张献福非常感动，他说："没想到，我这样一个普普通通打工者的病情，能得到集团领导亲人般的关爱，我为我是正泰员工感到无比幸福。"

康奈集团有限公司创办于1980年，主营中高档康奈牌皮鞋，兼营皮件、服饰、内衣、鞋模等。康奈品牌已荣获中国驰名商标、中国真皮鞋王等多种荣誉。康奈对于员工的保障，非常重视。在集团迁入中国鞋都康奈工业园后，康奈先后建立了1 500平方米的职工俱乐部，配备棋牌室、阅览室、网吧、卡拉OK室、休闲茶吧等设施；还设立读书俱乐部、书画社、文学社、舞蹈队、乒乓球队、篮球队等社团，为员工提供学习和充实自己的平台，丰富员工的业余生活。

同时，康奈对技术管理人才还有一项特殊的保障。只要符合条件，技术管理人就可以享受3年内免费贷款30万元用来购车购房的优惠政策。到目前为止，已经有30多位康奈人才享受了这一优惠。这项政策已经实施了4年多。

在奥康，有一句话叫做"质量是基础，品牌是生命，人才是根本"。普通一线员工也是"人才"。奥康的董事长王振滔认为，只有普通一线员工辛勤地工作才能生产出一流的产品，并将产品推向市场，让消费者认可，他们是企业的主体。因此，王振滔非常重视员工的待遇。

王振滔在没有修建集团总部行政大楼之前，就为员工建起了5幢员工宿舍楼，1幢干部宿舍楼，并按照三星级标准建起了现代化的员工生活小区，包括食堂、购物中心、娱乐中心、球场、浴池等，能满足3 000名员工入住。

为了改善员工的生活，奥康使用名厨掌勺，并举行丰富多彩的文化活动。每天有早上集训、质量宣誓；经常有军事训练、技能培训；经常举办"奥康论坛"讲座、商学院"奥康班"学习。每年，奥康还拿出20万元，奖励那些在生产管理、开发设计和营销工作中提出新思想、好点子的员工。这些不仅稳定了员工的心，而且激发了员工热爱公司的责任感和主人翁意识。

"对员工一定要好，一定要用情去打动他们，去感染他们。"广厦集团的总裁楼明这样要求公司的管理干部，同时，自己也身体力行着这条准则。

楼明走马上任后，立即听取员工意见，将普通青年员工的住房补贴从100元／月提高到了300元／月。

有一次，楼明到西安的一个工地调研，他先看了看工棚，然后惊讶地问："热水壶呢？工棚里怎么连一只热水壶也没看到？"

每次到工地调研，他总要到两个地方转转。一个是食堂，看看员工伙食；另一个是职工宿舍，看看工人的住宿条件和生活状况。他平时大多在员工食堂就餐，还要求后勤负责人在墙上写上了好几条标语，如"谁知盘中餐，粒粒皆辛苦"等，要求大家注意节约。

华人首富李嘉诚曾说："虽然老板受到的压力较大，但是做老板所赚的钱，已经多过员工很多，所以我事事总不忘提醒自己，要多为员工考虑，让他们得到应得的利益。"这也许应该是每一位创业者都应该持有的待人之道吧！

在管理中运用"南风"法则，就是要尊重和关心下属，以下属为本，多点人情味，使下属真正感觉到领导者给予的温暖，从而去掉包袱，激发工作的积极性。

# 为什么管理者应通过目标管理下属？
## ——目标管理

"目标管理"的概念是管理大师德鲁克1954年在著名的《管理实践》

中最先提出的，其后他又提出"目标管理和自我控制"的主张，德鲁克认为，并不是有了工作才有目标，而是相反，即有了目标才能确定每个人的工作，所以"企业的使命和任务，必须转化为目标"。如果一个领域没有目标，则这个领域的工作必然被忽视。因此管理者应该通过目标对下级进行管理，当该组织最高层管理者确定了组织目标后，必须对其进行有效分解，转变成各个部门以及各个人的分目标，管理者根据分目标的完成情况对下级进行考核、评价和奖惩。

目标管理提出以后，便在美国迅速流传。时至第二次世界大战后西方经济由恢复转向迅速发展的时期，企业急需采用新的方法调动员工积极性以提高竞争能力，目标管理的出现可谓应运而生，遂被广泛应用，并很快为日本、西欧国家的企业所仿效，在世界管理界大行其道。

目标管理的具体形式各种各样，但其基本内容是一样的。目标管理乃是一种程序或过程，它使组织中的上级和下级一起协商，根据使命确定一定时期内组织的总目标，由此决定上、下级的责任和分目标，并把这些目标经营作为评估和奖励每个单位和个人贡献的标准。

目标管理指导思想是以Y理论为基础的，即认为在目标明确的条件下，人们能够对自己负责，具体方法上是泰勒科学管理的进一步发展，它与传统管理方式相比有鲜明的特点，可概括为：

（1）重视人的因素。目标管理是一种参与的、民主的、自我控制的管理制度，也是一种把个人需求与组织目标结合起来的管理制度，在这一制度下，上级与下级的关系是平等、尊重、依赖、支持，下级在承诺目标和被授权之后是自觉、自主和自治的。

（2）建立目标锁链与目标体系。目标管理通过专门设计的过程，将组织的整体目标逐级分解，转换为各单位、各员工的分目标。从组织目标到经营单位目标，再到部门目标，最后到个人目标。在目标分解过程中，权、责、利三者已经明确，而且相互对称。这些目标方向一致，环环相扣，相互配合，形成协调统一的目标体系。只有每个人员完成了自己的分目标，整个企业的总目标才有完成的希望。

（3）重视成果。目标管理以制定目标为起点，以目标完成情况的考核为终结。工作成果是评定目标完成程度的标准，也是人事考核和奖评的依据，成为评价管理工作绩效的唯一标准。至于完成目标的具体过程、途径和方法，上级并不过多干预。所以，在目标管理制度下，监督的成分较少，但控制目标实现的能力却很强。

目标管理的具体做法分三个阶段：第一阶段为目标的设置；第二阶段为实现目标过程的管理；第三阶段为测定与评价所取得的成果。

### 1. 目标的设置

这是目标管理最重要的阶段，第一阶段可以分为四个步骤：

第一步：高层管理预定目标。这是一个暂时的、可以改变的目标预案。即可以上级提出，再同下级讨论；也可以由下级提出、上级批准。无论哪种方式，首先必须共同商量决定；其次，领导必须根据企业的使命和长远战略，估计客观环境带来的机会和挑战，对本企业的优劣有清醒的认识。对组织应该和能够完成的目标心中有数。

第二步：重新审议组织结构和职责分工。目标管理要求每一个分目标都有确定的责任主体。因此预定目标之后，需要重新审查现有组织结构，根据新的目标分解要求进行调整，明确目标责任者和协调关系。

第三步：确立下级的目标。首先下级明确组织的规划和目标，然后商定下级的分目标。在讨论中上级要尊重下级，平等待人，耐心倾听下级意见，帮助下级发展一致性和支持性目标。分目标要具体量化，便于考核；分清轻重缓急，以免顾此失彼；既要有挑战性，又要有实现可能性。每个员工和部门的分目标要和其他的分目标协调一致，支持本单位和组织目标的实现。

第四步：上级和下级就实现各项目标所需的条件，以及实现目标后的奖惩事宜达成协议。分目标制定后，要授予下级相应的权力，实现权、责、利的统一。由下级写成书面协议，编制目标记录卡片，并在整个组织汇总所有资料后，绘制出目标图。

### 2. 实现目标过程的管理

目标管理重视结果，强调自主、自治和自觉。这并不等于领导可以放手不管，相反由于形成了目标体系，一环失误，就会牵动全局。因此实施过程中领导层目标的管理是不可或缺的。首先进行定期检查，利用双方经常接触的机会和信息反馈渠道自然地进行；其次要向下级通报进度，便于互相协调；最后要帮助下级解决工作中出现的困难问题，当出现意外、不可测事件严重影响组织目标实现时，也可以通过一定的手续，修改原定的目标。

### 3. 总结和评估

达到预定的期限后，下级首先进行自我评估，提交书面报告；然后上、下级一起考核目标完成情况，决定奖惩；同时讨论下一阶段目标，开始新循环。如果目标没有完成，就分析原因总结教训，切忌相互指责，以保持相互信任的气氛。

# 怎样塑造出员工的"好"行为？
## ——行为矫正术

组织行为矫正又称为"行为矫正"，是强化理论在管理实践中的应用，指的是采用有规律的、循序渐进的方式引导出所需要的行为并使之固化的过程。

从实际角度来说，当员工行为与管理者的要求和目标相关很大时，矫正是实现管理目标的重要手段。因为这时员工要作出合乎理想的行为很难，而如果只有满足标准才给予奖励，则奖励本身太渺茫，奖励很难奏效。进行行为矫正，即主动地、循序地引导所需要的行为，则可能成功达到目的。

组织行为矫正具体分为五个步骤，如图4所示。

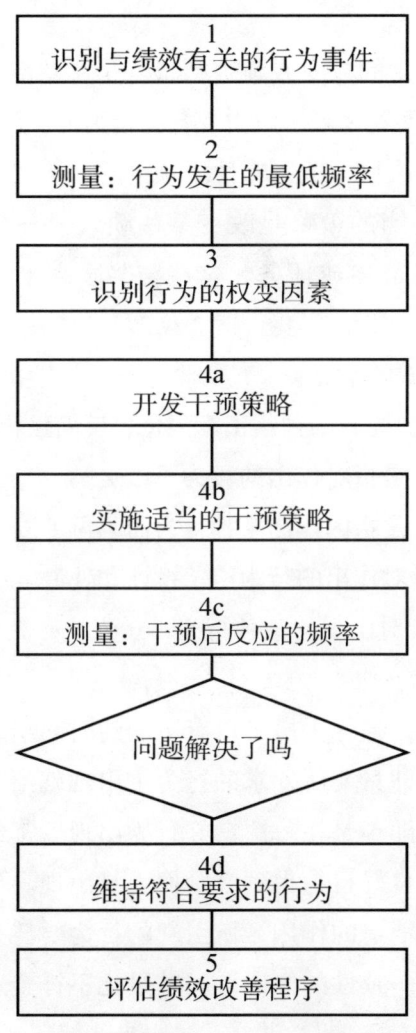

图4 组织为矫正的五个步骤

第一步：识别与绩效有关的行为事件。员工所做的不同的工作对现实的贡献或意义不同，因此，行为矫正首先要确认出哪些行为对工作绩效有显著的影响。往往出现的情况是，关键行为虽然只占所有行为的5%~10%，但绩效的贡献可能高达70%~80%。

第二步：测量有关行为。管理者要确定绩效的基线水平，也就是要找到行为的基础效率水平。

第三步：识别行为的权变或绩效结果。采用功能分析法鉴别工作行为的各种情境因素，以便管理者了解出现各种行为的原因。

第四步：拟订并执行一项策略性干预措施。为了强化必要的绩效和削弱不必要的行为，适当的策略是改变某些绩效——报酬的关联因素，如结构、和谐、技术、群体或任务，这些与奖励高水平的绩效形成高度正相关。

第五步：评估绩效的情况。

行为矫正的方法主要有四种：正面强化、反面强化、惩罚和消退。

（1）正面强化：是指对作出的行为予以奖励。

（2）负面强化：是指因作出某种行为而不再予以惩罚。

（3）惩罚：是指对作出的行为给予批评和处治。

（4）消退：是指对出现的某种行为不予强化，久而久之，这种行为被判定为无价值而消退。

行为矫正过程中，强化手段可以有不同的时间组合模式。一种是连续化，又叫完全强化，即只要所要求的行为一出现就给予强化。另一种是间歇强化或部分强化，即不是在每次良好行为出现后都给予强化，而是间歇地强化，但又足以使良好行为得到鼓励而重复出现。研究表明，后者比前者会产生更强的抵抗消退的作用，所引起的行为要持久得多。这可能是因为人类有寻求规律和一致性的倾向。间歇强化不符合这种倾向，于是更激发人们用更大的努力寻求一贯性奖赏。这也是赌博那么容易上瘾的原因。

强化方法的运用对行为矫正的效果有重要影响。例如，完全强化对于学习初期的、不稳定的、不常出现的行为有很好的强化效果。但这种强化会很快导致饱足感，从而对奖励感觉麻木，难以达到强化效果。然而一旦撤销强化，行为便会迅速消退。相反，部分强化适用于稳定的或经常出现的行为。另外，研究发现，变化性强化往往比固定强化效果好。例如，奖金比固定工资强化效果好，前者与绩效相关，是不定期、不定比率的"间歇强化"，而后者对雇员来说已然习以为常，强化的作用很弱。

　　行为矫正在组织管理中有很大的应用价值。一个著名的案例是艾默尔公司进行的关于包装搬运工作方式的研究。

　　艾默尔公司出于经济考虑，希望工人尽量使用运输专用的金属箱。当管理人员询问工人搬运的货物中有多少是用金属箱的，工人的回答一律是90%，但事实上比例仅有45%。为了鼓励员工使用金属箱，管理层建立了一个反馈和积极强化方案。每个装运工接受指导并记录他每天的装运量，每天结束工作后由工人自行计算金属箱使用率，并据此发放奖励。结果，该方案实施的每一天，金属箱的使用率增加90%，并一直保持该水平。据公司称，这项措施在3年内为公司节省了200万美元。

　　许多其他的组织和企业也结合自己的需要制定多种措施进行行为矫正，如以全勤奖取代病假照付制、发挥榜样作用、抽查降低出勤率等。当然，对这种管理激励方法亦有微词。有人认为组织行为矫正术有意操纵人的行为，减少人的自由意志，是不道德之举。同时，运用此方法达到目标之后能否持续发挥作用，员工是否会觉得受刺激，以及这不仅是管理者促进员工提高绩效的手段，而且确实是对他们的鼓励，答案也未可知。

# 怎样激发员工参与决策的热情？
## ——参与管理

　　所谓参与管理，就是指在不同程度上让员工参加组织的决策过程及各级管理工作，让员工与企业的高层管理者处于平等的地位研究和讨论组织中的重大问题，这样他们可以感到上级主管的信任，从而体验出自己的利益与组织发展目标密切相关而产生强烈的责任感；同时，参与管理为员工提供了一个取得别人重视的机会，从而给人一种成就感。员工因为能够参与商讨与自己有关的问题而受到激励。参与管理既对个人产生激励，又为组织目标的实现提供了保证。

　　参与管理的方式试图通过增加组织成员对决策过程的投入进而影响组织的绩效和员工的工作满意度。在员工参与管理的过程中有以下四个关键因素：

　　（1）权力，即提供给人们足够的用以作决策的权力。这样的权力是多种多样的，如工作方法、任务分派、客户服务、员工选拔等。授予员工的权力大小可以有很大的变化，从简单地让他们为管理者作出的决策输入一定的信息，到员工们集体联合起来作决策，乃至员工自己作决策。

　　（2）信息。信息对作出有效的决策是至关重要的。组织应该保证必要的信息能顺利地流向参与管理的员工处。这些信息包括运作过程和结果中的数据、业务计划、竞争状况、工作方法、组织发展的观念等。

（3）知识和技能。员工参与管理，他们必须具有作出好的决策所要求的知识和技能。组织应提供训练和发展计划来培养和提高员工的知识和技能。

（4）报酬。报酬能有力地吸引员工参与管理。一方面有意义的参与管理的机会提供给员工内在的报酬，如自我价值与自我实现的情感；另一方面提供给员工外在的报酬，如工资、晋升等。

在参与管理的过程中，这四个方面的因素必须同时发生作用。如果仅仅授予员工作决策的权力和自主权，但他们却得不到必要的信息和知识技能，那么也无法作出好的决策。如果给予员工权力，同时也保证他们获取足够的信息，对他们的知识和技能也进行训练和提高，但并不将绩效结果的改善与报酬联系在一起，员工就会失去参与管理的动机与热情。

员工参与管理能有效地提高生产力，其作用如下：

首先，员工参与管理可以增强组织内的沟通与协调。这样就将不同的工作和部门整合起来，为一个整体的任务目标服务，从而提高生产力。

其次，员工参与管理可以提高员工的工作动机，特别是当他们的一些重要的个人需要得到满足的时候。

最后，员工在参与管理的实践中提高了能力，使得他们在工作中取得更好的成绩。组织上增强员工参与管理的过程中通常包含了对他们集体解决问题和沟通的能力的训练。

员工参与管理有多种形式，最主要的几种形式是分享决策权、代表参与、质量圈和员工股份所有制方案。

（1）分享决策权：是指下级在很大程度上分享其直接监管者的决策权。管理者与下级分享决策权的原因是，当工作变得越来越复杂时，他们常常无法了解员工所做的一切，所以选择了最了解的人来参与决策，其结果可能是更完善的决策。各个部门的员工在工作过程中的相互依赖的增强，也促进员工需要与其他部门的人共同商议。这就需要通过团队、委员会和集体会议来解决共同影响他们的问题。共同参与决策还可以增加对决策的承诺，如果员工参与了决策的过程，那么在决策的实施过程中他们就更不容易反对这项决策。

（2）代表参与：是指工人不是直接参与决策，而是一部分工人的代表进行参与，西方大多数国家都通过立法的形式要求公司实行代表参与制度。代表参与的目的是在组织内重新分配权力，把员工放在同出资方、股东的利益更为平等的地位上。代表参与常用的两种形式是工作委员会和董事会代表。工作委员把员工和管理层联系起来，任命或选举出一些员工，在管理部门作出重大决策时必须与之商讨。董事会代表是指进入董事会并代表员工利益的员工代表。

（3）质量圈：是指一线员工和监督者组成的共同承担责任的一个工作群体。他们定期会面，通常一周一次，讨论技术问题，探讨问题的原因，提出解决问题的建议以及实施解决措施。他们承担着解决质量问题的责任，对工作进行反馈并对反馈作出评价，但管理层一般保留建议方案实施与否的最终决定权。员工并不一定具有分析和解决质量问题的能力，因此，质量圈还包含了对参与员工进行质量测定与分析的策略和技巧、群体沟通的技巧等方面的培训。

（4）员工股份所有制：是指员工拥有所在公司的一定数额的股份，这样一方面使员工将自己的利益与公司的利益联系在一起；另一方面员工在心理上体验当主人翁的感受。员工股份所有制方案能够提高员工工作的满意度，提高工作激励水平。员工除了具有公司的股份外，还需要定期被告知公司的经营状况并拥有对公司的经营施加影响的机会。当具备了这些条件后，员工会对工作更加满意。

员工参与管理的方式，在一定程度上提高了员工的工作满意度，提高了生产力。因此，参与管理在西方国家得到了广泛的应用，并且其具体形式也不断推陈出新。近年来，我国的企业也注重使用参与管理的方式，如许多企业开始采用员工持股的形式。但是，参与管理并非适用于任何一种情况。在要求迅速作出决策的情况下，领导者还是应该有适当的权力集中，而且，参与管理要求员工具有实际解决管理问题的技能，这对于员工来说并不是都能做到的。

# 如何任用比自己强的人才？
## ——奥格威法则

美国的奥美（Ogilvy & Mather）广告公司和奥美公关公司是世界闻名的业界巨头，1948年由"现代广告之父"大卫·奥格威（David Ogilvy）创建。奥格威曾提出："如果我们每个人都雇用比我们自己更强的人，我们就能成为巨人公司。"这句话隐含的讥讽对象是那些喜欢雇佣平庸者而显示自己不同凡响的狭隘型管理者，也指出了把公司做大的用人秘诀。因此言简意赅的"奥格威法则"广为人知。

奥格威在一次董事会上，事先在每位董事的桌前放了一个玩具娃娃。"这就代表你们自己，"他说："请打开看看。"当董事们打开玩具娃娃时，惊奇地发现里面还有一个小一号的玩具娃娃；打开它，里面还有一个更小的……最后一个娃娃上放着奥格威写的字条："如果你永远都只启用比你水平低的人，我们的公司将沦为侏儒公司。如果我们每个人都任用比我们自己更强的人，我们就能成为巨人公司。"

历史上的秦始皇就是一个容得下比自己强的人。一提起秦始皇，一个暴君的形象立即浮现在人们眼前。其实和后来那些荒淫无道的皇帝相比，嬴政的问题算不上太严重，而且在用人方面，有很多地方是值得我们学习的。

秦王嬴政非常重视人才，有着"容才之量"的胸怀，他彻底贯彻韩非子法家的"任人唯贤"的治国方略，不拘一格地使用人才。虽然对他的为人历来评价刻薄，但实际上在使用人才方面，他是没有什么问题的。嬴政高度重视人才，不管是谁，只要有才能，能够为秦国的发展作出贡献，他都加以任用，使他们为自己去卖命。大梁人尉缭曾经给嬴政提了一个好的建议，让嬴政出巨资贿赂六国的大臣，从内部瓦解敌人，这种做法表面上看似花费巨大，但却能够获得很大的实际利益。嬴政立即实施了这一建议，并且对尉缭礼遇有加，赏赐尉缭的东西常常和自己使用的一样，但是尉缭反而要走。他觉得秦王虽然现在对人才礼遇有加，甚至愿意让出自己使用的好东西给他们，这正表现了嬴政的虎狼之心，等他统一天下之后，则天下人都会成为他的奴隶。因此，尉缭不愿意和嬴政长久交往，便暗地里议论了嬴政一番之后，就拔脚开溜，却不幸被嬴政发觉，被逮了回来。不过，嬴政并没有大发雷霆，只是将他投入监狱，而且执意挽留他，任命他为秦国太尉，始终听从他的建议，从而作出了很多正确决策。

领导者用好一个事事听话的人比较容易，但是这样的人往往只有忠诚没有能力，所以必须要用真正有能力的人才。有才华和能力的人往往个性也很鲜明，如同烈马难驾，这就要求领带者既要有容人之量又要能用人之长。

用人之长相对容易做到，但是容人的"雅量"却不是每个领导者都能够做到的。培养容人的"雅量"，一般包括以下三个方面：

（1）要容人之长。容人之长，就是要容得下比自己强的人。林则徐说过："海纳百川，有容乃大。"现实生活中，我们常常可以看到这样一种现象：一些领导者也确有爱才之心，但是有一个上限，即所用之人不能超过自己。一旦发现所用之才在某些方面比自己高明，特别是当他与自己的意见不一致，而事实证明自己错了的时候，嫉妒之心便油然而生。这种"小肚鸡肠"的人是难成大事的。管理者不可能是全才，下属在某一方面超过自己是很正常的事。实践证明，一个管理者用比自己强的人愈多，其事业成功的系数也愈大。

（2）要容人之短。所谓容人之短，并不是说要袒护、纵容别人的短处，而是说不要求全责备，要在维护原则的前提下对别人的短处有所容忍，因为越是在某些方面冒尖的人，其短处往往也越显眼。古人"以人小恶，忘人大美，此人主所以失天下之士也"，说的就是这个道理。此外，一个优秀的领导者不仅要能够容人之短，而且还要善用人之短。因为有些优点和缺点、长处和短处往往是相对的。列宁说过："一个人的缺点是优点的延续，优点是缺点的延续。"有些人的长处中可能潜藏着短处，有些人的短处中也可能包含着长处。只要使用恰当，有些短处是可以变成长处的。我的一个朋友就是这方面的高手：他用一些爱挑剔的人去搞质量检验，用一些喜欢斤斤计较的人去搞财务管理，结果这些人都取得了很好的成绩。

（3）要容人之错。"人非圣贤，孰能无过？"就像一个人只要站起来走路，就难免要跌跤一样，再能干的人才，只要多做事情，就难免要犯错误。美国一家公司在聘用职员时，曾别出心裁地制定了一个条件：受聘者必须曾在以前的工作中犯过一次不大不小的错误。这看似荒唐，实则很有道理，充分体现了该公司宁愿用犯过错误的能人，也不愿意用那些所谓"没有缺点"的庸人的用人原则。此外，容人之错，还要容人改错，既不要把犯过错误的人"一棍子打死"，也不要急于求成，强求别人"朝错夕改"。这一点，我们尤应加以注意。

# 德鲁克的有效的管理者研究（1974）

　　德鲁克也译作杜拉克，1909年出生于奥地利首都维也纳的一个贵族家庭，先后在德国和英国边工作边学习，1929年他成为伦敦一家国际性银行的报纸通讯员和经济学者，后来，他因不满欧洲的"怀旧"政治气氛而于1937年移居美国，终身以教书、著书和咨询为业，是当代国际上最著名的管理学家，被称为"大师中的大师"。在美国他兼任一些由银行和保险公司组成的财团的经济学者，是美国通用汽车公司、克莱斯勒公司、IBM公司等大企业的顾问，还是美国佛蒙特州的本宁顿学院的科学克拉克讲座教授。

　　德鲁克于1945年创办了德鲁克管理咨询公司，自任董事长。他著作颇丰，主要著作有《管理实践》、《管理：任务、责任、实践》、《公司的概念》、《经济人的末日》、《工业人的未来》、《剧变时代的管理》、《旁观者》、《后资本主义社会》、《非营利机构的管理》、《新现实》、《为明日培养企业领导》等，《有效管理者》于1967年由哈伯罗出版公司出版，一出版即获得了一致的好评，赢得了广大的读者。《有效的管理者》是一本小册子，有中译本出版，求实出版社1985年版，吴军译，中译本12万册。它的影响超过了几乎所有同样规模的作品。

　　德鲁克首先分析了管理的环境，明确了要提高管理者工作效率必须首先解决的认识问题。最终告诉大家：有效性是必须学会的，也是可以学会的。"我们为什么需要有效的管理者？谁是管理者？管理者工作中面临的有哪些现实问题？有效性是可以学会的吗？"等。通过讲故事般的叙述，德鲁克以其卓越的睿智告诉人们：管理者的效率往往是决定组织工作效率的最关键因素；并不是高级管理人员才是管理者，所有负责行动和决策且又是有助于提高机构的工作效能的人，都应该像管理者一样工作和思考。他对管理者工作中面临的现实问题的描述更为经典，被人们到处引用。

（1）管理者的时间一般容易"属于别人"。

（2）管理者除非采取积极行动去改变他们所生活和工作的现实，否则他们只好继续这样"工作"下去。

（3）只有当别人利用管理者贡献出来的东西时，管理者才具有有效性。

（4）管理者在组织之内，但是其如果要有效工作，还必须努力认识组织以外的情况。

德鲁克说："这四个现实问题，是管理者所无法改变的。它们是管理者存在的必要条件。但是，管理者因此必须要设想到，如果自己不经特殊努力学会有效性，将成为无效的管理者。"

德鲁克通过自己的研究和观察，提出了管理者要做到有效所需的条件，他认为要成为有效的管理者必须养成五种思想习惯。

（1）知道把时间用在什么地方。管理者应该清楚，自己掌握支配的时间是很有限的，则必须要利用这点有限时间进行系统的工作。

关于利用时间，德鲁克提供简便易行的办法：记录时间，安排时间和集中时间。把管理者对时间的分配情况记录在案，然后问一下这样的问题："这件事如果根本不做，会出现什么情况呢？"如果没什么，就不去做。"哪些事是可让别人办，效果也一样好的？"如果有，就安排别人。"我是否浪费了别人的时间，而无助于发挥人家的有效性？"如果有，减掉这样的事。

而减少时间浪费，就是要找出：①由于缺乏制度或远见而造成的时间浪费；②人浮于事造成的时间浪费；③组织不健全带来的时间浪费（表现为会议太多）；④信息失灵造成的时间浪费。

对于利用时间更为重要的，是要善于集中可供支配的"自由时间"。

（2）有效的管理者要注重外部作用，把力量用在获取成果上，而不是工作本身。在开始一项工作的时候，他们首先想到的问题是："人们要求我取得什么成果？"而不是像现实生活中的许多管理者那样，从要做的事开始着手。

（3）有效的管理者把工作建立在优势上——他们自己的优势，他们的上级、同事和下级的优势，以及形势的优势，也就是建立在他们能做什么的基础上。他们不把工作建立在弱点上。配备人员，要用人所长，看他是否具备完成这项任务的能力和素质，而不是看他是否让自己喜欢。当然，还要运用上级的长处，来为提高自己的有效性服务。他们不着手进行他们不能做的事。

（4）有效的管理者把精力集中于少数主要领域。在这些领域里，优异的工作将产生杰出的成果。他们给自己定出优先考虑的重点，并坚持重点优先的原则。他们知道，他们只有将首要的事情先做，次要的事情不做，别无选择。否则，将一事无成。

（5）有效的管理者作有效的决策。他们知道，这首先是个有关系统的问题——按适当的顺序采取适当步骤的问题。他们知道，有效的决策常常是根据"不一致的意见"作出的判断，而不是建立在"统一的看法"基础上的。他们也知道，快速作出的许多决策都是错误的决策。所需要的决策，为数不多，但却是根本性的决策，所需要的是正确的战略，而不是令人眼花缭乱的战术。

德鲁克的有效的管理者研究，在很多组织中被广为宣传和推广，在实践中起到了很重要的作用。

# 基础管理如何持之以恒?

## ——OEC管理

　　1984年，青岛电冰箱总厂正处于濒临倒闭的边缘，组织上调张瑞敏担任青岛电冰箱总厂的厂长。为了挽救和发展，该厂引进了德国利勃海尔电冰箱生产线，该厂是原轻工业部最后批准的一家冰箱定点厂家，当时国内已有100多条冰箱生产线，海尔并没有什么优势。但是，就是这个小厂，在25年后，成长为中国最具影响力的跨国企业之一，产品出口到170多个国家和地区，在全球30多个国家建立本土化的设计中心、制造基地和贸易公司，全球员工总数超过5万人；2006年，全球营业额达到139亿美元，成为世界第四大家电生产厂商，仅次于惠尔浦、GE家电和伊莱克斯，成为我国企业在世界市场上的标志性企业。

　　海尔非常重视战略、重视服务、重视品牌、重视人……但这一切都要归根到最基础的日常管理中来，因此，海尔强调基础管理要持之以恒。海尔的掌舵人张瑞敏有一句话："什么叫不简单？把别人认为简单的事一次次做下去就叫不简单；什么叫不容易？把别人视为容易的事千百遍地做正确就叫不容易。"重复简单的程序，是产品质量和信誉的基础。关键是如何把一件简单的事情重复千万遍地做好。要杜绝缺陷，就必须把每一件简单的事情做好。

　　海尔的"OEC管理法"就是针对简单的重复性劳动容易产生错误的一剂

良药。在车间，产品的目标层层分解，量化到个人，做到人人都管事，事事有人管。每天的结果与效益挂钩。日日清，日日改进，基础管理一时一刻也不放松。正是抓好了基础管理，产品质量才得到了保证，在简单的劳动中，创造了不简单的奇迹。

"OEC"管理法由三个体系构成：目标体系—日清体系—激励机制，即：首先确立目标；日清是完成目标的基础工作；日清的结果必须与正负激励挂钩才有效。这样，从车间工人到集团总部的每一位干部都知道自己每天应干些什么，甚至可能自己考核自己的工作，领取自己该得到的那份报酬。具体地说，OEC管理模式意味着企业每天所有的事都有人管，所有的人均有管理、控制内容，并依据工作标准对各自控制的事项，按规定的计划执行，每日把实施结果与计划指标对照、总结、纠偏，达到对事物发展过程日日控制、事事控制的目的，确保事物向预定目标发展。这一管理方法可以概括为五句话：总账不漏项，事事有人管，人人都管事，管事凭效果，管人凭考核。

### 1. OEC管理法的构成

总体上看，"日清日高"管理法是由三个基本框架构成的，即目标体系、日清控制体系和有效激励机制。这三个体系恰好形成了一个完整的管理过程：首先由目标体系确立目标，然后由日清体系来保证完成目标的基础工作，为了使基础性的工作能朝着对企业有利的方向运行，必须对日清的结果进行正的或负的激励，这便是有效激励机制所要达到的目标。

（1）目标体系。目标体现了企业发展的方向和要达到的目的，它是企业做好各项工作的指南。目标提出的高度必须依据市场竞争的需要，低于竞争对手就毫无意义。1984年，海尔上电冰箱时几乎是全国最后一家冰箱定点生产厂家，在落后的情况下，海尔审时度势，根据自身实力和市场竞争的需要，提出了"以质量取胜，走争创名牌的道路"，确定了争中国第一的目标，并在全厂达成共识。经过全厂员工艰苦的创业，终于在1988年夺得全国冰箱行业第一块金牌，随即，为了谋求进一步的发展，海尔又确定了创国际名牌的目标，并取得了显著的成绩。

（2）日清控制体系。"日清"是"日事日毕，日清日高"的概要。其基本含义是当天的事情当天完成，当天的效果有所提高。日清是海尔企业独创的OEC管理的核心或精髓，其意义在于：①所有员工对每天的工作任务心中有数，达到自主管理。②工作效率高，强调当天的事情必须当天完成。③每天都有进步，确保企业的成长。

要使日清有效地运行，必须确定坚持原则：

第一，比较分析的原则。即对所做事情与目标或计划相比较，分析现状与目标或计划的偏差（既有可能是负偏差，也有可能是正偏差；前者表明现状达不到目标，后者表明现状超过了目标）。对于任何一个有着进取心的员工而言，只有分析了偏差，才能进一步采取有针对性的措施。出现负偏差时，必须分析原因，并进一步采取解决的方案；出现正偏差时，必须分析超出目标的原因，这样才能取得更高的成就。

第二，闭环原则，即凡事要善始善终，都必须要有PDCA循环原则，而且要螺旋上升。其中，P（Plan）是指要根据用户要求并以取得最佳经济效果为目标，通过调查制定技术经济指标、质量指标、管理项目以及达到这些目标的具体措施和方法。D（Do）是指要按照所制定的计划和措施付诸实施。C（Check）是指在实施了一个阶段之后，对照计划和目标检查执行的情况和效果，及时发现问题。A（Action）是指根据检查的结果，采取相应的措施，或修正改进原来的计划或寻找新的目标，制定新的计划。关键的一点是日清必须要找出原因并拿出具体的解决方案。存在问题并不可怕，怕就怕在出了问题还不明白问题的所在；出现好的效果也不见得可喜，如果不清楚好在哪儿、为什么好，那以后就没有好的可能了。例如，不良品率，对于某一个阶段的指标不但要看到总体是在上升或是下降，还要分别找出上升或下降的前三位因素的反馈率，再反馈给相关的部门，让其拿出针对性的解决方案，并规定期限。下降固然可喜，但究竟是哪些故障的反馈率下降了，其必然因素又是什么，找到必然因素之后方能为以后的工作起好的推进作用，不然怎能确保在其后的工作中不忽略这一个必然因素呢？

第三，不断优化的原则，即对明天（或下一步）的目标提出更多的要求。如果一直考评为"A"，则说明措施有力；如果是"B"，则说明措施还需强化和改进；如果是"C"，则说明距目标要求相差较大。当然，以上三种情况，如持续较长的时间，管理者就要研究：是目标过低？过高？是人员能力太强？太差？那么，再采取相应的措施。

（3）有效激励机制。激励机制使海尔人达到了自主管理和进入自觉状态的目标。它是日清控制系统正常运转的保证条件。海尔在激励政策上坚持两个原则：一是公开、公平、公正，通过3F卡可计算出职工的日收入状况，不搞模糊工资，使员工对工作中的"所得与所失"心中有数，心理上感到相对公平；二是要有合理的计算依据，如海尔实行的"点数工资"，就是从多方面对每个岗位进行半年多的测评，并且根据工艺等条件的变化而不断进行调整。

在激励的方法上，海尔更多采用即时激励的方式，如在质量管理中利用质量责任价值券，即员工每人一本质量价值券手册，手册中整理汇编了企业以往生产过程中出现的所有问题，并针对每一个缺陷，明确规定了自检、互检、专检三个环节应负的责任价值及每个缺陷应扣多少钱，质检员发现缺陷后，当场撕价值券，由责任人签收；操作工互检发现的缺陷经质检员确认后，当场予以奖励，同时对漏检的操作工和质检员进行罚款；质量券分红、黄两种，红券用于奖励，黄券用于处罚。

激励的目标是向自主管理过渡，"日清工作法"使海尔形成了对不同层次、不同层面均有激励作用的激励机制。

### 2.OEC的形式和内容

OEC的具体形式和内容表现为"三本账"和"三个表"。

（1）"三本账"。三本账是指公司管理工作总账，分厂、职能处室的管理工作分类账和员工个人的管理工作明细账。管理工作总账，即公布年度方针目标展开实施对策表，它按工作的目标值、先进目标、现状及难点实施对策、完成期限、责任部门、工作标准、见证材料和审核办法的统一格式，将全公司的产量、经济效益、生产率管理、市场产品和发展作为重点进行详细分析和分解，由总经理签发执行，按规定的标准和审核周期进行考核奖惩。

管理工作分类账，即各部门、分厂年度方针目标展开实施对策表。它采用与公司相同的格式，按工作分工和总账中确定的主要责任进行分析和分解，由部门负责人或分厂厂长签发执行。对职能部门，按其职能确定重点工作并分解到人。例如，质量部门，按质量体系、质量管理、现场管理、新产品和内部日清等方向进行分解和控制，对分厂则按产量、质量、物耗、设备计量、现场管理、安全和管理等七个方面进行分解和控制。

管理工作明细账，即工作控制日清台账，其格式为项目、标准和指标（分先进水平、上期水平、本期目标）价值比率、责任人、每天的完成情况、见证性材料、考核结果、实得总额和考核人，此账按天进行动态控制，每天将控制的情况填入，以达到有效控制和纠偏的目的。

（2）"三个表"指日清栏、3E卡和现场管理日清表。日清栏由两部分组成：一部分是在每个生产作业现场设立的一级大表，将该作业现场的质量、工艺纪律、设备、材料物耗、生产计划、文明生产和劳动纪律等方面的实际情况每2小时由职能巡检人员登记填写一次，公布于众。另一部分是职能人员对上述七方面进行巡检时做的记录和每天的日清栏考评意见，它将每天日清栏的全部情况进行汇总和评价，存档备查。

3E卡，是指"3E日清工作记录卡"，"3E"为每天、每人、每个方面的英文单词的首字母。3E卡将每个员工每天工作的7个要素（产量、质量、物耗、工艺操作、安全、文明生产、劳动纪律）量化为价值，每天由员工自我清理计算日清并填写记账、检查确认，由车间主任及职能管理员抽查，月底汇总计算计件工资，其计算公式为：岗位工资=点数×产值×产量+各种奖罚。这使每个人每天的工作有一个明确定量的结果，体现了数据说话的公正性和权威性，保证了各项工作的有序进行。

管理员日清表，由各级管理人员在班后进行清理时填写，主要对例行管理的受控状况进行清理和分析，找出存在问题的原因、整改措施和责任人，不断提高受控率。

### 3. OEC的特点

从日清日高管理法的内容，我们可以看出，这一科学的管理方法有如下特点：

（1）经营以市场为中心，管理以人为中心。海尔的经营方向就是在市场中战胜对手，而要达到这个目的就要提高企业管理素质，使管理服从市场的要求。而企业走向市场的基础是员工的素质，只有高素质的人才能生产出高质量的产品。海尔人深深懂得这一点，他们创造的日清日高管理法，不仅是为保证企业方针目标的实现，更重要的是要通过严格的管理，培养全体员工良好的工作习惯和令行禁止的工作作风，由制度管理向自主管理过渡。

（2）管理上坚持高质量、高效率、高标准。高质量表现为：管理不摆花架子，不做表面文章，注重管理的实效。对于管理制度、标准、程序确定以后，严格执行，依法治厂。高效率表现为：在管理中把问题解决在最短时间、最小范围内，避免了工作滞后造成的问题堆积，以使经济损失最低、收益最高。高标准表现为：在制定目标、标准和要求时，坚持就高不就低的原则，纵向与过去最好水平相比，横向与国内同行业最高水平相比，与国际先进水平相比。而且，在实际操作中不断完善标准，提高目标值。

（3）管理精细化、系统化。管理的关键不在于知而在于行，在精细化管理上，海尔坚持"人人都管事（物）"的原则，将每项管理责任精细到每名员工。在管理的系统化上坚持"事事有人管"的原则，实施全方位管理，目标明确，重点突出，把管理的各要素全部纳入严密的控制系统。特别是在实行OEC管理之后，发现问题在现场、解决问题在现场、人员素质的提高也在现场，将现场管理提升到了一个新的高度。

**4. OEC的效果**

日清日高管理法是海尔人在长期探索中形成的独具特色的企业管理模式，这一模式的实施不仅为海尔带来了巨大的经济效益，而且也使海尔集团实现了经营规模、外向型企业、市场地位三大飞跃的目标。在原有设备、人员不变且没增加资金投入的条件下，海尔集团1993年的销售收入比1991年翻了一番，利润翻了两番；1994年的销售收入比1993年净增10个亿，利润净增1个亿；1995年，海尔集团兼并了红星电器股份有限公司，在没有增加新投入的情况下，运用有效的管理使红星公司当年扭亏为盈。我们可以从OEC实施后的效果来审视海尔独一无二的管理法给其基础管理所带来的冲击和革命：

（1）实现了基础管理的精细化和规范化。OEC管理法将所有的物和事进行分解，强调"三个一"，即分解量化到每一个人、每一天、每一项工作，形成大到机器设备，小到每块玻璃，都清楚地标明责任人和监督人，有详细的工作内容的考核标准，形成环环相扣的责任链，做到了奖有理、罚有据，同时追求各项工作的零缺陷、高灵敏度的目标，把管理问题控制、解决在最短时间、最小范围内，使经济损失降到最低，逐步实现基础管理的精细化。此外，OEC管理法博采众长，采用了国际上先进的瞬间控制方法，并与长期以来行之有效的PDCA循环和动态优化的目标管理等方法融合提炼，形成了OEC控制技法，使得企业和各项事物都处在有效控制的状态下向预定目标发展，从而实现基础管理的规范化。

（2）实现了基础管理的科学化和标准化。OEC管理法对基础管理的一种重大冲击就是用哲学的观点来组织企业的基础管理工作。它是把质量互变规律作为基本思想，坚持日事日清，"积沙成塔、积水成渊"，使员工素养、企业素质与管理水平的提高寓于每日例行工作中，摒弃了追求一时轰动效应的会战、突击、献礼等形式主义的管理思想。而且，OEC管理法意在通过日积月累的管理进步，使生产诸要素的组合与运行达到合理优化的状态，不增加投入就可以使生产力获得尽可能提高的效果，使管理收到事半功倍之效。

（3）实现了基础管理的目标化和效率化。OEC的基础管理将全公司的企业管理工作的循环周期缩到了一天，改变了原先的周检查、月小结的滞后且流于形式而无实质意义的现象，避免了工作缺陷的堆积，提高了基础管理的效率。另外，在生产作业现场利用瞬间控制法的控制技法，因其对反映出来的问题能随时纠偏，使电冰箱生产的156道工序成为156道关卡、156个责任点，使偏差在最短时间内、最小环节内得到控制和消除，减少了损失和浪费，提高了质量，同时也体现了OEC基础管理的效率化趋势在加强。

（4）提高了流程的控制能力。主要表现在三个方面：①自控能力普遍提高，所有员工都以追求工作缺陷和经济损失最低、收益水平最高为目标，苦练基本功，提高技术技能，在努力消灭不良品的同时，自我把关，绝不让不良品流入下一道工序。②互控能力普遍提高，通过实行质量责任价值券，各道工序之间的质量互检工作得到了加强。③专控能力得到加强。在各生产环节上，各职能部门的巡检人员定时检查，实行瞬间纠偏，使各环节始终处于有效控制之中。通过"日清工作法"，海尔的各项管理工作实现了由事后把关向全过程控制的转变。从岗位上看，受控率达到100%；从时间上看，由过去的50%达到了98%以上。

（5）培育了高素质的员工队伍。这是"日清工作法"取得的最大效果，也是"日清工作"得以全面落实的基础。"日清工作法"通过每天进行整理、整顿、清扫和清理，使全体员工养成良好的工作习惯和令行禁止的工作作风，从而一支高素质的队伍迅速成长起来。

# 为什么身教重于言传？
## ——威尔逊法则

美国行政管理学家切克·威尔逊提出：如果部下得知有一位领导在场负责解决困难时，他们会因此信心倍增。因此说：身教重于言传。

日本本田技研工业总公司的创始人和总经理本田宗一郎以对人太粗暴而闻名。他一看见员工做得不对，拳头立刻就会飞过去。没有做错、只是照葫芦画瓢、没有一点创新的人和做错事闯大祸的人一样，同样会遭一顿好打。有的人挨打后还不知道是怎么一回事，认为他大概是发疯了，但事后本田宗一郎会告诉员工挨打的原因。由于一般都是不知不觉动手的，所以事后本田宗一郎会马上反省，但是也只是在脸上稍有点对不起的表情。

尽管如此，年轻人并不讨厌他，反而更加佩服他的表率作用。总之，本田宗一郎都是自己率先去干棘手的事、艰苦的活儿，亲自做示范，无声地告诉人们，你们也要这样干。

美国大器晚成的女企业家玛丽·凯·阿什在这个问题上更有自己独到的见解。她认为领导的速度就是众人的速度，称职的经理应该以身作则。

她说："一个称职的经理必须能以实际行动激励部下，经理不但应在工作习惯方面，而且应在衣着打扮方面为众人树立一个好榜样，经理形象是十分重要的……""我只是在自己的形象极佳时才肯接待光临我家的客人，我认为，自己是一家化妆品公司的创始人，必须给人留下好的印象。因此，与其不能给人留下好印象，不如干脆闭门谢客。我甚至不得不限制自己最喜爱的消遣方式：养花。我认为，要是让我们公司的一个人看见我身上沾满了泥浆，那多不好。我的这些做法已被传扬出去了。有人告诉我，我们的全国销售主任中有许多人在学着我的样子，都穿得十分漂亮，成了各自地区成千上万的美容顾问在穿着方面效法的榜样……""人们往往模仿经理的工作习惯和修养，不管其工作习惯和修养是好还是坏。假如一位经理常常迟到，吃完午饭后迟迟不回到办公室，打起私人电话没完没了，不时因喝咖啡而中断工作，一天到晚眼睛直盯着墙上的挂钟，那么，他的部下大概也会如法炮制。值得庆幸的是，员工们也会模仿一个经理的好习惯……""作为一个经理，你重任在肩，你的职位越高，越应重视给人留下适当的印象。因为经理总是处于众目睽睽之下，所以你在采取行动时务必要考虑到这一点。以身作则吧！过不了多久，你的部下就会照着你的样子去做。"

在企业管理中，身教不仅起到了导向和示范作用，而且还有凝聚人心、化解矛盾、鼓舞士气、催人奋进的特殊功效。长期经验教训证明：身教是密切管理人员与员工的黏合剂。管理人员的职位越高，身教的影响力的涉及面越宽。管理人员只有自身过硬，才能引起见贤思齐的广泛共鸣，带出过硬的团队。而且，从某个或某些管理人员身上往往可以看到一个企业的前途与希望。

# 不称职者的为官之道是什么?

## ——帕金森定律

英国著名历史学家诺斯古德·帕金森写过一本名叫《帕金森定律》的书。他在书中阐述了机构人员膨胀的原因及后果:一个不称职的官员,可能有三条出路。一是申请退职,把位子让给能干的人;二是让一位能干的人来协助自己工作;三是任用两个水平比自己更低的人当助手。第一条路是万万走不得的,因为那样会丧失许多权力;第二条路也不能走,因为那个能干的人会成为自己的对手。于是,两个平庸的助手分担了他的工作,他自己则高高在上发号施令,他们不会对自己的权力构成威胁。两个助手既然无能,只能上行下效,再为自己找两个更加无能的助手。如此类推,就形成了一个机构臃肿、人浮于事、相互扯皮、效率低下的领导体系。

"帕金森定律"与武大郎式的用人政策很相像,甚至如出一辙,即比自己个高的人一概不用。长此以往,必将导致恶性循环:平庸的人启用比自己更平庸的人,更平庸的人再启用比自己更平庸的人,正如黄鼠狼下耗子——一窝不如一窝。

企业和行政部门都存在帕金森定律的现象。帕金森定律的核心内涵有两点:① 不称职者的为官之道,因为非常有效所以普遍存在;② 不称职者的所在单位,多数都是"当一天和尚敲一天钟"的无激情团队,在固有的管理体制下,这种团队是难有作为的。

一个具有本科学历的一把手，往往对具有博士学历的二把手抱有戒心，从而在商量相关事情时，往往喜欢和具有专科学历的三把手在一起，而不喜欢二把手参与，向上一级汇报工作时，更是不允许二把手随从，如果有可能，总是会选择一个冠冕堂皇的理由，将这个博士调离本单位，甚至逼其辞职。一个在大企业干过营销总监的管理干部，即便是到了一个中小企业，如果不是老板先把原来的营销主管调离，这个新来者，即使有再高的水平，也不会干出优异的成绩，因为那个"老人"在不断地"帮忙"。在生活中，一个本科毕业的男士，很难接受一个博士毕业的女士做老婆，也是这个道理。

"帕金森定律"发生作用的条件有哪些呢？

首先，必须要有一个团体，这个团体必须有其内部运作的活动方式，其中管理占据一定的位置。这样的团体很多，大的来讲，各种行政部门；小的来讲，只有一个老板和一个雇员的小公司。

其次，寻找助手的领导者本身不具有权力的垄断性，对他而言，权力可能会因为做错某事或者其他的原因而轻易丧失。

最后，这位"领导者"对他的工作来说是不称职的，如果称职就不必寻找助手。

这三个条件缺一不可，缺少任何一项，就意味着"帕金森定律"会失灵。可见，只有在一个权力非垄断的二流领导管理的团体中，"帕金森定律"才起作用。那么，在一个没有管理职能的团体，如网络虚拟学术组织、兴趣小组等，就不存在帕金森定律描述的可怕顽症。一个拥有绝对权力的人，他不害怕别人攫取权力，也不会去找比他还平庸的人当助手；一个能够承担自己工作的人，也没有必要找一个助手。

帕金森定律告诉我们这样一个道理：不称职的行政首长一旦占据领导岗位，庞杂的机构和过多的冗员便不可避免，庸人占据着高位的现象也不可避免，整个行政管理系统就会形成恶性膨胀，陷入难以自拔的泥潭。

这样就会在官场中形成类似的"鲜花"插在"牛粪"上的现象，鲜花就好比是那些公司中的领导职位，牛粪就是那些公司中平庸的领导者，而这种"鲜花"插在"牛粪"上的危害是极其大的。

权力的危机感，是产生帕金森现象的根源。恩格斯曾经说过："自从阶级社会产生以来，人的恶劣的情欲、贪欲和权势欲就成为历史发展的杠杆。"人作为社会性和动物性的复合体，因利而为，是很正常的行为。假设他的既有利益受到威胁，那么本能会告诉他，一定不能丧失这个既得利益，这也正是帕金森定律起作用的内因。一个既得权力的拥有者，假如存在着权力危机，不会轻易让渡自己的权力，也不会轻易地给自己树立一个对手。在不害人标准的良心监督下，会选择两个不如自己的人作为助手，这种行为是自然而然、无可谴责的。

要想解决帕金森定律的症结，必须把管理单位的用人权放在一个公正、公开、平等、科学、合理的用人制度上，不受人为因素的干扰，最需要注意的，是不将用人权放在一个可能直接影响或触犯掌握用人权的人的手里，这样问题才能得到解决。

# 第5章

[哈佛激励课]

# 工作背后的行为动机是什么？
## ——需要层次论

需要层次论是研究人的需要结构的一种理论，是美国心理学家马斯洛所首创的一种理论。他在1943年发表的《人类动机的理论》一书中提出了需要层次论。这种理论的构成根据以下三个基本假设：

（1）人要生存，他的需要能够影响他的行为。只有未满足的需要能够影响行为，满足了的需要不能充当激励工具。

（2）人的需要按重要性和层次性排成一定的次序，从基本的（如食物和住房）到复杂的（如自我实现）。

（3）在人的某一级的需要得到最低限度满足后，才会追求高一级的需要，如此逐级上升，成为推动继续努力的内在动力。

马斯洛提出需要的五个层次如下：

（1）生理需要，是个人生存的基本需要，如吃、喝、住。

（2）安全需要，包括心理上与物质上的安全保障，如不受盗窃和威胁、预防危险事故、职业有保障、有社会保险和退休基金等。

（3）社交需要，人是社会的一员，需要友谊和群体的归属感，人际交往需要彼此同情、互助和赞许。

（4）尊重需要，包括要求受到别人的尊重和自己具有内在的自尊心。

（5）自我实现需要，指通过自己的努力，实现自己对生活的期望，从而自己对生活和工作真正感到很有意义。

马斯洛的需要层次论认为，需要是人类内在的、天生的、下意识存在的，而且是按先后顺序发展，满足了的需要不再是激励因素等。几乎所有的介绍马斯洛的书籍都这样介绍他的需要层次论，但是，这实际上存在一定的不完整。马斯洛本人的著作中对需要层次论作了更多的探讨。首先，除了广为人知的以上五种需要外，马斯洛还详细说明了认知和理解的欲望、审美需要在人身上的客观存在，但是他也说明，这些需要不能放在基本需要层次之中。

需要层次论在管理中的影响深远，一方面，它揭示人们行为背后的动机模式；另一方面，相关管理者提供了激励员工的先后顺序：只有先了解员工所处的需要层次，然后才能制定出有针对性的激励政策。

# 为何控制结果就可以控制行为？
## ——强化理论

强化理论是美国的心理学家和行为科学家斯金纳、赫西、布兰查德等人提出的一种理论。斯金纳生于1904年，他于1931年获得哈佛大学的心理博士学位，他在心理学的学术观点上属于极端的行为主义者，其目标在于预测和控制人的行为而不是去推测人的内部心理过程和状态。他提出了一种"操作条件反射"理论，认为人或动物为了达到某种目的会采取一定的行为作用于环境。当这种行为的后果对其有利时，这种行为就会在以后重复出现；不利时，这种行为就会减弱或消失。人们可以用这种正强化或负强化的办法来影响行为的后果，从而修正其行为，这就是强化理论，也叫做行为修正理论。

斯金纳所倡导的强化理论是以强化原则为基础的关于理解和修正人的行为的一种学说。强化从其最基本的形式来讲，指的是对某种行为的肯定或否定的后果（报酬或惩罚），它至少在一定程度上会决定这种行为在今后是否会重复发生。根据强化的性质和目的可把强化分为正强化和负强化。

在管理上，正强化就是奖励那些组织上需要的行为，从而加强这种行为；负强化就是惩罚那些与组织需要不相容的行为，从而削弱这种行为。正强化的方法包括奖金、对成绩的认可、表扬、改善工作环境和人际关系、提升、安排担任挑战性的工作、给予学习和成长的机会等。负强化的方法包括批评、处分、降级等，有时不给予奖励或少给奖励也是一种负强化。

之后，斯金纳又将强化理论进一步发展，并用于人的学习上，发明了程序教育法和教育机器。他强调在学习中应遵循小步子和及时反馈的原则，将大问题分成许多小问题，循序渐进；他还将编好的教育程序放在机器里对人进行教学，收到了良好的效果。

强化理论具体应用的一些行为原则如下：

（1）经过强化的行为趋向于重复发生。强化因素就是会使某种行为在将来重复发生的可能性增加的任何一种"后果"。例如，当某种行为的后果是受人称赞时，就增加了这种行为重复发生的可能性。

（2）要依照强化对象的不同采取不同的强化措施。人们的年龄、性别、职业、学历、经历的不同，其需要也就不同，强化方式也不一样。例如，有的人更重视物质奖励，有的人更重视精神鼓励，则应区别情况采用不同的强化措施。

（3）小步子前进，分阶段设立目标，并对目标予以明确规定和表述。对于人的激励首先要设立一个明确的、鼓舞人心而又切实可行的目标，只有目标明确而具体时，才能进行衡量和采取适当的强化措施。同时还要将目标进行分解，分成许多小目标，在完成每个小目标后都及时给予强化，这样不仅有利于目标的实现，而且通过不断地激励可以增强信心。如果目标一次定得太高，会使人感到不易达到或者说能够达到的希望很小，这就很难充分调动人们为达到目标而作出努力的积极性。

（4）及时反馈。及时反馈就是通过某种形式和途径，及时将工作结果告诉行动者。要取得最好的激励效果就应该在行为发生以后尽快采取适当的强化方法。一个人在实施了某种行为以后，即使是领导者表示"已注意到这种行为"这样简单的反馈也能起到正强化的作用；如果领导者对这种行为不予关注，这种行为重复发生的可能性就会减少以致消失。所以，必须利用及时反馈作为一种强化手段。

（5）正强化比负强化更有效。所以，在强化手段的运用上，应以正强化为主；同时必要时也要对坏的行为给以惩罚，做到奖惩结合、赏罚分明。

强化理论只强调外部因素或环境刺激对行为的影响，忽略人的内在因素和主观能动性对环境的反作用，具有机械论的色彩，即其局限性。但是许多行为科学家认为，强化理论有助于人们对行为的理解和引导。因为一种行为必然会有后果，而这些后果在一定程度上会决定这种行为在将来是否重复发生。那么，与其对这种行为和后果的关系采取一种碰运气的态度，还不如对其加以分析和控制，使大家都知道应该有什么后果才最好。这并不是对员工进行操纵，而是使员工有一个在各种明确规定的备选方案中进行选择的最好的机会。因而，强化理论已被广泛地应用在激励和人的行为的改造上。

# 人性假设与管理方式有什么关系？
## ——X理论和Y理论

道格拉斯·麦格雷戈是美国著名行为科学家，他在1957年11月的美国《管理评论》杂志上发表了《企业的人性方面》一文，提出了有名的"X理论—Y理论"。

麦格雷戈认为，有关人的性质和人的行为的假设对于决定管理人员的工作行为方式来讲是极为重要的，各种管理人员以他们对人的性质的假设为依据，可用不同的方式来组织、控制和激励人们。基于这种思想，他们提出了有名的X理论和Y理论。

**麦格雷戈把传统的管理观点叫做X理论，其主要内容是：**

（1）大多数人是懒惰的，他们尽可能地逃避工作。

（2）大多数人都没有什么雄心壮志，也不喜欢负什么责任，而宁可让别人领导。

（3）大多数人的个人目标与组织目标都是自相矛盾的，为了达到组织目标，必须靠外力严加管制。

（4）大多数人都是缺乏理智的，不能克制自己，很容易受别人影响。

（5）大多数人都是为了满足基本的生理需要和安全需要，所以他们将选择那些在经济上获利最大的事去做。

（6）人群大致分为两类，多数人符合上述假设，只有少数人能克制自己，这部分人应当担负起管理的责任。

**根据X理论的假设，管理人员的职责和相应的管理方式是：**

（1）管理人员关心的是如何提高劳动生产率、完成任务，他的主要职能是计划、组织、经营、指引、监督。

（2）管理人员主要是应用职权，发号施令，使对方服从，让人适应工作和组织的要求，而不考虑在情感上和道义上如何给人以尊重。

（3）强调严密的组织和制定具体的规范和工作制度，如工时定额、技术规程等。

（4）应以金钱报酬来收买员工的效力和服从。

由此可见，此种管理方式是胡萝卜加大棒的方法，一方面靠金钱的收买与刺激，另一方面靠严密的控制、监督和惩罚迫使员工为组织目标努力。麦格雷戈发现当时企业中对人的管理工作以及传统的组织结构、管理政策、实践和规划都是以X理论为依据的。

麦格雷戈认为X理论所用的传统的研究方法建立在错误的因果观念的基础上。通过对人的行为动机和马斯洛的需要层次的研究，他指出，在人们的生活还不够丰裕的情况下，胡萝卜加大棒的管理方法是有效的；但是当人们达到了丰裕的生活水平时，这种管理方法就往往失效了。因为那时人们行为的动机主要是追求更高级的需要而不是"胡萝卜"（生理需要、安全需要）了。

麦格雷戈认为，需要有一个关于人员管理工作的新理论，把它建立在对人的特性和人的行为动机的更为恰当的认识基础上，于是他提出了Y理论，其主要内容是：

（1）一般人并不是天生就不喜欢工作的，工作中体力和脑力的消耗就像游戏和休息一样自然。工作可能是一种满足，因而自愿去执行；也可能是一种处罚，因而只要可能就想逃避，到底怎样要视环境而定。

（2）外来的控制和惩罚并不是促使人们为实现组织的目标而努力的唯

一方法。它甚至对人是一种威胁和阻碍，并放慢了人成熟的脚步。人们愿意实行自我管理和自我控制来完成应当完成的目标。

（3）人的自我实现的要求和组织要求的行为之间是没有矛盾的。如果给人提供似懂非懂的机会，就能将个人目标和组织目标统一起来。

（4）一般人在适当条件下，不仅学会了接受职责而且还学会了谋求职责。逃避责任、缺乏抱负以及强调安全感，通常是经验的结果而不是人的本性。

（5）大多数人而不是少数人在解决组织的困难问题时都能发挥较高的想象力、聪明才智和创造性。

（6）在现代工业生活的条件下，一般人的智慧和潜能只是部分得到了发挥。

根据以上假设，相应的管理措施为：

（1）管理职能的重点。在Y理论的假设下，管理者的重要任务是创造一个使人得以发挥才能的工作环境，发挥出职工的潜力，并使职工在为实现组织的目标贡献力量时，也能达到自己的目标。此时的管理者已不是指挥者、调节者或监督者，而是起辅助者的作用，从旁给职工以支持和帮助。

（2）激励方式。根据Y理论，对人的激励主要是给予来自工作本身的内在激励，让他担当具有挑战性的工作，担负更多的责任，促使其工作，作出成绩，满足其自我实现的需要。

（3）在管理制度上给予员工更多的自主权，实行自我控制，让员工参与管理和决策并共享权力。

X理论的假设是静止地看人，现在已过时了；Y理论则是以动态的观点来看人，但这一理论也有很大的局限性。有些行为科学家批评Y理论的一些缺陷。他们指出Y理论对人的特性的假设有其积极的一面，它为管理人员提供了一种对于人的乐观主义的看法，而这种乐观主义的看法对争取职工的协作和热情支持是必需的。但是，麦格雷戈只看到了问题的一面，虽然不能说所有的人天生就是懒惰而不愿负责任的，但在现实生活中有些人确实是这样的，而且坚决不愿改变。对于这些人，应用Y理论进行管理难免会失败。而且要发展和实现人的智慧和潜能，就必须有合适的工作环境，但这种合适的工作环境并不是经常有的，要创造出这样一种环境来，成本也往往太高。所以，Y理论也并不宜普遍使用。

# 为什么员工喜欢打听别人的收入？
## ——公平理论

公平理论又称社会比较理论，它是美国行为科学家亚当斯（J·S·Adams）在《工人关于工资不公平的内心冲突同其生产率的关系》（1962年，与罗森合写）、《工资不公平对工作质量的影响》（1964年，与雅各布森合写）、《社会交换中的不公平》（1965年）等著作中提出来的一种激励理论。该理论侧重于研究工资报酬分配的合理性、公平性及其对职工生产积极性的影响。

公平理论的基本观点是：当一个人作出了成绩并取得了报酬以后，他不仅关心自己的所得报酬的绝对量，而且关心自己所得报酬的相对量。因此，他要进行种种比较来确定自己所获报酬是否合理，比较的结果将直接影响今后工作的积极性。

1. 横向比较

即他要将自己获得的"报酬"（包括金钱、工作安排以及获得的赏识等）与自己的"投入"（包括教育程度、所作努力、用于工作的时间、精力和其他无形损耗等）的比值与组织内其他人作社会比较，只有相等时他才认为公平，如下式所示：

OP/IP=OC/IC

其中，OP表示自己对所获报酬的感觉；OC表示自己对他人所获报酬的感觉；IP表示自己对个人所作投入的感觉；IC表示自己对他人所作投入的感觉。

当上式为不等式时，可能出现以下两种情况：

（1）前者小于后者，他可能要求增加自己的收入或减少自己今后的努力程度，以便使前者增大，趋于相等；或者他可能要求组织减少比较对象的收入或让其今后增大努力程度以便使后者减少趋于相等。此外，他还可能另外找人作为比较对象以便达到心理上的平衡。

（2）前者大于后者，他可能要求减少自己的报酬或在开始时自动多做些工作，久而久之他会重新估计自己的技术和工作情况，终于觉得他确实应当得到那么高的待遇，于是产量便又会回到过去的水平了。

## 2. 纵向比较

除了横向比较之外，人们也经常作纵向比较，即把自己目前投入的努力与目前所获得报酬的比值，同自己过去投入的努力与过去所获报酬的比值进行比较。只有相等时他才认为公平。即：

OP／IP＝OH／IH

其中，OH表示自己对过去所获报酬的感觉；IH表示自己对个人过去投入的感觉。

当上式为不等式时，他也会有不公平的感觉，这可能导致工作积极性下降。当出现这种情况时，他不会因此产生不公平的感觉，但也不会感觉自己多拿了报酬从而主动多做些工作。调查和实验的结果表明，不公平感的产生绝大多数是由于经过比较后认为自己目前的报酬过低而产生的；但在少数情况下也会由于经过比较后认为自己的报酬过高而产生。

我们看到，公平理论提出的基本观点是客观存在的，但公平本身却是一个相当复杂的问题，这主要是由于下述几个方面的原因：

（1）它与个人的主观判断有关。上面公式中无论是自己的还是他人的投入和报酬都是个人感觉，而一般人总是对自己的投入估计过高，对别人的投入估计偏低。

（2）它与个人所持的公平标准有关。上面的公平标准是采取贡献率，也有采取需要率、平均率的。例如，有人认为助学金改为奖学金才合理，有人认为应平均分配才公平，也有人认为按经济困难程度分配才适当。

（3）它与业绩的评定有关。我们主张按绩效付报酬，并且个人之间应相对平衡。但如何评定绩效？是以工作成果的数量和质量，还是按工作能力、技能、资历和学历？不同的评定办法会得到不同的结果。最好是按工作成果的数量和质量，用明确、客观、易于核实的标准来度量，但这在实际工作中往往难以做到，有时不得不采用其他的方法。

（4）它与评定人有关。绩效由谁来评定？是领导者评定还是群众评定或自我评定，不同的评定人会得出不同的结果。由于同一组织内往往不是由同一人评定，因此会出现松紧不一、回避矛盾、姑息迁就、抱有成见等现象。

显然，公平理论对我们有着重要的启示：首先，影响激励效果的不仅有报酬的绝对值，还有报酬的相对值。其次，激励时应力求公平，使等式在客观上成立，这样尽管有主观判断的误差，也不至于造成严重的不公平感。最后，在激励过程中应注意对被激励者公平心理的引导，使其树立正确的公平观，即一是要认识到绝对的公平是不存在的，二是不要盲目攀比，三是不要按酬付劳，按酬付劳是在公平问题上造成恶性循环的主要杀手。

为了避免员工产生不公平的感觉，企业往往采取各种手段，在企业中造成一种公平合理的气氛，使员工产生一种主观上的公平感。例如，有的企业采用保密工资的办法，使员工相互不了解彼此的收支比率，以免员工相互比较而产生不公平感。

# 怎样才能使人真正有更好的业绩？

## ——双因素理论

"激励因素—保健因素理论"是美国的行为科学家弗雷德里克·赫茨伯格提出来的，又称双因素理论。赫茨伯格曾获得纽约市立学院的学士学位和匹兹堡大学的博士学位，之后在美国和其他30多个国家从事管理教育和管理咨询工作，是犹他大学的特级管理教授。

20世纪50年代末，赫茨伯格和他的助手们在美国匹兹堡地区对200名工程师和会计师进行了调查访问。访问主要围绕以下两个问题：

（1）在工作中，哪些事项是让他们感到满意的，并估计这种积极情绪持续多长时间。

（2）在工作中，哪些事项是让他们感到不满意的，并估计这种消极情绪持续多长时间。

赫茨伯格以对这些问题的回答为材料，着手研究哪些事情使人们在工作中快乐和满足，哪些事情造成不愉快和不满足。结果他发现，使员工感到满意的都是属于工作本身或工作内容方面的；使员工感到不满的都是属于工作环境或工作关系方面的。他把前者叫做激励因素，后者叫做保健因素。

保健因素的满足对员工产生的效果类似于卫生保健对身体健康所起的作用。保健从人的环境中消除有害于健康的事物，它不能直接提高健康水平，但有预防疾病的作用；它不是治疗性的，而是预防性的。保健因素包括公司政策、管理措施、监督、人际关系、物质工作条件、工资、福利等。当这些因素恶化到人们认为可以接受的水平以下时，就会产生对工作的不满意。但是，当人们认为这些因素很好时，它只是消除了不满意，并不会导致积极的态度，这就形成了某种既不是满意又不是不满意的中性状态。

那些能带来积极态度、满意和激励作用的因素就叫做"激励因素"，这是那些能满足个人自我实现需要的因素，包括成就、赏识、挑战性的工作、增加的工作责任以及成长和发展的机会。如果这些因素具备了，就能对人们产生更大的激励。

从这个意义出发，赫茨伯格认为传统的激励假设，如工资刺激、人际关系的改善、提供良好的工作条件等，都不会产生更大的激励；它们能消除不满意，防止产生问题，但这些传统的"激励因素"即使达到最佳程度，也不会产生积极的激励。按照赫茨伯格的意见，管理当局应该认识到保健因素是必需的，不过它一旦使不满意中和以后，就不能产生更积极的效果。只有"激励因素"才能使人们有更好的工作成绩。

赫茨伯格及其同事之后又对各种专业性和非专业性的工业组织进行了多次调查，他们发现，由于调查对象和条件的不同，则各种因素的归属有些差别，但总的来看，激励因素基本上都是属于工作本身或工作内容的，保健因素基本上都是属于工作环境和工作关系的。但是，赫茨伯格注意到，激励因素和保健因素都有若干重叠现象。例如，赏识属于激励因素，基本上起积极作用；但当没有受到赏识时，又可能起消极作用，这时又表现为保健因素。工资是保健因素，但有时也能产生使员工满意的效果。

# 高成就动机者一定是优秀的管理者吗?

## ——成就动机理论

美国哈佛大学教授戴维·麦克利兰是当代研究动机的权威心理学家。他从20世纪四五十年代起就开始对人的需求和动机进行研究,提出了著名的"三种需要"理论,并得出了一系列重要的研究结论。

麦克利兰提出了人的多种需要,他认为个体在工作情境中有以下三种重要的动机或需要:

(1)成就需要:争取成功、希望做得最好的需要。

(2)权力需要:影响或控制他人且不受他人控制的需要。

(3)亲和需要:建立友好亲密的人际关系的需要。

麦克利兰认为,具有强烈的成就需要的人渴望将事情做得更完美,提高工作效率,获得更大的成功,他们追求的是在争取成功的过程中克服困难、解决难题、努力奋斗的乐趣,以及成功之后的个人的成就感,他们并不看重成功所带来的物质奖励。

麦克利兰发现高成就需要者的特点是:他们希望得到有关工作绩效的及时、明确的反馈信息,从而了解自己是否有所进步;他们喜欢设定具有适度挑战性的目标,不喜欢凭运气获得成功,不喜欢接受那些在他们看来特别容易或特别困难的工作任务。高成就需要者事业心强,有进取心,敢冒一定的风险,比较实际,大多是有进取的现实主义者。

高成就需要者对于自己感到成败机会各半的工作，表现得最为出色。他们不喜欢成功的可能性非常低的工作，这种工作碰运气的成分非常大，那种带有偶然性的成功机会无法满足他们的成功需要；同样，他们也不喜欢成功的可能性很大的工作，因为这种轻而易举就取得的成功对于他们的自身能力不具有挑战性。他们喜欢设定通过自身努力才能达到的奋斗目标。对他们而言，当成败可能性均等时，才是一种能从自身的奋斗中体验成功的喜悦与满足的最佳机会。

　　权力需要是指影响和控制别人的一种愿望或驱动力。不同人对权力的渴望程度也有所不同。权力需要较高的人喜欢支配、影响他人，喜欢对别人"发号施令"，注重争取地位和影响力。他们喜欢具有竞争性和能体现较高地位的场合和情境，他们也会追求出色的成绩，但他们这样做并不像高成就需要者那样是为了个人的成就感，而是为了获得地位和权力或与自己已具有的权力和地位相称。权力需要是管理成功的基本要素之一。

　　亲和需要就是寻求被他人喜爱和接纳的一种愿望。高亲和需要者渴望友谊，喜欢合作而不是竞争的工作环境，希望彼此之间的沟通与理解，他们对环境中的人际关系更为敏感。有时，亲和需要也表现为对失去某些亲密关系的恐惧和对人际冲突的回避。亲和需要是保持社会交往和人际关系和谐的重要条件。

　　在大量的研究基础上，麦克利兰对成就需要与工作绩效的关系进行了十分有说服力的推断。

　　首先，高成就需要者喜欢能独立负责、可以获得信息反馈和中度冒险的工作环境。他们会从这种环境中获得高度的激励。麦克利兰发现，在小企业的经理人员和在企业中独立负责一个部门的管理者中，高成就需要者往往会取得成功。

　　其次，在大型企业或其他组织中，高成就需要者并一定就是一个优秀的管理者，原因是高成就需要者往往只对自己的工作绩效感兴趣，并不关心如何影响别人去做好工作。

再次，亲和需要与权力需要与管理的成功密切相关。麦克利兰发现，最优秀的管理者往往是权力需要很高而亲和需要很低的人。如果一个大企业的经理的权力需要与责任感和自我控制相结合，那么他很有可能成功。

最后，可以对员工进行训练来激发他们的成就需要。如果某项工作要求高成就需要者，那么，管理者可以通过直接选拔的方式找到一名高成就需要者，或者通过培训的方式培养自己原有的下属。

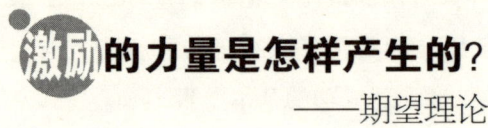

# 激励的力量是怎样产生的？
## ——期望理论

维克托·弗鲁姆是著名的心理学家和行为科学家，早年于加拿大麦吉尔大学获得学士及硕士学位，后于美国密执安大学获博士学位。他曾在宾州大学和卡内基·梅隆大学任教，并长期担任耶鲁大学管理科学"约翰塞尔"讲座教授兼心理学教授。

弗鲁姆对激励理论发展的贡献主要在于：深入研究组织中个人的激励和动机，率先提出了形态比较完备的期望理论模式。

期望理论的基础是：人之所以能够从事某项工作并达成目标，是因为这些工作和组织目标会帮助他们达成自己的目标，满足自己某方面的需要。

弗鲁姆认为，某一活动对某人的激励力量取决于他所能得到结果的全部预期价值乘以他认为达成该结果的期望概率。用公式可以表示为：

$M=V \times E$

其中，M表示激励力量，指调动一个人的积极性，激发出人的潜力的强度。

V表示目标效价，指达成目标后对于满足个人需要其价值的大小。

E表示期望值，指根据以往的经验进行的主观判断，达成目标并能导致某种结果的概率。

弗鲁姆的期望理论辩证地提出了在进行激励时要处理好三方面的关系，这些也是调动人们工作积极性的三个条件。

（1）努力与绩效的关系。人总是希望通过一定的努力达到预期的目标，如果个人主观认为达到目标的概率很高，就会有信心，并激发出很强的工作力量；反之，如果他认为目标太高，通过努力也不会有很好成绩时，就失去了内在的动力，导致工作消极。

（2）绩效与奖励的关系。人总是希望取得成绩后能够得到奖励，当然这个奖励也是综合的，既包括物质上的，也包括精神上的。如果他认为取得绩效后能得到合理的奖励，就可能产生工作热情，否则就可能没有积极性。

（3）奖励与满足个人需要的关系。人总是希望自己所获得的奖励能满足自己某方面的需要。然而由于人们在年龄、性别、资历、社会地位和经济条件等方面都存在着差异，他们对各种需要要求得到满足的程度就不同。

因此，对于不同的人，采用同一种奖励办法能满足的需要程度不同，能激发出的工作动力也就不同。这三方面管理可以用下面的图示表现出来：

个人努力→个人绩效→组织奖励→个人需求

对期望理论的应用主要体现在激励方面，这启示管理者不要泛泛地采用一般的激励措施，而应当采用多数组织成员认为效价最大的激励措施，而且在设置某一激励目标时应尽可能加大其效价的综合值，适当加大不同人实际所得效价的差值。在激励过程中，还要适当控制期望概率和实际概率，加强期望心理的疏导。期望概率过大容易产生挫折，期望概率过小又会减少激励力量；而实际概率应使大多数人受益，最好实际概率大于平均的个人期望概率，并与效价相适应。

# 怎样对经营状况进行全面评价？
## ——组织效能评价标准

斯坦利·E·西肖尔是美国当代的经济学家和社会心理学家，是密执安大学教授。他的学术研究跨越了许多不同领域。他在1965年发表的论文"组织效能评价标准"，在企业管理领域得到很大重视。论文将衡量企业组织效能的各种评价标准及其相互关系组合成一个金字塔型的层次结构，从而使原先处于完全混乱状态的集合体有了逻辑性的秩序。

组织的目标是多种多样甚至是相互矛盾的，他们的重要性也是不同的。西肖尔举了一个例子对其加以说明：一个经理希望自己的公司获得高额利润，同时又能使规模进一步扩大；他希望通过改进产品来确保将来的利润；他还希望公司能避免财务上的风险，要付给投资者大笔红利；并且使雇员们感到满意，维持良好声誉，受到公众尊敬等等。但是他不可能同时使所有这些目标值都达到最大，因为有些目标是互相冲突的，例如，增加红利可能意味着新产品开发资金的减少，所以他必须权衡众多目标的价值。

此例说明：对各种衡量标准以什么方式综合起来才能形成对经营状况的全面评价，需要一种模式。

### 1.　衡量标准及其应用

西肖尔认为要评价各种衡量标准的相依性和相关性，应该先把不同的标准及其用途加以区分。根据各种标准的性质、特点和所涉及的时间范围，具体区分如下：

（1）目标与手段。有些衡量标准代表的是经营活动的结果或目标（如高额利润），它们可根据自身的实现程度予以评价，从这个意义上来说，它们很接近于组织的正式目的。而另外一些标准之所以具有价值，主要是因为它们是达到该组织主要目的所必不可少的手段或条件（如经理人员的责任心）。

（2）时间范围。一些标准考察的是过去（如去年的利润），另一些标准则涉及现在的状况（如资本净值），当然还有一些标准是预期未来的（如计划中的规模增长率）。无论这些标准涉及何种时间范围，在对过去或将来的情况，以及对发展变化趋势作出推论时都可能要用到。

（3）长期与短期。有些标准归属于一个比较短的时期，而另一些则归属于一个较长的时期。它们可能适用于衡量比较稳定的经营活动，也可能适用于衡量比较不稳定的经营活动。如果标准所属的时间与通常的或变量的潜在变化率不相符，那么这个标准的可用程度就很有限。例如，企业当前的营业和财务统计资料对于企业控制生产或进行会计核算这样一类的目的来说是很适合的，但是如果用它们对企业的经营状况进行评价就没有多大价值。

（4）硬指标与软指标。有些衡量标准是根据实物和事件的特点、数量或发生的频率来计量的，可以称之为硬指标，如销售额、次品率等。也有些指标则是根据对行为的定性观察或进行的民意测验的结果来衡量的，可以称之为软指标，如员工是否满意、工作积极性的高低、协作关系的好坏等。

（5）价值判断。有些变量呈线性变化趋势（越来越好），而另一些变量则呈曲线变化趋势（期望某种最优解）。由此，判断这些变量指标孰优孰劣时，就应该与其各自变化的规律和特性相适应。在不能使所有目标同时达到最优的情况下，如何在各个评价指标或变量之间加以权衡、取舍，在相当大的程度上取决于上述曲线的走向和形状。

## 2. 指标层次体系

全面评价一个企业的经营活动，需要考虑以下三个方面的问题：

（1）组织的长期总体目标是否实现以及实现程度。

（2）由若干项短期指标衡量的短期经营业绩，这些指标通常代表着经营的成果，可以由其自身的数值加以判断，将它们综合为一组指标后，往往决定着组织的最终经营情况。

（3）许多从属性低层次子指标群所反映的当前经营效益状况，这预示着实现最终目标或结果的可能性和迄今所取得的进展。

西肖尔提出，衡量组织经营活动的标准可以组成一个呈金字塔型的层次体系。

位于塔顶的是最终标准。它们反映了有限地运用环境资源和机会以达到其长期和正式目标的程度。一般来说，最终标准除非由历史学家们去作结论，否则是无法衡量的。但是最终标准的概念却是评价那些直接衡量组织经营业绩的较次要标准的基础。

位于金字塔中部的是一些中间标准。这些标准是较短期的经营效益影响要素或参数，其内容不超出最终标准的范围，它们可以称作结果性标准。这些标准的度量值本身正是企业要追求的成果，在它们相互之间可以进行比较、权衡和取舍。将它们以某种方式加权组合起来，其综合就决定了最终标准的取值。对经营型组织来说，在这一层次上的典型指标或变量是销售额、生产效率、增长率、利润率等，可能还包括通常行为学方面的软指标，如员工满意度、用户满意度等。而对于非经营型的组织来说，这些中间标准可能主要是行为学方面的。

位于塔底的是一些对组织当前的活动进行评价的标准，这些标准是经过理论分析或根据实践经验确定下来的，他们大体上反映了顺利和充分实

现上述的各项中间标准所必需的前提条件。在这些标准当中，有一部分是将一个组织描述成一个系统的变量，有一部分则代表与中间标准相关的分目标、子目标或实现中间目标所必需的手段。属于这一层次上的标准数目很多，它们形成了一个复杂的关系网络。在这个关系网中包括因果关系、相互作用关系和相互修正关系，其中还有一些标准是根本无法评价的，他们的作用只是减少这个关系网中的不可控变化。对于经营型的组织来说，这一层次上的硬指标可能包括产品数量、短期利润、生产进度、设备停工时间、加班时间等；这一层次的软指标可能包括员工士气、企业信誉、内部沟通的有效性、缺勤率、员工流动率、群体内耗力、顾客忠诚度等。

行为学标准的主要作用在于能改善硬指标对将来可能发生的变化所作出的预测。也就是说，行为学标准能够预示即将来临的机会和即将发生的问题，而且为管理者制定决策提供更为均衡、更为广泛的信息基础。

### 3. 可供选择的理论方法

西肖尔最后在评价经营业绩的时候，要用到描述评价标准体系的系统模式。他认为有三种理论方法可以用来建立该系统模式。

第一种理论方法主张，一个组织要想实现其长期目标，必须连续不断地满足9项基本要求或解决9种基本问题，其中主要包括充分的资源输入、充分的规范的整体化程度、缓解组织内紧张和压力的充分手段、组织内各个部分之间充分地协商等。

第二种理论方法以组织的领导人或经理人员的个人价值观念为出发点。

第三种理论方法目前正在研究之中，它主要是利用一批保险公司的销售部门近12年来的实际数据资料来进行实验，有可能确定大约10项判断保险公司经营状况的中间标准。这些标准相互独立，对公司最终经营业绩影响程度各不相同，而且每一项标准都可借助于一批子标准或分标准进行度量或统计综合。

西肖尔没有把企业作为一个开放的系统进行考虑，因此他的指标层次体系具有很大的局限性，而且随着战略理论的不断发展，依照企业组织战略方向建立评价体系变得非常具有实践意义。但是，他提出的对组织效能进行综合评价的层次系统以及评价过程中要有行为学指标等思想，对我们在管理和评价组织时具有很大的启发意义。

# 为什么文化和领导者是同一硬币的两面？
## ——组织文化

艾德佳·沙因是美国麻省理工斯隆学院教授，1947年毕业于芝加哥大学教育系，1949年在斯坦福大学取得社会心理学硕士学位，1952年在哈佛大学取得博士学位，此后一直任职于斯隆学院。他的主要研究著作包括组织文化和领导、组织心理、职业动力学、咨询过程、重新思考咨询过程等，另外还有几十篇研究论文。以下主要介绍他关于组织文化方面的研究成果。

在20世纪80年代，随着日本企业竞争的快速增强，许多学者开始对日本企业的管理进行研究，结果他们发现日本企业的文化特征是促使企业发展的重要因素。因此，管理学家开始对企业文化或组织文化给予相当高的热情的研究，综合起来主要有以下的内容：

人们进行相互作用时所被观察到的行为准则：包括使用的语言，或者为了表达敬意和态度时类似一些仪式的做法等。

群体规范：如霍桑实验中所揭示的工作群体的规范。

主导性价值观：包括类似于产品质量，价格领导者等组织中所信奉的核心价值观。

正式的哲学：包括处理组织和其利益相关者（如股东、员工、顾客）的关系时应该信奉的意识形态，以及给予组织中各种政策指导的一种哲学（如惠普之道）。

游戏规则：为了在组织中生存而学习的游戏规则，例如，一个新成员必须学会这种规则才能被接受。

组织气候：组织成员在与外部人员进行接触的过程中所传达的组织内部的风气和感情。

牢固树立的技巧：包括组织成员在完成任务时的特殊能力，不凭借文字和其他艺术品就能由一代向另一代传递的处理主要问题的能力等。

思维习惯、心智模式、语言模式：包括组织成员共享的思维框架。

共享的意思：组织成员在相互作用过程中所创造的自然发生的一种理解。

一致性符号：包括创意、感觉和想象等组织发展的特征。这些可能不被完全认同，但是它们会体现在组织的建筑物、文件以及组织其他的物质层面上。

沙因认为对这些内容的讨论都没有涉及文化的本质，他认为文化是一个特定组织在处理外部适应和内部融合问题中所学习到的，由组织自身所发明和创造并且发展起来的一些基本的假定类型，这些基本假定类型能够发挥很好的作用，并被认为是有效的，由此被新的成员所接受。以上所列举的文化不过是更加深层的文化的表象，真正的文化则是隐含在组织成员中的潜意识里，而且文化和领导者是同一硬币的两面，当一个领导者创造了一个组织或群体时就创造了文化。

沙因认为组织文化由以下三个相互作用的层次组成：

（1）物质层：可以观察到的组织结构和组织过程等。

（2）支持性价值观：包括战略、目标、质量意识、指导哲学等。

（3）基本的潜意识假定：潜意识的、缄默的一些信仰、知觉、思想、感觉等。

目前的文化研究大多停止在物质层面和支持性价值观的层面，对于更加深层的事物挖掘不够。

组织文化的细分。沙因综合前人对文化比较的研究成果，对深层的处于组织根底的文化分成以下五个纬度：

（1）自然和人的关系：指组织的中心任务如何看待组织和环境之间的关系，包括认为是可支配的关系还是从属关系，或者是协调关系等。组织持有什么样的假定毫无疑问地会影响到组织战略方向，而且组织的健全性要求组织对于当初的组织/环境假定的适当与否，具有能够随着环境的变化进行调整的能力。

（2）现实和真实的本质：包括组织中对于什么是真实的，什么是现实的，判断它们的标准是什么，如何论证真实和现实，以及真实是否可以被发现等一系列假定。同时包括行动上的规律、时间和空间上的基本概念。

沙因指出在现实层面上包括客观的现实、社会的现实和个人的现实。在判断真实时可以采用道德主义或现实主义的尺度。

（3）人性的本质：包括哪些行为是属于人性的，而哪些行为是非人性，这一关于人的本质假定和个人与组织之间的关系应该是怎样的等假定。

（4）人类活动的本质：包括哪些人类行为是正确的，人的行为是主动或被动的，人是由自由意志所支配的还是被命运所支配的，什么是工作，什么是娱乐等一系列假定。

（5）人际关系的本质：包括什么是权威的基础，权力的正确分配方法是什么，人与人之间关系的应有态势（如是竞争的或互助的）等假定。

沙因认为，组织文化决定了组织价值观，以及在此价值观之下的组织行为，而且深刻地隐含在组织深层的东西，要了解它是非常困难的。通过

对组织构造、信息系统、管理系统、组织发表的目标、典章以及组织中的传说等物质层面的分析，能够推论得到的文化信息是有限的。

如何适应组织内部和外部环境的变化是企业组织经营过程中永远重要的课题，特别是近年来环境变化的速度越来越快，适应环境变化的重要性也越来越高。为了适应变化，企业需要具有新的思考方式和行为方式，可是这种新的方式却很难产生或很难生存。沙因对组织文化的研究为我们认识自己文化的深层本质提供了工具，我们只有从根本上进行改变才能适应新的变化，而不仅仅是简单地改变战略、组织结构、管理系统。

# 美国企业怎样向日本企业学习？
## ——Z理论

Z理论是由美国日裔学者威廉·大内在1981年出版的《Z理论》一书中提出来的，其研究的内容为人与企业、人与工作的关系。

威廉·大内是美国斯坦福大学的企业管理硕士，在芝加哥大学获得企业管理博士学位。他从1973年开始专门研究日本企业管理，经过调查比较日、美两国管理的经验，提出了Z理论。如今，他是加利福尼亚州大学洛杉矶分校的管理学教授。

在Z理论的研究过程中，大内选择了日、美两国的一些典型企业进行研究。这些企业都在本国及对方国家中设有子公司或工厂，采取不同类型的管理方式。大内的研究表明，日本的经营管理方式一般较美国的效率更高，这与20世纪70年代后期起日本经济咄咄逼人的气势是吻合的。因此大内提出，美国的企业应该结合本国的特点，向日本企业管理方式学习，形成自己的管理方式。他把这种管理方式归结为Z理论型管理方式，并对这种方式进行了理论上的概括，称为"Z理论"。该书在出版后立即得到了广泛重视，成为20世纪80年代初研究管理问题的名著之一。

Z理论认为，一切企业的成功都离不开信任、敏感与亲密，因此主张以坦白、开放、沟通作为基本原则来实行"民主管理"。大内把由领导者个人决策、员工处于被动服从地位的企业称为A型组织，他认为当时研究的大部分美国机构都是A型组织。A型组织的特点为：

（1）短期雇用。

（2）迅速的评价和升级，即绩效考核期短，员工得到回报快。

（3）专业化的经历道路，造成员工过分局限于自己的专业，但对整个企业并不了解很多。

（4）明确的控制。

（5）个人决策过程不利于诱发员工的聪明才智和创造精神。

（6）个人负责，任何事情都有明确的负责人。

（7）局部关系。

相反，他认为日本企业具有不同的特点：

（1）实行长期或终身雇佣制度，使员工与企业同甘共苦。

（2）对员工实行长期考核和逐步提升制度。

（3）非专业化的经历道路，培养适合各种工作环境的多专多能人才。

（4）管理过程既要运用统计报表、数字信息等清晰鲜明的控制手段，又注重对人的经验和潜能进行细致而积极的启发诱导。

（5）采取集体研究的决策过程。

（6）对一件工作集体负责。

（7）人们树立牢固的正题观念，员工之间平等相待，每个人对事物均可作出判断，并能独立工作，以自我指挥代替等级指挥。

他把这种组织称为J型组织。

大内不仅指出了A型和J型组织的各种特点，而且还分析了美国和日本各自不同的文化传统以致其典型组织分别为A型和J型，这样，就明确了日本的管理经验不能简单地照搬到美国去。为此，他提出了"Z型组织"的观念，认为美国公司借鉴日本经验就要向Z型组织转化，Z型组织符合美国文化，又能学习日本管理方式的长处，例如，在Z型公司里，决策可能是集体作出来的，但是最终要由一个人对这个决定负责。而这与典型的日本公司（即J型组织）做法是不同的，在日本，没有一个单独的个人对某种特殊事情担负责任，而是一组雇员对应一组任务并负有共同责任。他认为与市场和官僚机构相比，Z型组织与氏族更为相似，并详细剖析了Z型组织的特点。

考虑到由A型组织到Z型组织转化的困难，大内给出了明确的13个步骤，认为这个变革过程一般应如此进行：

（1）参与变革的人员学习领会Z理论原理，挖掘每个人正直的品质，发挥每个人良好的作用。

（2）分析企业原有的管理指导思想和经营方针，关注企业宗旨。

（3）企业的领导者和各级管理人员共同研讨制定新的管理战略，明确大家所期望的管理宗旨。

（4）能够创立高效合作、协调的组织结构和激励措施来贯彻宗旨。

（5）培养管理人员掌握弹性的人际关系技巧。

（6）检查每个人对将要执行的Z型管理思想是否完全理解。

（7）把工会包含在计划之内，取得工会的参与和支持。

（8）确立稳定的雇用制度。

（9）制定一种合理的长期考核和提升制度。

（10）经常轮换工作，以培养人的多种才能，扩大雇员的职业发展道路。

（11）认真做好基层一线雇员的发动工作，使变革在基层顺利进行。

（12）找出可以让基层雇员参与的领域，实行参与管理。

（13）建立员工个人和组织的全面整体关系。

大内认为这个过程要经常重复，而且需要相当长的时间，如10—15年。

# 附：成功激励的28条经验

给猴子一棵树，给老虎一座山。

——中银（香港）总经理刘金宝的用人之道

1.尝试利用自发的社交和体育活动来激励员工。

2.利用小组竞争刺激士气。

3.将管理者的数目减至最低。

4.确信你给的奖励是锦上添花，而非理所应得的薪资。

5.询问你的员工，工作中的每一个改变是否有助于激励他们。

6.尽可能弹性地利用金钱奖励员工，以便激励他们发挥最大的潜能。

7.尽量让员工知道最新消息——搞不清楚状况只会令员工士气溃散。

8.花时间去和员工聊天，而不只是和员工道声早安。

9.对员工有影响的决定，不妨询问他们的意见如何。

10.小心办公室的政治阴谋，并且以身作则，绝不加入。

11.尽早提拔有能力、年轻一点的员工。

12.即使一些目标并未达成，也要奖励成效卓越的工作表现。

13.当你注意到员工的错误时，必须严格且公平，而不是一味地责怪。

14.给一位在过去一年里一直没有任务的员工分派任务。

15.告知员工他们的想法被采用了——以及成功率为多少。

16.考虑所有老资格员工提出的意见。

17.尽可能给员工创造提意见的机会。

18.将目标全盘告知员工，可以使他们表现得更好。

19.初次见到新成员时，要让他们觉得自己很受欢迎。

20.激励每个人的野心，野心能引导成就。

21.不要等到年度评鉴时，才和员工讨论他们的表现。

22.让员工告诉你降低他们工作动机的原因，注意要认真聆听。

23.不管多么不受欢迎，一定要强调改革会给员工带来利益。

24.在失去有价值的团队成员前，尽量利用各种方式加以挽留。

25.提供小型、定期的训练，而非长时间的课程。

26.旁听训练课程，以确保其高质量。

27.如果有个建议被采纳了，就让提议人来完成这个建议。

28.利用证书和刻上姓名的礼物，标示员工的成就。

# 第6章

[哈佛质量管理课]

# 什么是全面质量管理？

## ——TQM

企业成功的实践表明，质量也可以是一种建立组织持续竞争优势的方式。这也就是许多组织将质量管理的概念应用于日常运营以使自己区别于竞争对手的原因。

20世纪80年代，一场质量管理革命席卷了企业界，引起这场革命的是"全面质量管理"（Total Quality Management，即TQM）的理论和技术。代表人物是爱德华·戴明（Edwards Deming）和约瑟夫·朱兰（Joseph Juran）。

美国著名质量管理专家爱德华·戴明提出：在生产过程中，造成质量问题的原因只有10%~15%来自工人，而85%~90%是企业内部在管理系统上有问题。由此可见，质量不仅仅取决于加工这一环节，也不只是局限于加工产品的工人，而是涉及企业各个部门、各类人员。所以，质量的保证要通过全面质量管理来实现。

所谓全面质量管理，就是企业全体人员及各个部门同心协力，把经营管理、专业技术、数量统计方法和思想教育结合起来，建立起产品的研究与开发、设计、生产（作业）、服务等全过程的质量体系，从而有效地利用人力、物力、财力、信息等资源，提供符合规定要求和用户期望的产品和服务。

全面质量管理的核心内容有以下几点。

### 1. 高度关注顾客

重视顾客的需求、研究顾客的需求、响应顾客的需求是TQM的起点。

TQM重新定义了什么是顾客。顾客不仅仅指购买企业产品或服务的外部个人或机构，还包括企业内部相互提供服务的岗位和部门。这种内外部顾客的区分是一大突破。

TQM的另一个创新是改变了对质量的传统认识，指出是顾客而非控制质量的管理者或工程人员定义了什么是质量。TQM界定了企业质量改进的方向和目标，包括以下四个环节的工作：

（1）识别顾客希望从公司提供的产品和服务中得到什么？

（2）识别公司实际上向顾客提供了什么？

（3）识别顾客需求和他们实际得到的之间的差距——质量差距。

（4）制定缩小质量差距的计划。

### 2. 引进了"全面质量"的概念

质量不仅仅涉及最终产品的质量，而且包括组织内部各项工作的质量，衡量质量好坏的标准是各项工作对组织内外部顾客需求的满足程度。

### 3. 找到检验质量的方式

界定了各项工作的"质量"之后，另一个关键因素是设计一套检验程序，管理者可以凭借它来评估质量。基本思路是：先识别出从顾客角度看来是有意义的质量，然后设计出衡量这些质量的方式。衡量的直观性和精确度越高越好。

### 4. 设定质量目标和设计激励方式

一旦检验方式设计出来，管理者的下一步就是设定一个具有挑战性的质量目标，然后根据目标的实现程度给予激励。

### 5. 关注过程，坚持持续改进

不仅要关注最终的工作质量，而且要关注创造质量的过程，因为质量差距往往在创造质量的过程中就已经发生了；同时TQM的一个基本信念就是"质量总有改进的余地"，即使是"非常好"了也还不够。因此管理者和下属要在创造质量的过程中持续地检验质量，发现质量差距，制定缩小质量差距的计划。

### 6. 引入质量圈活动

质量圈是指成立由底层员工参与的质量管理小组，定期聚会讨论提高质量的方式。员工特别是一线员工最清楚导致低质量的原因，因此积极从一线员工那里听取意见，吸收他们参与质量改进过程非常重要。这意味着管理者如果真正希望改进工作质量就必须虚心接受意见，并且对坏消息或者来自员工的批评作出反应。管理者必须愿意接受坏消息，因为坏消息是信息中的金矿，出现每一次失误都意味着出现了一个改进的机会。

# 日本质量管理最高奖以谁的名字命名？

## ——戴明质量管理法

质量是一种以最经济的手段，制造出市场上最有用的产品。

——戴明

爱德华·戴明博士是世界著名的质量管理专家，他对世界质量管理发展作出的卓越贡献享誉全球，以戴明命名的"戴明质量奖"，至今仍是日本质量管理的最高荣誉。作为质量管理的先驱者，戴明学说对国际质量管理理论和方法始终产生着异常重要的影响。

戴明学说简洁明了，其主要观点"十四要点"成为20世纪全面质量管理的重要理论基础。

戴明的"十四要点"如下。

### 1. 创造产品与服务改善的恒久目的

最高管理层必须从短期目标的迷途中归返，转回到长远建设的正确方向，也就是把改进产品和服务作为恒久的目的，坚持经营，这需要在所有领域加以改革和创新。

### 2. 采纳新的哲学

必须绝对不容忍粗劣的原料、不良的操作、有瑕疵的产品和松散的服务。

### 3. 停止依靠大批量的检验来达到质量标准

检验其实是等于准备有次品，等检验出来已经太迟，且成本高、效益低。正确的做法，是改良生产过程。

### 4. 废除"价低者得"的做法

价格本身并无意义，只是相对于质量才有意义。因此，只有管理当局重新界定原则，采购工作才会改变。公司一定要与供应商建立长远的关系，并减少供应商的数目。采购部门必须采用统计工具来判断供应商及其产品的质量。

### 5. 不断地及永不间断地改进生产及服务系统

在每一活动中，必须降低浪费和提高质量，包括采购、运输、工程、方法、维修、销售、分销、会计、人事、顾客服务及生产制造等活动。

### 6. 建立现代的岗位培训方法

培训必须是有计划的，且必须是建立于可接受的工作标准上，必须使用统计方法来衡量培训工作是否奏效。

### 7. 建立现代的督导方法

督导人员必须要让高层管理知道需要改善的地方，当知道之后，管理当局必须采取行动。

### 8. 驱走恐惧心理

所有同事必须有胆量去发问，提出问题，或表达意见。

### 9. 打破部门之间的围墙

每一部门都不应只顾独善其身，而需要发挥团队精神，跨部门的质量圈活动有助于改善设计、服务、质量及成本。

### 10. 取消对员工发出计量化的目标

激发员工提高生产率的指标、口号、图像、海报都必须废除，很多配合的改变往往是在一般员工控制范围之外，因此这些宣传品只会导致反感。虽然无须为员工定下可计量的目标，但公司本身却要有这样的一个目标：永不间歇地改进。

### 11. 取消工作标准及数量化的定额

定额把焦点放在数量上，而非质量上。计件工作制更不好，因为它鼓励制造次品。

### 12. 消除妨碍基层员工工作顺畅的因素

任何导致员工失去工作尊严的因素必须消除，包括不明何为好的工作表现。

### 13. 建立严谨的教育及培训计划

由于质量和生产力的改善会导致部分工作岗位数目的改变，因此所有员工都要不断接受训练及再培训。一切训练都应包括基本统计技巧的运用。

### 14. 创造一个每天都推动以上13项的高层管理结构。

# 什么是"戴明环"?
## ——PDCA循环

戴明博士还最早提出了PDCA循环的概念，所以又称其为"戴明环"，前面所讲的"质量圈"一般也是这个含义，需要注意的是，"质量圈"有时也指朱兰的"质量环"。PDCA循环是能使任何一项活动有效进行的一种合乎逻辑的工作程序，特别是在质量管理中得到了广泛的应用，P、D、C、A四个字母所代表的意义如下：

（1）P（Plan）计划。包括方针和目标的确定以及活动计划的制订。

（2）D（Do）执行。执行就是具体运作，实现计划中的内容。

（3）C（Check）检查。就是要总结执行计划的结果，分清哪些对了，哪些错了，明确效果，找出问题。

（4）A（Action）行动（或处理）。对总结检查的结果进行处理，成功的经验加以肯定，并予以标准化，或制定作业指导书，便于以后工作时遵循；对于失败的教训也要总结，以免重现。对于没有解决的问题，应交给下一个PDCA循环中去解决。

PDCA循环有以下四个明显特点。

### 1. 周而复始

PDCA循环的四个过程不是运行一次就完结，而是周而复始地进行。一个循环结束了，解决了一部分问题，可能还有问题没有得到解决，或者又出现了新的问题，再进行下一个PDCA循环，以此类推，如图5所示。

### 2. 大环带小环

类似行星轮系，一个公司或组织的整体运行的体系与其内部各子体系的关系，是大环带小环的有机逻辑组合体。如图6所示。

### 3. 阶梯式上升

PDCA循环不是停留在一个水平上的循环，不断解决问题的过程就是水平逐步上升的过程，如图7所示。

### 4. 统计的工具

PDCA循环应用了科学的统计观念和处理方法。作为推动工作、发现问题和解决问题的有效工具，典型的模式被称为"四个阶段"、"八个步骤"和"七种工具"。四个阶段就是P、D、C、A；八个步骤是：

第一步：分析现状，发现问题。

第二步：分析质量问题中各种影响因素。

第三步：分析影响质量问题的主要原因。

第四步：针对主要原因，采取解决的措施。

为什么要制定这个措施？

达到什么目标？

在何处执行？

由谁负责完成？

什么时间完成？

怎样执行？

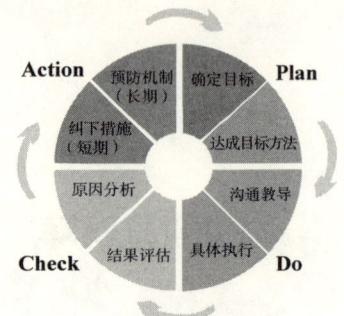

图5　周而复始的PDCA循环

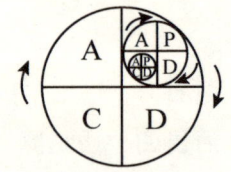

图6　大环套小环

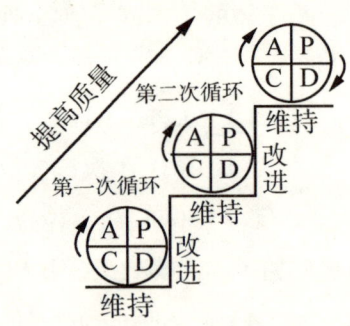

图7　阶梯式上升

第五步：执行，按措施计划的要求去做。

第六步：检查，把执行结果与要求达到的目标进行对比。

第七步：标准化，把成功的经验总结出来，制定相应的标准。

第八步：把没有解决或新出现的问题转入下一个PDCA循环中去解决。

通常，七种工具是指在质量管理中被广泛应用的直方图、控制图、因果图、排列图、相关图、分层法和统计分析表。

戴明学说反映了全面质量管理的全面性，说明了质量管理与改善并不是个别部门的事，而是需要由最高管理层领导和推动才可奏效的。戴明学说的核心可以概括为：

（1）高层管理的决心及参与。

（2）群策群力的团队精神。

（3）通过教育来提高质量意识。

（4）质量改良的技术训练。

（5）制定衡量质量的尺度标准。

（6）对质量成本的分析表认识；不断改进运动。

（7）各级员工的参与。

## 如何实现管理的突破？
——朱兰的质量管理论

质量是一种合用性，而"合用性"是指使产品在使用期间能满足使用者的需求。事实证明，TQM带给企业一个强烈的呼声，一个新的工作动力，一种新的管理方法。为此，我们对TQM必须全力以赴，再接再厉。因为TQM给我们的企业经营提供了一种新的管理方法和体系。

朱兰博士是世界著名的质量管理专家，他所倡导的质量管理理念和方法始终深刻影响着世界企业界以及世界质量管理的发展。他的"质量计划、质量控制和质量改进"被称为"朱兰三部曲"。他最早把帕累特原理引入质量管理。《管理突破》是他的经典之著。由朱兰博士主编的《质量控制手册》被称为当今世界质量控制科学的名著，为奠定全面质量管理的理论基础和基本方法作出了卓越的贡献。

朱兰博士所提出的"管理突破历程"，综合了他的基本学说，以下是此历程的七个环节。

**1. 突破的势态**

管理层必须证明突破的急切性，然后创造环境使这个突破能实现。要去证明此需要，必须搜集资料说明问题的严重性，而其中最具说服力的就是质量成本。为了获得充足的资源去推行改革，必须把预期的效果用货币形式表达出来，以投资回报率的方式来展示。

**2. 突出关键的少数项目**

在众多的问题中，找出关键性的少数。利用帕累特法分析，突出关键的少数，再集中力量优先处理。

**3. 寻找知识上的突破**

成立两个不同的组织去领导和推动变革——其一可称之为"策导委员会"，另一个可称为"论断小组"。策导委员会由来自不同部门的高层人员组成，负责制定变革计划、指出问题原因所在、授权作试点改革、协助克服抗拒的阻力及贯彻执行解决方法。诊断小组则由质量管理专业人士及部门经理组成，负责寻根究底。

**4. 进行分析**

诊断小组研究问题的表征、提出假设以及通过试验来找出真正原因。

另一个重要任务是决定不良产品的出现是操作人员的责任还是管理人员的责任（若说是操作人员的责任，必须是同时满足以下两项条件：操作人员清楚知道他们要做的是什么，有足够的资料数据表明他们所做的效果以及有能力改变他们的工作表现）。

### 5. 决定如何克服变革的抗拒

变革中的关键任务必须明确变革对他们的重要性。单是靠逻辑性的论据是绝对不够的，必须让他们参与决策及制定变革的内容。

### 6. 进行变革

所有进行变革的部门必须要通力合作，这是需要说服功夫的。每一个部门都要清楚知道问题的严重性、不同的解决方案、变革的成本、预期的效果以及估计变革对员工的冲击及影响。管理者必须给予员工足够时间去酝酿及反省，并提供适当的训练。

### 7. 建立监督系统

变革推行过程中，必须有适当的监督系统定期反映进度及有关的突发情况。正规的跟进工作异常重要，足以监督整个过程及解决突发问题。

## 质量是怎样螺旋式提高的？
—— 质量环

朱兰博士提出"质量环"的概念，是指为了获得产品的合用性，需要进行一系列的工作活动。也就是说，产品质量是在市场调查、开发、设计、计划、采购、生产、控制、检验、销售、服务、反馈等全过程中形成的，同时又在这个全过程的不断循环中螺旋式提高，所以也称为质量进展螺旋。如图8所示。

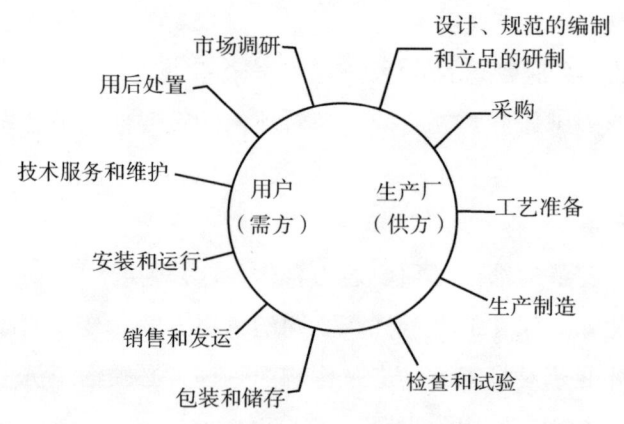

**图8　质量环**

国际标准 ISO8402已经为"质量环"定义：从识别需要到评价这些需要是否得到满足的各个阶段中，影响质量的相互作用活动的概念模式。

朱兰博士还尖锐地提出了质量责任的权重比例问题。他依据大量的实际调查和统计分析认为，在所发生的质量问题中，追究其原因，只有20%来自基层操作人员，而有80%的质量问题是由于领导责任所引起的。在国际标准 ISO9000中，与领导责任相关的要素所占的重要地位，在客观上证实了朱兰博士的"8020"原则所反映的普遍规律。

朱兰博士还认为，现代科学技术、环境与质量密切相关。他说："社会工业化引起了一系列环境问题的出现，影响着人们的生活质量。"随着全球社会经济和科学技术的高速发展，质量的概念必然拓展到全社会的各个领域，包括人们赖以生存的环境质量、卫生保健质量以及人们在社会生活中的精神需求和满意程度等。朱兰博士的生活质量观反映人类经济活动的共同要求：经济发展的最终目的，是为了不断地满足人们日益增长的物质文化生活的需要。

# 如何实现质量99.9997%的合格率？

## ——六西格玛管理

六西格玛（Six Sigma）管理作为一种全新的管理模式，充分体现着量化科学管理的思想理念。在中国推广六西格玛，对众多企业来说，传统的经验式管理与现代量化管理形成明显的观念冲突。所以，企业管理的现代化首先是思想观念的现代化。

六西格玛质量策略是建立在测量、试验和统计学基础上的现代质量管理方法。由摩托罗拉公司于1986年首创，作为全面满足客户需求的关键经营战略，经过十多年的发展，逐渐被众多一流公司采用。

20世纪80年代到90年代初期，摩托罗拉是众多市场不断被日本竞争对手吞食的西方公司之一。当时摩托罗拉的领导人承认其产品质量低劣。1986年，摩托罗拉公司的比尔·史密斯提出了一种质量管理新方法，就是六西格玛方法。在公司主席鲍伯·高尔文的支持下，六西格玛方法在公司范围内得到推广。

实施六西格玛方法仅仅两年，摩托罗拉就获得了马可姆·波里奇国家质量奖。1986—1997年，实施六西格玛方法使销售额增长5倍，利润平均每年增长20%；带来的节约额累计达140亿美元；股票价格平均每年上涨21.3%。

希腊字母 σ（音Sigma，大写为 Σ）是统计学里的一个单位，表示与平均值的标准偏差。六西格玛质量水平表示在生产或服务过程中有百万次出现缺陷的机会仅出现3.4个缺陷，即达到99.9997%的合格率。实行六西格玛质量计划要求管理层全面介入，并由经过特殊培训的内部六西格玛质量计划的专职人员以及项目负责人组织实施，以实现减少偏差、提高过程能力的短期目标和达到六西格玛的世界一流水平的长期目标。

六西格玛是企业走向精细化科学管理的一个质量目标，这个质量目标是企业内各个部门共同努力才能够整体实现的。摩托罗拉、通用电气等公司推行六西格玛的成就，也是业务部门内部成百上千个影响产品设计、生产、服务的一个个改进努力的结果。六西格玛方法影响了几十个管理流程和交易流程。例如，在顾客支持和产品派送上，对顾客需求的更好理解和对评估体系的改进，使公司能够迈出更大的步伐来追求服务的改进和产品的及时派送。

**人们把六西格玛管理最核心的内涵概括为以下六个方面：**

（1）以顾客为关注重心是六西格玛的灵魂。

（2）基于事实和数据驱动的管理方法。基于事实和数据，也就是注重统计方法和工具的运用，而不是基于经验和个人的主观臆断，这可以说是六西格玛核心战斗力的源泉。

（3）聚焦于流程改进。流程不是具体的工作任务或目标而是六西格玛的关键，这一点确保了六西格玛的持续性。

（4）有预见的积极管理。

（5）无边界合作。这是对传统组织成本的否定，它能够使得六西格玛能够以项目制的方式在一个传统的组织结构内突破式地前进，以点带面地创造一种新文化。

（6）追求完美，容忍失误。这不仅是六西格玛能够成功实施的外部保障，更是六西格玛能够创造的一种新文化，正是这种新的文化内涵使得六西格玛超越了一种单纯的管理技术，它代表的是一种人们对新秩序的渴望。

六西格玛管理法有不少成功的案例。

摩托罗拉：摩托罗拉首先发明了六西格玛这个综合管理系统的概念。比尔·史密斯发明的六西格玛管理法是一种革新性的改进方法，是一种对顾客需求满足情况简单而持续地进行追踪和比较（六西格玛管理法评估）的方法，以及对产品实际使用质量所期望目标（六西格玛管理法目标）的不懈追求。1986—1997年，在实施六西格玛管理法的十年中，摩托罗拉的销售额增长5倍，利润平均每年增加20%。实施六西格玛管理法带来的节约额累计达140亿美元，摩托罗拉的股票价格平均每年上涨21.3%。

通用电气：实施六西格玛管理法后，收益的增长速度不断加快。1998年年底的收益是7.5亿美元，1999年年底达到15亿美元。预计21世纪前十年中，通用电气的收益将会达到50亿美元。这种扩张就是六西格玛管理法对公司财务贡献的证明。

福特公司：除了将六西格玛用在制造流程外，福特公司对于一般行政管理、商业交易及服务等也运用六西格玛管理法来管理。他们把顾客的意见变成规格，用 σ 的数量把服务的品质具体化，利用六西格玛的工具解决每个问题。福特公司实施六西格玛管理法一年多后，已陆续完成十多个项目，包括涂装厂的品质改善、提升服务客户效率以及增加顾客贷款满意度等，节省下的金额已经超过100万美元。

六西格玛管理法的与众不同之处在于：它不是一种商业时尚系统，而是一个能提高业务领导能力和绩效的灵活系统。要想在企业内部成功实施六西格玛管理法，必须注意以下几点：

（1）辨别核心流程和关键顾客，以便对企业中最为关键的一些跨部门活动及其与外部顾客之间的界面有一个清晰的、全面的整体了解。

（2）定义顾客需求，以便根据实际顾客数据设立绩效评估标准，从而精确评估流程的效率和能力，并预测顾客的满意度。

（3）评估企业当前绩效，以便根据可定义的顾客需求，精确评估每个工作流程的绩效，并建立起专门评估关键产出或服务特征的评估体系。

（4）辨别优先次序、分析和实施改进，以便区分高潜力的改进机会，找到基于流程的、为事实分析和创造性思维所支持的解决方法。

（5）扩展并整合六西格玛管理法系统，以便实施持续的业务活动，促进绩效的改善，确保对产品、服务流程和工作程序的持续评估、再检查和更新。

# 如何更敏捷地完成订单？
## ——供应链管理

所谓供应链，其实就是由供应商、制造商、仓库、配送中心和渠道商等构成的物流网络。同一企业可能构成这个网络的不同组成节点，但更多的情况下是由不同的企业构成这个网络中的不同节点。例如，在某个供应链中，同一企业可能既在制造商、仓库节点，又在配送中心节点等占有位置。在分工愈细，专业要求愈高的供应链中，不同节点基本上由不同的企业组成。在供应链各成员单位间流动的原材料、在制品库存和产成品等就构成了供应链上的货物流。

所谓供应链管理，就是指在满足一定的客户服务水平的条件下，为了使整个供应链系统成本达到最小而把供应商、制造商、仓库、配送中心和渠道商等有效地组织在一起来进行产品制造、转运、分销及销售的管理方法。

**供应链管理包含着丰富内涵：**

（1）供应链管理把产品在满足客户需求的过程中对成本有影响的各个

成员单位都考虑在内，包括从原材料供应商和制造商到仓库再经过配送中心到渠道商。不过，实际上在供应链分析中，有必要考虑供应商的供应商以及顾客的顾客，因为他们对供应链的业绩也是有影响的。

（2）供应链管理的目的在于追求整个供应链的整体效率和整个系统费用的有效性，总是力图使系统总成本降至最低。因此，供应链管理的重点不在于简单地使某个供应链成员的运输成本达到最小或减少库存，而在于通过采用系统方法来协调供应链成员以使整个供应链总成本最低，使整个供应链系统处于最流畅的运作中。

（3）供应链管理是围绕把供应商、制造商、仓库、配送中心和渠道商有机结合成一体来展开的，因此它包括企业许多层次上的活动，如战略层次、战术层次和作业层次等。

尽管在实际的物流管理中，只有通过供应链的有机整合，企业才能显著地降低成本和提高服务水平，但是在实践中供应链的整合是非常困难的，这是因为：首先，供应链中的不同成员存在着不同的且相互冲突的目标。例如，供应商一般希望制造商进行数量稳定的大量采购，而交货期可以灵活变动；与供应商愿望相反，尽管大多数制造商愿意实施长期生产运转，但他们必须顾及顾客的需求及其变化并作出积极响应，这就要求制造商灵活地选择采购策略。因此，供应商的目标与制造商追求灵活性的目标就不可避免地存在矛盾。

（4）供应链是一个动态的系统，随时间而不断地变化。事实上，不仅顾客需求和供应商能力随时间而变化，而且供应链成员之间的关系也会随时间而变化。例如，随着顾客购买力的提高，供应商和制造商均面临着更大的压力来生产更多品种且更具个性化的高质量产品，进而最终生产定制化的产品。

研究表明，有效的供应链管理总是能够使供应链上的企业获得并保持稳定持久的竞争优势，进而提高供应链的整体竞争力。统计数据显示，供应链管理的有效实施可以使企业总成本下降20％左右，供应链上的节点企业按时交货率提高15％以上，订货到生产的周期时间缩短20％~30％，供应链上的节点企业生产率增值提高15％以上。已经有越来越多的企业认识到实施供应链管理所带来的巨大好处。

我们可以来看一下戴尔的直线订购模式。直线模式是根据客户的具体需求，而不是根据市场的预测制订生产计划的。直线模式并不等于直销，直线模式的真正核心在于直销背后的一系列包括采购、生产、配送等环节在内的快速反应，利用一切先进的通讯方法和自己的顾客保持联系，了解每一位顾客的独特需求，细分产品。许多公司的生产过程都是优先于销售，在接到订单前早已经生产好了产品，等着顾客来购买，这样很容易造成产品的库存积压，而戴尔的方式则是先了解顾客的需求，然后再生产。

在戴尔直线模式的背后，是其出色的供应链管理，它能在收到顾客个人化需求的订单后，立即向不同的供应商采购材料，迅速转入生产，再交给快递公司分发送货。在整个过程中，戴尔能保证公司的实际材料库存量始终保持在最低水平，从而使产品的价格更具有竞争力。整条供应链管理的关键：一是客户服务，二是物料配送。戴尔充分利用了互联网，通过互联网能够和每一位客户都维持一对一的详尽对话，尽可能多地搜集到客户信息和客户要求；客户也能通过互联网发送各自的订单，提出自己的服务要求。在戴尔的公司内部，有一个专门处理客户信息的系统，它能对不同的客户信息进行分类，对客户的订单进行处理并且自动传递到采购和生产部门。通过电子网络，戴尔和上游配件制造商组成了一个虚拟企业，在这个虚拟企业中，供应商变成了戴尔的一个零件提供部门，互相之间联系紧密。当戴尔接到客户从网上发出的购买电脑的电子订单以后，公司的配置中心会把整张订单分解成一张张的零件采购订单，通过网络发给配件供应商，各个供应商在收到订单以后，马上会组织生产，在指定的期限内发货给戴尔，收到零件以后，戴尔公司只需在生产车间进行组装，就可以把成品包装发送了。

从戴尔的做法中，我们看到现代供应链管理相比传统供应链管理，它的内容发生了很大变化，这个变化首先是理念和关注点的变化。传统的供应链管理，强调的是它的效能，即强调怎样节约成本；而新的供应链管理强调它的敏捷性，关注怎样提高响应客户的速度。传统的供应链管理强调大规模生产；新的供应链管理则强调大规模定制，即为客户定制产品或服务，还包括为客户提供各种信息。传统的供应链管理强调的是企业内部的协调；新的供应链管理则更强调与上下游企业的整合（外部协调）。

## 如何使人达成目标共识并有效完成复杂项目？
### ——IBM的过程质量管理

IBM利用过程质量管理方法解决许多公司的经理都曾经遇到的问题：如何使一个工作组就目标达成共识并有效地完成一个复杂项目。在企业内部团队活动日益增多的情况下，这种方法无疑可以帮助一个项目小组确定工作目标，统一意见并制定具体的行动计划，而且可以使小组所有成员统一目标，集中精力于对公司或小组具有重要意义的工作上。当然，这种方法也可以为面临困难任务、缺乏共识或在主次工作确定及方向上有分歧的工作组提供冲破疑难的方法和动力。

IBM的过程质量管理的基础是一个为期两天的会议，所有小组成员都在会议上参与确定项目任务及主次分配。具体的步骤如下：

第一步：建立一个工作小组。工作小组应至少由与项目有关的12人组成。该组成员可包括副总裁、部门经理及其手下高层经理，也可包括与项目有关的其他人员。工作小组的组长负责挑选组员，并设定一个讨论会主持人。主持人应持中立立场，其利益不受小组讨论结果的影响。

第二步：召开一个为期两天的会。每一个组员以及会议主持人必须到会，但非核心成员或旁听者不允许参加。最好避免在办公室开会，以免别人打扰。

第三步：写一份关于任务的说明。写一份简洁且征得每个人同意的任务说明。如果工作小组仅有"为欧洲市场制定经营战略计划"这样的开放性指示，写任务说明就比较困难。如果指示具体一些，如在所有车间引进JIT存货控制，那么写任务说明就较简单，但仍需小组事先讨论；而在会议中，应由会议主持人而不是组长来掌握进程。

第四步：进行头脑风暴式的讨论，组员将所有可能影响工作小组完成任务的因素列出来。主持人将所提到的因素分别用一个重点词记录下来。每个人都要贡献自己的想法，在讨论过程中不允许批评和争论。

第五步：找出重要成功要素，这些因素是工作小组要完成的具体任务。主持人将每一重要因素记录下来，通常可以是"我们需要……"或"我们必须……"。列举重要成功因素时有四个要求：

（1）每一项因素都得到所有组员的赞同。

（2）每一项因素确实是完成工作小组任务所必需的。

（3）所有因素集中起来，足以完成该项任务。

（4）每一项因素都是独立的——不用"和"来表述。

第六步：为每一个重要成功因素确定业务活动过程。针对每一个重要成功因素，列出实现它所必需的工作。工作说明应当具体，应能指导行动。例如，对顾客进行调查，找出需要改进的产品特色。把对各项工作的说明分派给每位组员，但每人所得不要超过四项。

第七步：填写项目图。按业务活动过程对项目成功的重要程度，在项目图上列出每一业务活动过程。首先，针对每个重要成功因素，确定哪些业务活动过程最为重要。同时，要确保找出的业务活动过程不仅必要足以达到相应的重要成功因素。其次，为每一重要成功因素所需的业务活动过程求出总数。最后，用下列标准评估本企业在现阶段执行每一业务活动过程的情况：

　　A=优秀；B=好；C=一般；D=差；E=尚未执行。

　　第八步：填写优先工作图。先将业务活动过程按重要性排序，再按其目前在本企业的执行情况排列。以执行情况为横轴，以优先程度（以每一业务活动相关的重要成功因素的数目为标准，涉及的数目越多，越优先）为纵轴，在优先工作图上标出各业务活动过程。然后在图上划出第一、第二、第三位优先区域。应由工作小组决定何处是处于首要地位的区域。但一般来说，首要优先工作区域是能影响许多重要成功因素且目前执行不佳的区域。但是，如果把第一位优先区域划得太大，囊括了太多业务活动，就不可能迅速解决任何一个过程了。

　　第九步：后续工作。工作小组会议制定了业务过程，并列出了要优先进行的工作，组长则应做好后续工作，检查组员是否改进了被分配的业务过程，看企业或其工作环境中的变化是否要求再开过程质量管理会议来修改任务、重要成功因素或业务活动过程表的内容。

　　IBM的过程质量管理可以应用于企业管理的很多方面，尤其在近两年，过程管理成为许多优秀企业改进绩效、不断进步的重要改革举措，它使整个企业的管理更具有系统性和全局性。在总的环境变化趋势下，IBM的过程质量管理的确对中国企业的现代管理具有重要的指导意义和实用价值。

# 怎样提升功能、降低成本?
## ——价值分析

价值分析又称为价值工程，是一门新兴的管理技术，是降低成本、提高经济效益的有效方法。它是20世纪40年代起源于美国的，麦尔斯是它的创始人。

第二次世界大战之后，由于原材料供应短缺，采购工作常常碰到难题。经过实际工作中孜孜不倦地探索，麦尔斯发现有一些相对不太短缺的材料可以很好地替代短缺材料的功能。后来，麦尔斯逐渐总结出一套对解决采购问题有效的方法，并且把这种方法的思想及应用推广到其他领域。1955年，这一方法传入日本后，与全面质量管理相结合，得到进一步发扬光大，成为一套更加成熟的价值分析方法。

所谓价值工程，指的都是通过集体智慧和有组织的活动对产品或服务进行功能分析，使组织以最低的总成本，可靠地实现产品或服务的必要功能，从而提高产品或服务的价值。价值工程的主要思想是通过对选定研究对象的功能及费用分析，提高对象的价值。这里的价值，指的是反映费用支出与收益之间的比例，用数学比例式表达如下：

价值=功能/成本

**提高价值的基本途径有以下五种：**

（1）提高功能，降低成本，大幅度提高价值。

（2）功能不变，降低成本，提高价值。

（3）功能有所提高，成本不变，提高价值。

（4）功能略有下降，成本大幅度降低，提高价值。

（5）提高功能，适当提高成本，大幅度提高功能，从而提高价值。

麦尔斯在长期实践过程中，总结了一套开展价值工作的原则，用于指导价值工程活动的各步骤的工作。这些原则是：

（1）分析问题要避免一般化、概念化，故要作具体分析。

（2）收集一切可用的成本资料。

（3）使用最好的、最可靠的情报。

（4）打破现有框框，进行创新和提高。

（5）发挥真正的独创性。

（6）找出障碍，克服障碍。

（7）充分利用有关专家，扩大专业知识面。

（8）对于重要的公差，要换算成加工费用来认真考虑。

（9）尽量采用专业化工厂的现成产品。

（10）利用和购买专业化工厂的生产技术。

（11）采用专门生产工艺。

（12）尽量采用标准。

（13）以"我是否这样花自己的钱"作为判断标准。

这13条原则中，第1条至第5条是属于思想方法和精神状态的要求，提出要实事求是，要有创新精神；第6条至第12条是组织方法和技术方法的要求，提出要重专家、重专业化、重标准化；第13条则提出了价值分析的判断标准。

**遵循上述原则，价值分析通过以下五个阶段开展工作：**

第一阶段：选定价值分析的对象。进行一项价值分析，首先需要选定价值分析的对象。一般来说，价值工程的对象是要考虑社会生产经营的需要以及对象价值本身被提高的潜力。

例如，可以选择占成本比例大的原材料部分作为价值分析的对象。如果能够通过价值分析降低费用、提高价值，那么这次价值分析对降低产品总成本的影响也会很大。

当面临多个方面都需要价值分析的情况时，如生产经营中的产品功能、原材料成本都需要改进时，可以采取ABC分析法确定最关键的分析对象，以确定价值分析的优先顺序。

第二阶段：收集情报资料。选定价值分析的对象后，需要收集分析对象的相关情报，包括用户需求、销售市场、技术进步状况、经济分析以及本企业的实际能力等。价值分析中能够确定的方案的多少以及实施成果的大小与情报的准确程度、及时程度、全面程度密切相关。

第三阶段：功能分析。有了较为全面的情报之后就可以进入价值工程的核心阶段——功能分析。在这一阶段要进行功能的定义、分类、整理、评价等步骤。

第四阶段：提出改进方案，分析、评价和实施方案。经过分析和评价，分析人员可以提出多种方案，从中筛选出最优方案加以实施。在决定实施方案后应该制定具体的实施计划，提出工作的内容、进度、质量、标准、责任等方面的内容，确保方案的实施质量。

第五阶段：评价活动成果。为了掌握价值工程实施的成果，还要组织成果评价。成果的评价和鉴定一般以产生的经济效益、社会效益为主。

上述五阶段的工作，实际上是发现矛盾、分析矛盾和解决矛盾的过程，通常是围绕以下七个合乎逻辑程序的问题展开的：

（1）这是什么？

（2）这是干什么用的？

（3）它的成本是多少？

（4）它的价值是多少？

（5）有其他方法能实现这个功能吗？

（6）新的方案成本是多少？功能如何？

（7）新的方案能满足要求吗？

按顺序回答和解决这七个问题的过程，就是价值工程的工作程序和步骤，即：选定对象，收集情报资料，进行功能分析，提出改进方案，分析和评价方案，实施方案，评价活动成果。

价值工程虽然起源于材料和代用品的研究，但这一原理很快就扩散到各个领域，具体做法有：工程价值分析、产品价值分析、技术价值分析、设备价值分析、原材料价值分析、工艺价值分析、零件价值分析和工序价值分析、经营品种价值分析、施工方案的价值分析、质量价值分析、产品价值分析、管理方法价值分析、作业组织价值分析等。

在实践过程中，当我们将价值工程的概念应用于人力资源的领域时，人自然而然地成为价值研究的对象。我们可以将人的功能加以分析，然后与具体工作岗位的要求相对应，应用价值系数评价来确定人员价值和群众价值，然后确定实施方案或者对实际方案进行改进，从而达到提高组织人员绩效的目的。

# 第7章

[哈佛人员管理课]

# 如何**管理员工的长处**？
——Lifo管理系统

　　Lifo管理系统是20世纪60年代末由从事心理学和企业管理研究的凯翠尔博士和斯图尔特·阿特金斯提出来的。他们一直致力于探索出一套最大程度发挥企业员工积极性和创造潜能的管理系统。他们在为企业作工作绩效评估的顾问工作时，感到现有的用于评估经理人员和普通员工工作成绩的手段有一个致命的缺陷，那就是：评估者容易扮演上帝的角色，用一套貌似公平的标准去评判对方；而被评估者因觉得焦虑不安、自尊心受到挫伤而容易产生抵触情绪。他们认为有必要创造一套全新的探索自我与了解别人的工具，这套工具要让人们不带攻击性地去正面探索自我，并将探索所得的智慧与人共享，以使工作中的人群相处得更好，以更好地发挥自我在工作中的潜能，开创个人和企业组织发展的新境界。

　　Lifo全称为Life orientation，即人生取向，又被称作"长处管理策略"。其基本理论核心是：通过辨认个人的长处和取向，来确定自己是何种人，了解自己的长处，从而达到建设性地运用自己的长处，使自己变得更有效能。

　　Lifo系统受到了三方面人生指挥思想的启迪。人本主义大师埃里克·弗罗姆在他的专著《为自己而活》中，说出了一句意味深长的话："我们的缺点往往只不过是个人长处的过度表现。"Lifo系统中关键性的观点由此产生：一个人事业的成功与否取决于能否管理自己的长处，就好比企业经理的成功与否取决于能否运用人力、科技、资金和管理等资源，以达到预定目标一样。Lifo系统同样受到管理大师彼得·德鲁克的《管理实践》一书的影响，德鲁克认为，管理不只是一套技巧，也是一种态度。管理各种资源的"管理者"应该选定目标，朝着目标不断地前进，并在未能达到预定成果时改变或调整努力方向。这样的管理态度不仅仅可以运用在工作上，也可以运用在任何人生大事上，如保持健康、保持快乐和获得财富等。弗罗姆和德鲁克思考的问题都是如何发展使人管理自己才华、发挥自己才华从而达到目标的方法。Lifo就是根据这一理念而衍生出的现实方法。

另外，心理学家卡·罗杰斯对咨询、改变和学习过程的本质所做的思考，给了两位Lifo的创造者很大的启发。罗杰斯发现，试着去了解和接纳一个人，比单纯地去改变一个人，更能激发对方改变和发展自己的愿望。常规的社会科学的训练，使人们习惯于用固定的理论来评价对方，却没有意识到这样做往往使对方产生自卫性的反感。

Lifo的核心是一份特别设计的问卷，它能辨认并量化对方人生的态度或取向，并找出它们和四个Lifo行为风格的关联性。

（1）卓越型：有卓越型的人生目标的人"被看做是一个有回报和有价值的人"，他们的基本取向通常是"如果我认真负责，并且明确显示自我价值，那么我不必索取也会得到奖赏。"

卓越型的人的优点是为他人着想、理想化、谦虚、信赖、忠诚、接受性强、追求卓越、合作。但当这些优点被过度发挥时，就会相对出现否定自己、空想、轻信、愚忠、被动、过度投入、完美主义者、盲从等特点。

（2）行动型：有行动型的人生目标的人"被看成是一个主动而有能力的人"，他们的基本取向是"我想要事情发生，我必须使它发生"。行动型的人的优点是反应快、自信、求变、遇事质疑、强而有力、有竞争性、富有冒险精神、坚持且急切，但这些优点过度发挥时，则会冲动、没定性、胁迫、好争辩、赌性强、没耐性。

（3）理性型：有理性型的人生目标的人"被看成是客观而合理的人"，他们的基本取向是"我必须维持我现有的一切，并运用现有的资源，谨慎而有条理地以过去的基础建立未来"。这类风格的人经常是独善其身、对一切事情以理性客观的标准来衡量，他们的想法经常是"如果每个人都能理性，就不须管别人"，因此，相当重视游戏规则。

理性型的人的优点是坚韧、踏实、善于盘算、保留、讲求事实、有原则、周全、做事讲求方法、具有分析能力且稳健，相对缺点是墨守成规、缺乏想象力、吝啬、难沟通、易受限于资料、固执、学究式的苦心劳神、挑剔及过分小心。

（4）和谐型：有和谐型的人生目标的人"被看成一个让人欣赏和受欢迎的人"，他们的基本取向是"只有在我能先满足别人的需求和情感时，我才期望得到奖励"。这类人通常非常重视别人的要求。和谐型的人的优点是善于变通、有实验精神、善于应对、热忱、机敏、适应力强、擅长交际、优秀的谈判者、具幽默感，相对缺点是前后不一致、漫无目标、阿谀奉承、过于迁就、没有定见、易妥协、轻佻。

不将人分类，不给人贴标签，Lifo用描述性及不乏批评性的语言了解复杂的人类行为和价值观。Lifo的精髓在于：它通过问卷方式，使你更了解自己和别人的风格和长处，通过一套训练课程，使长处的应用和效果有大幅度的改善；它是要发展和管理既有的长处，而不是要试着去进行改变人。它认为，所有的风格都能有所贡献，所以每个人的目标应放在如何视情况而有效运用适当的风格。

通过Lifo独有的评量问卷、应用课程、个人咨询辅导和企业发展应用等手段，企业和其员工可以得到具体的帮助；企业可以提高组织各阶层的士气，实现更佳的团队合作；减少人际关系中无效益的活动，寻求较佳的解决问题之道；将个人长处与合适的工作岗位搭配，协助主管处理压力情况及有效领导不同风格的下属；协助提高销售人员和服务人员的工作成绩，帮助他们学会如何辨识特定顾客并找出有效的影响决策者的方法。

# 如何触发员工的自我控制力？
## ——横山法则

日本社会学家横山宁夫指出：最有效并持续不断的控制不是强制，而是触发个人内在的自我控制。微软是个公平的公司，这里几乎没有特权。盖茨也只是这两年才有了自己的一个停车位。以前他来晚了，就得自己到处去找停车位。正是这种公平和富有挑战性的工作环境，促成了微软员工巨大的工作热情，这种热情就是管理员工的最大工具。在微软，员工基本上都是自己管理自己。

增强员工的自我控制可以大大提高管理的效率，这一点已经受到了国内许多企业的重视。青岛澳柯玛集团在这一点上就作出了不俗的成绩。作为国有特大型企业集团，澳柯玛始终恪守人本管理的原则，成功地建立起了以"善待员工，厚爱企业"为核心的企业文化，大大加快了企业的发展，同时调动了职工爱岗敬业的积极性，有效地促进了员工们的自我管理。

对企业来说，出现劳资纠纷是最平常不过的事情。但在澳柯玛，这种现象没有发生过，也从未发生过员工上访的情况。因此，青岛市授予澳柯玛"信访工作先进单位"的荣誉称号。而这正是澳柯玛善待员工的一个注脚。

澳柯玛集团公司特别注重通过人性化管理和为职工谋福利来谋求发展。这些年来，从为职工解决住房、进行技术培训、开展困难救助到改善工作环境、开通班车，凡是职工在工作、学习、生活中有要求的，公司几乎没有不考虑到并努力去满足的。公司在细微之处体现出的人情味特别让人感动。据悉，从1995年至今，澳柯玛共拿出了17亿元来解决职工住房问题。

澳柯玛集团公司现有职工8 000多人，其中农民工占到一半以上。公司不仅在合同、保险等方面对农民工和城镇职工一视同仁，而且通过考察学习、技术培训和业务培训等，尽快提高农民工的素质和技能，并对有能力的农民工委以重任。目前，集团有相当一部分中层干部是从农民工中产生的。

市场经济条件下，职工和企业是利益共同体。企业善待员工，员工必然会对企业充满感情。在澳柯玛，职工们工作的积极性特别高，自我管理能力也很强，尤其是提出合理化建议的热情特别高。职工王义照等人为降低冰柜产品成本，对展示柜产品进行了结构改造，只这一项一年就可以为公司节约成本280万元；职工赵定勇等人对冰箱环形发泡线进行技术改良，给公司创造了经济效益80万元。"善待员工，厚爱企业"，良性互动让企业与职工的心贴近了，企业发展步伐由此更快了。如今，澳柯玛每年销售收入的增幅都在20%左右，职工人均年工资收入超过12万元，远高于当地平均水平。

促进员工自我管理的方法，就是处处从员工利益出发，为他们解决实际问题，给他们提供发展自己的机会，给他们以尊重，营造愉快的工作氛围的方法。做到了这些，员工自然就和公司融为一体了，也就达到了员工的自我控制。

# 解决问题的第一步是什么？
## ——阿什法则

阿什法则是指：承认有问题是解决问题的第一步，你越是躲着问题，问题越会揪住你不放。该法则由美国企业家M·K·阿什提出。

食用油行业三大知名品牌金龙鱼、福临门、金象对于问题的不同处理方式就说明了这个道理。

2005年12月27日，国家卫生部发布"2004年度食用植物油监督抽检情况通报"，判定部分食用油品牌抽检产品不合格，令人吃惊的是，食用油行业三大知名品牌金龙鱼、福临门、金象赫然在榜。此消息一经媒体披露，即引起众多消费者关注："连最知名的品牌都出问题了，我还敢买什么油啊"。的确，如果食用油第一品牌金龙鱼的产品都不合格了，还有哪个品牌值得信赖呢？

从三大企业应对危机事件的举措来看，能感觉出其策略有高有下。

2005年12月27日，媒体披露国家卫生部食用油检查结果，28日，三大品牌纷纷对检查结果发表声明，中间只经历了一天时间，过程之短，可谓"反应迅速"，三大品牌企业危机公关意识之强，由此可见一斑。但是，如果把三大企业声明的内容进行系统比较的话，却发现其境界、策略、效果有天壤之别。

首先看金龙鱼的声明。该声明分为三大部分：

第一部分：简单回顾了一下事件基本情况。

第二部分：陈述企业采取的行动及措施——对所有八家生产企业的产品全面复查；对被卫生部判定有问题的产品实施追查并召回。

第三部分：公布检查结果影印件及国家标准。（意在让消费者自己看实际检查结果是否符合国家标准）。

整个声明层次清晰，表述完整，心平气和。

再看福临门的声明。福临门的声明与金龙鱼的声明基本相似，首先就国家卫生部抽检情况作简单回顾，然后表述企业对此事件高度重视，并召回被认为有问题的产品等。但是，福临门声明的一个显著特点是，特别强调对此前关于媒体所谓的"福临门要与国家卫生部对簿公堂"作出澄清，说："福临门从没有说过这样的话"。但是，金象的声明与前两者大相径庭。金象前后发表了两个声明，第一个针对国家卫生部。声明要点如下：第一，抽查检测程序不合法，依据是：抽查前没有知会金象，因此，无法确认是否被抽查、在何时何地抽查、抽查油样是真是假、检测结果是否准确等。金象由此认定，国家质量监督和新闻发布程序有问题。第二，鉴于自行检测结果与国家抽查结果差别较大，作为ISO9000质量认证通过单位，金象对国家抽查结果感到莫名其妙。第三，金象是国家免检产品，其他部门没有随便抽查的权利。第四，金象认为，国家部门不应该只关心大型超市和大型企业，而应该多检查和管理地沟油、掺假油、劣质油。第五，金象要求有关部门采取行动消除影响，给金象一个合理、公正的生存环境。第六，金象特别强调，对于不负责任的报道，金象保留使用法律手段的权利。

紧随这一声明，金象又发表了一封致消费者的公开信。公开信内容和金龙鱼、福临门声明大致相似，所不同的是，金象再次强调国家卫生部检测程序不合法，作为国家免检产品，金象保证自己的产品是安全合格的。

虽然三大企业迅速就抽检结果作出了回应，金象坚决否认产品存在问题，但是，据各地媒体报道，三大品牌的"问题产品"还是被相继撤下货架。事实上，当时在广州所有的超市，三大品牌的所有产品都已经销声匿迹。原因是显而易见的。

专业研究人士认为金龙鱼表现最好，福临门次之，金象最差。先看看金龙鱼的声明。首先，企业在第一时间做出反应，表明对该事件高度重视，这个很能赢得消费者认同。此前创维出现黄宏生事件，反应准备期是三天，而金龙鱼第二天即做出反应，行动之快，令人叹服。其次，通篇声明逻辑严谨，说理清楚，用语平和，给人自信、沉稳的感觉，是实实在在面对问题、解决问题的态度。最后，也是最重要的，就是声明的核心内容清晰：报道出来之后，企业迅速对所有产品进行全面复查，对可能发生问题的产品全部收回，表现出对消费者生命和安全高度负责的精神。

应该说，这个声明很成功。难怪有消费者看到这个声明之后称，他不会因为新闻报道而放弃对金龙鱼的选择。

而金象的声明给人的则完全是另外一种感觉。该声明通篇都在否认问题：产品没有任何质量问题；抽查程序不合法；新闻发布程序不合法；作为免检品牌，金象应该享受免受抽查的特权；国家部门不应该对金象这样的大企业进行监管；国家有关部门应该采取行动消除负面影响；金象保留对有关媒体提起法律诉讼的权利，等等。在该声明中，金象是一个彻头彻尾的受害者形象。显然，这种诉求方式与消费者期待金象正视问题、解决问题的希望背道而驰，因此，是不可能被消费者接受的。在消费者的观念里，国家卫生部是主持公道的机构，不可能和一个企业过不去，也没有必要把一个合格的产品说成不合格。金象的全盘否认，只能留给消费者"金象不愿意解决问题"的印象。也许金象的产品真的没有任何问题，但是，它这样简单而草率的态度本身就是一个问题。本来，卫生部抽查的结果，金象的酸价是最低的，也就是问题最轻的一个，现在反而成了问题最严重的企业，失败的声明一下子把自己置于非常不利的位置。而金象声明里打击地沟油、掺假油、劣质油的呼吁，则给人转移视线的感觉；而所谓的国家免检产品不应该被抽查的说法，则有寻求市场特权的嫌疑。这些能从网民的评论中明显感觉出来。

福临门的声明相对比较中性，不温不火。这可能和福临门在食用油行业的地位有关，前面有金龙鱼，后面有金象，福临门没有必要出风头。特别有意思的是，福临门在声明中特别强调自己没有说过"和卫生部对簿公堂"的话，生怕因此与国家卫生部闹僵，其态度与金象的矛头直指国家卫生部形成鲜明对比。

企业要勇敢地面对问题而不是逃避问题。事实上，随着传媒产业的日益发达，任何隐瞒和逃避的想法都是行不通的。怎么办？实事求是地面对问题、解决问题，一是一，二是二，有问题就承认问题，是自己的错就要承担责任。既不要刻意隐瞒什么，也不要试图逃避责任，更不可以编造谎言欺骗消费者和媒体。那样做只能将把消费者和媒体推向自己的对立面，激化矛盾，加重危机。

为什么有些企业总想粉饰太平、掩盖问题呢？因为想逃避责任和惩罚，事实上，只要是企业的问题，责任是逃避不了的。为自己的行为负责，是天经地义的事情。现在，整个社会越来越关注企业公民行为，就是把一个企业看做社会公民，应当承担责任和义务。为社会和消费者提供有价值的产品，维护消费者生命尊严，促进社会健康发展，不仅仅是每个公民的责任，也是每个企业的责任。损害消费者利益，损害员工权益，破坏自然环境，违背社会基本道德观念，这样的企业即使为国家纳的税再多也没有存在的价值。因此，企业发生非合法公民行为的时候，就要向消费者、媒体，乃至整个社会道歉，这是没有什么可商量的原则问题。

因此，当企业出现问题时，应正视问题，解决问题，承担责任，知错就改，越是躲着问题，问题越会揪住你不放。

# 怎样教导违反制度的员工？
## ——热炉法则

每个单位都有自己的"天条"及规章制度，单位的任何人触犯了都要受到惩罚。"热炉"法则形象地阐述了惩罚和教导员工的原则：

（1）热炉火红，不用手摸也知道炉子是热的，是会灼伤的——警告性原则。领导者要经常对下属进行规章制度教育，以警告或劝诫员工不要触犯规章制度，否则就会受到相应的惩处。

（2）每当你碰到热炉，肯定会被灼伤——一贯性原则。也就是说只要触犯单位的规章制度，就一定会受到惩处，不让任何人抱有侥幸逃避惩处的幻想。

（3）当你碰到热炉时，立即就被灼伤——即时性原则。惩处必须在错误行为发生后立即进行，决不拖泥带水，决不能有时间差，以便达到及时更正错误行为的目的。

（4）不管谁碰到热炉，都会被灼伤——公平性原则。柯达全球副总裁叶莺对此有过很形象的比喻，她说，你要到一个日本人家里去的话，就非得脱鞋不可，不管你脚下的鞋有多贵、多新，即使连地都没沾，也还是要脱，这是一个入乡随俗的规矩。针对新员工必须遵守的行为规范问题，这位世界500强中首位华人女性副总裁观点鲜明——"你要进入到我柯达的'新房'，你必须要听我柯达的声音，这是绝对的"；还有一句是，"你要玩我的游戏，当然要遵守我的游戏规则"。

四川希望集团的治厂方针"以慈母般的关怀善待员工，用钢铁般的纪律治厂"，一向为外界所称道。总经理陈育新用他近20年的企业管理经验证明：在严厉基础上的宽容效果才好，在宽容之后的严厉才更有力度。他主张，必须让员工明白，宽容是有限度的，并且宽容只会发生在提高认识之后。

到海尔参观过的人也都知道，这家企业的员工走路都被要求靠右行，在离开座位时则需将椅子推进桌洞里，否则，都将被课以罚款……企业作这样的规定，用意无非是希望全体员工在心目中形成一种强烈的观念：制度和纪律是一条不可触摸的"高压线"。

古人讲："不以规矩，无以成方圆。""不奋发，则心日颓靡；不检束，则心日恣肆。"制度规范作为组织管理过程中约束全体组织成员行为、确定办事规则、规定工作程序的各种章程、条例、守则、规程、程序、标准、办法，必须严格执行，实施制度化管理，才能使组织步入规范、科学、系统的轨道，形成良性循环。反之，任何有悖于制度规范的行为和个人，都将使组织的发展受到阻碍、蒙受损失。为什么有些企业会在经历了辉煌后不幸夭折，究其原因，其中最重要的一条是制度规范的执行不一，朝令夕改，更有甚者将企业领导者个人权力凌驾于制度规范之上，犯了企业管理的大忌！现代企业持续经营的秘诀在哪里？——"现代企业最终要靠制度管人，而不是靠人管人"。

# 为什么管理者要知人善任？
## ——简道尔法则

美国百事可乐前总裁唐纳德·M·简道尔提出："企业要尊重人、培养人、锻炼人，各尽所能，人适其位，把适当的人选配到最适合的位置上去。"这一结论被称为简道尔法则。

现代社会的竞争就是人才的竞争，而人才在团队中能否被放在最恰当的位置，发挥最大的作用，也决定着一个团队战斗力的强弱，所以，如何识人、用人是领导最重要的一项功课。神州数码成立于2000年，是联想控股有限公司旗下的子公司之一。一家年轻的公司，在短短4年内发展成为国内第一的IT产品分销商和国内最大的IT服务供应商。很多人对此很吃惊，了解神州数码的用人标准——"重能力，不重学历；重业绩，不重资历"后，所有的疑问就会被打消。

经理人员的任务在于知人善任，提供企业一个平衡、密合的工作平台。未来企业的发展趋势不再是只依靠一种固定组织的形态去运作，企业经营管理必须视需要而组织不同的团队。所以，每一个领导者必须学会如何组织团队，如何掌握及管理团队。企业组织领导应以每个员工的专长为出发点，安排适当的位置，并依照员工的优缺点，做机动性调整，让团队发挥最大的效能。对号入座，秩序井然。让不适合的人占据一个重要岗位，必然剩出一群不合适的岗位，不适合的人还将作出更多不适合的决策。每个人各有所长，这个优势如果能与岗位匹配起来，发挥出来的效能会给人以震撼的价值，原因在于他还将发挥出榜样的效应。

管理学界有这样一句名言："垃圾"是放错位置的人才，如何有效合理地用人，领导者应该做到：

（1）不断学习。完善自身素质，能够拥有识别人才的能力。

（2）量才而用，根据人的德与才，把他放到与其相适应的岗位上去，明确其责，授予其权，以充分发挥其智慧和能力。

（3）用人要扬长避短，使人才的专长和才能充分发挥，抑制他的不足之处。

# 为什么老虎和狼不同时出现？
## ——生态位法则

俄罗斯生物学学者格乌司，曾在实验室做过一个重要实验：他将两种草履虫生物（双小核草履虫与大草履虫），分别放在两个相同浓度的细菌培养基中。几天后发现，这两种生物的增长都呈"S"型曲线。接着，他把这两种生物放在同一环境中，16天后，培养基中只剩下双小核草履虫，大草履虫已"销声匿迹"。对这一过程，格乌司进行了仔细观察，并没有发现生物中互相攻击的情形，也未测到分泌出什么有害物质，只发现双小核草履虫在争夺食物中增长比大虫快，因而将"大虫"驱出培养基。

实验再继续。他将大草履虫与另一种袋状草履虫放在一起培养，结果两者都存活下来了，并达到了一个稳定平衡。原因是两种虫虽然都"争抢"食物，但袋状虫服食的是"大虫"不吃的那部分。人们将这种生存现象称为格乌司原理。

格乌司原理又称"生态位法则"，是指物种在生物群落中各有自己的生存位置和作用，各物种相互竞争，每一物种只有占据基本生态的某一部分，才能继续生存，同样也可以说，只要占据了这一适当的生态位置，该物种就可以得到生存和发展。

这一研究成果为人类的生存和发展提供了十分重要的指导思想。研究表明，在动物界，没有两个物种的生态位是完全相同的，如果物种亲缘关系过近，或相似，就会发生生态位的部分重叠，从而出现残酷的竞争，犹如"一山不容二虎""一槽容不下两头叫驴"。若强者进入弱者的生态领域，就会"龙陷浅滩受虾戏，虎落平川遭犬欺"；若弱者进入强者生态位，则是"大鱼吃小鱼，小鱼吃虾米"。由此看来，强者也只能在自己的生态位上显示着自己是强者，而弱者寻求到自己的生态位也完全可以求得生存和发展。如虎在山行，鱼游水中，猴子上树，鸟飞蓝天；虎食肉，羊吃草，蛙捉虫，等等。如果需要的是同一食物，他们则会在觅食的时间上各自错开：猴子占据了白天，老虎则在傍晚出没，狼群只有在深夜现身……

研究发现，生态位法则对所有生命现象都具有普通的适用作用，这

是格乌司的贡献的意义所在。找准了自己的生态位，即可达到"上善若水"、"与物无争"、"不战而屈人之兵"的境界。作为企业，找准自己的生态位，既可避免市场中那些不必要的残酷竞争，又找到适合自身的生存发展之道。

20世纪末，杭州市的商界就曾经历过一场不见刀光剑影的残酷厮杀。商家只要见到市场上什么商品走俏，就一哄而上去生产，结果是从比拼价格到比拼规模，展开了激烈而持久的竞争，各商家均是伤痕累累。"千店一面"的竞争，使杭州商业销售额自1996年开始，连续5年呈负增长态势，只有"数一数二"的商家存活下来。

千年之禧，给杭州商界带来了新的生机，大小企业及商家开始悟出选择生存空间位置的重要。他们一方面将市场细分，了解需求层次；另一方面解剖自我，发挥强势。这就选准了自己独特的"生态位"，按照"人无我有"的"错位（错开位置）经营方针"，重新调整了目标定位，形成了各具特色的经营格局。错开生态位的经营策略，不仅分流了各阶层购买力和对于商品的不同需求，也为众多商家带来了各自的生存和发展空间，使整个杭州商品市场呈现一派勃勃生机的景象。一时间，杭州大厦等购物中心，销售额反超北京、上海等大型商场，增长速度遥居同行之首。

世界经济一体化的一个重要特征就是，任何一个国家也不可能在诸多领域均占尽先机；任何一个国家都可以在层出不穷的发展中占据一席之地。这就是生态位法则的必然结果。对于企业来说，偏离了自己的"生态位"，干什么都容易失败，而选准了自己的"生态位"，则干什么都容易成功。因此，为自己的"生态位"定位，应当成为企业生存的首要抉择。而不断创新则是谋求发展中的"生态位"最重要的手段和能力。

# 利润率增长200%的秘诀是什么？

## ——王永庆法则

台湾企业界"精神领袖"台塑总裁王永庆在节省企业成本方面很有一套，他有一条毛巾用了30年，被台商传为佳话，在他眼里，不该花的钱绝不能花，能省的成本一定要省，这不是吝啬，而是企业经营者应该具备的品质。他提出："节省一元钱等于净赚一元钱。"他算过一笔账，如果企业的利润率是10%，如果能够降低10%的费用开支，那么企业的利润增长率就是200%。他的这些理念，被称为"王永庆法则"。

比尔·盖茨和一位朋友同车前往希尔顿饭店开会，由于去迟了，以致找不到车位。他的朋友建议把车停在饭店的贵客车位，盖茨不同意。他的朋友说替盖茨付钱，盖茨还是不同意。原因很简单，贵客车位要多付12美元停车费，盖茨认为那是"超值收费"。作为一位天才的商人，盖茨认为：花钱像炒菜一样，要恰到好处。盐少了，菜淡而无味，盐多了，苦咸难咽。哪怕只是几元钱甚至几分钱，也要让它发挥出最大的效益。

一年夏天，32位世界级企业家（总资产超过英国一年的国民经济总收入）举办了一次"夏日派对"，盖茨应邀出席这个盛会，身穿的一套服装，是他在泰国菩提岛休假时花了不到10美元买的，还抵不上"歌星"、"影星"干洗一次衣服所花的钱。盖茨说，一个人只有用好他的每一分钱，他才能做到事业有成，生活幸福。

美国航空公司是美国最大、最赚钱的航空公司之一。令人惊讶的是，它之所以能赚大钱的根本原因之一，在于它的管理团队所采取的一系列独具特色的节省式管理方案。美航总是想方设法在不断的节省中实现它的效益的最大化。如，尽可能更换更先进、更省油的飞机；增加飞机的座位密度；发展轴辐式的路线结构以减少间接成本；通过劳动契约和双层工资结构减少劳工成本；削减燃油与其他非劳工的变动本等。美航通过减轻飞机的重量从而节省了不少美金。20世纪80年代中期，美航把每架飞机的内部重量至少减轻了680千克，而重量之所以能够减轻，是因为装上了较轻的座椅、金属推车改换成了强化塑钢、换用了较小的枕头和毛毯、在头等舱中使用了轻型器皿、重新设计了服务空厨等。这些改变均不同程度地减轻了飞机的重量，使美航的每架飞机每年至少节省2.2万美元。

　　美航的管理团队在追求成本最小化的过程中，做到了精细化管理。除了代表美航标志的红、白、蓝条纹外，美航飞机不加任何油漆。这项策略降低了油漆和燃油的成本。据计算，一架不上漆的飞机大约轻了181千克。因此，每年每架飞机的燃油可以省下1.2万美元。

　　不过，美航的节省绝不是毫无原则、没有道理的节省。实际上，与其说它节省，不如说它决不浪费不该花的每一分钱。有一次，美航的执行长官罗伯·柯南道尔在美航班机上发现，未吃完的生菜足足有一大塑料袋。他将其交给机上负责餐食的主管，下令缩减晚餐沙拉的分量。除此之外，他还下令减去每位乘客沙拉中的一粒黑橄榄。如此，竟然为美航每年省下7万美元。更有意思的是，有一次美航为了省钱，竟开除了一条看门的狗。美航在加勒比海边有一个仓库。为了确保安全，开始时他们雇佣一个人整夜看守，后来决定要省去这项开支。当时，有人对美航执行长官柯南道尔说："我们需要这个人来防止偷窃行为的发生。"柯南道尔说："把他换成临时工，隔一天守夜一次，也不会有人知道这里有没有人。"一年后，柯南道尔还想减少成本，便告诉下属："何不换成一条狗来看守仓库，又经济又安全。"于是，他们就这么做了，并很有成效。又过了一年，柯南道尔还想再减少费用，于是他就想到了何不把狗的声音录下来播放？那样，把养狗的费用都省下了。他命令下属开除了那条狗，并按他的意思去做了，果然行得通。因为没人知道那里是否真的有条狗。美航再次节省了费用，可怜那条忠心耿耿的狗却"下岗"了。

节约就是创造，对企业而言，省的是钱，创造的是价值。节约一度电、一滴水、一张纸，点点滴滴、积少成多、集腋成裘，这是一个人人皆知的道理。但不可回避的是，在现实生活当中，存在着各种浪费的现象，小到一度电、一滴水、一张纸，大到生产原材料的浪费，甚至设备并不必要的磨损。企业应倡导全体职工节约单位产品的劳动时间，提高产量、产值、劳动生产率，降低生产成本。坚持少花钱，多办事，厉行从简节约，着力增强节约意识，养成节约习惯，形成并完善节约制度，才能不断增强企业核心竞争力，促进企业的持久健康发展。

# 如何与团队成员建立合作与信任？

——雷鲍夫法则

当你组建一个新的团队或者被新提拔到一个岗位担任领导，或者你需要得到团队成员的支持和帮助时，彼此之间的信任和合作是极其宝贵的。你如何快速打开这样的局面呢？美国管理学家雷鲍夫提出了著名的"雷鲍夫法则"，该法则认为：在你着手建立合作和信任时，你的说话艺术决定成败，雷鲍夫建议要牢记在和团队成员沟通中，应记住以下原则：

（1）最重要的八个字是：我承认我犯过错误。

（2）最重要的七个字是：你干了一件好事。

（3）最重要的六个字是：你的看法如何。

（4）最重要的五个字是：咱们一起干。

（5）最重要的四个字是：不妨试试。

（6）最重要的三个字是：谢谢您。

（7）最重要的两个字是：咱们。

（8）最重要的一个字是：您。

天使想给海豚一个吻，可惜海太深；海豚想给天使一个拥抱，可惜天太高；一个人想要成功，可惜力量太薄。所以，上帝创造了合作。

每个人的一生就是在不停地合作，在合作中前进，在合作中成长，在合作中成功。《动物世界》中有个节目：在非洲的密林中生活着两种动物：蜜獾和响蜜。蜜獾嘴的前端有很长的喙，腿和爪子很强健，专以蜂类为食。响蜜也嗜食蜂蜜、蜂卵等，嘴很短，爪子也不发达。它们善于发现蜂巢，但不适合在蜂巢中采食。当响蜜发现蜂巢时，便会飞落下去，啄蜜獾的头。于是蜜獾开始追赶响蜜。这样，响蜜把蜜獾引到蜂巢前，在树枝上静观蜜獾捣毁蜂巢。蜜獾喝足蜂蜜，吃够蜂卵扬长而去。这时，响蜜就飞下树枝，不慌不忙地享用剩余的蜂蜜。动物都能充分发挥合作精神，更何况人呢？

合作不但能使人们达到自身追求的目的，还能帮助人们获得内心的平静，消除对他人的狭隘戒备，赢得他人的合作，能使人在一种和谐的氛围下，为社会贡献自己的力量和智慧。所以，无论是个人成就的取得，还是企业的兴旺，都离不开与他人合作这个法宝。那么，如何才能赢得他人的合作呢？通过美国管理学家雷鲍夫给我们的建议，我们可以深度概括出以下道理。

### 1. 尊重将要达成合作的人

东汉时期，刘邦被困巴蜀之时，筑台拜将，极大地满足了韩信的自尊心，终于在韩信的辅助下，杀出蜀中，取得天下。企业招贤纳士好比刘邦拜将，尊重才是取得圣贤归的良方，在企业的招聘行为中，一个好的招聘环境，认真而专业的考核程序，平等而友善的交流，没有歧视，没有质问，给慕名而来的求职者充分的礼遇和尊重，这一切会影响人才对企业的认识，左右他们的选择。也许企业不可能录用所有的应聘者，但企业礼贤下士的美名却会随求职者流传业界，这不失为企业形象建立的重要举措。另外，老板了解员工的才能，人尽其才地进行任命，既是对员工能力和价值的承认，也是对员工的莫大的尊重。而员工的涌泉以报，不就是老板所期待的吗？三国时期，诸葛孔明能为刘备和阿斗鞠躬尽瘁，死而后已，正是因为报刘备屈尊枉驾，三顾茅庐的知遇之恩吧。这正说明了尊重的二重性和互动性。老板对员工价值尊重，同时员工也尊重企业使命，为公司贡献自己的价值。

### 2. 多交换意见

在你想交换意见前，先得问自己："如果我是他，这件事情应该怎么做才好？""如果我处在他的情况下，我会有什么感觉，有什么反应呢？"比如，你要一位新参加工作的同事去做某件事，你得先问问自己，站在新参加工作人员的立场上，我是不是愿意做这件事？再如，你打电话的方式，你可以想一想，如果你是接电话者，对于打电话的人的语气有什么感想呢？这里要求的是换位思考，即推己及人。我们只有设身处地为别人着想，才能在交换意见时达成一致。

在交换意见时，还应该谦虚地对待他人，鼓励他人畅谈自己的想法，然后在他人的想法和自己的想法中寻求双方的一致。世界上没有多少人喜欢被强迫命令行事，所以我们要尽量想办法让他们觉得主意是自己的，这样他们才会高兴地接受。罗斯福在当纽约州州长时，一个重要职位出现空缺。罗斯福既要保持与当地那些实力人物的良好关系，又要选出自己认可的人选。于是他就把人选交由那些实力人物推荐。那些人物先后推荐了四位，第一位很差劲，罗斯福自然难以接受，第二位又过于保守，被罗斯福推却，第三位各方面都还可以，但还有点不如罗斯福的意，因此也被婉言谢绝，于是罗斯福表示希望再次得到大家的支持，结果第四次被推荐出来的人物正是罗斯福所希望的，他们自然非常高兴。罗斯福事后说："起先是我让他们高兴，现在轮到他们使我高兴了。"罗斯福通过向他人请教，并尊重他们的意见，最终达到了自己的目的，赢得了别人的合作。

### 3.学会认错

经理人也是凡人，不可能不犯错。当你错了，就要迅速而坦诚地承认。戴尔电脑公司的创始人迈克尔·戴尔，在2001年就曾对手下20名高级经理认错：承认自己过于腼腆。有时显得冷淡、难于接近，承诺将和他们建立更紧密的联系。大家对"极度内向"的戴尔公开反省非常震惊——如果戴尔为了公司都可以改变自己，其他人有什么理由不效仿呢？戴尔不是心血来潮自我批评，或者突发狂想改变自己，事情的起因是经调查发现，戴尔公司半数员工想跳槽。随后的内部访谈表明：下属认为戴尔不近人情，感情疏远，对他没有强烈的忠诚感。戴尔以员工为镜，照出了都是自己腼腆惹的祸。腼腆是错误吗？戴尔的回答是："如果员工说是，那就是。""认错要认员工眼中的错。不是认自己脑中的错。"

合作就是力量，合作是企业振兴的关键，也是一个人走向成功的必备的处世能力。社会需要合作精神，时代需要善意的合作者。但是，首先要学会真诚地与他人合作，才能赢得事业的成功。

# 如何激励别人达到巅峰状态？
## ——赞美激励法则

随时鼓励并称赞球员，是韩国足球主教练希丁克激励团队的风格。希丁克一般不用直接的批评，而是以直接或间接的鼓励，来刺激球员兴奋起来。他上任后，给教练组声明的第一个原则就是"千万不要责备球员"。意思是说，即使球员做错了，也要让球员自己说出来，这样他们才不会再犯同样的错。选拔球员时，他也不用"那个球员不行"之类的否定话语，相反他会非常积极地寻找每个人的潜能及特长。希丁克一直说："我会随时称赞球员，绝不会当众指责他们。指出错误、骂一通，也只会在球队内部。那是我和球员之间的约定，也是我的原则！"对于球员的失误，他也绝对不会当面发火，相反会通过耐心的说明使球员领悟。但如果给了一次机会，球员还没有"听话照做"，该球员的机会也许就会到此结束。在言论上，希丁克不管是称赞某个球员，还是指出某个球员的错误，从不指名道姓，而是针对问题，就事论事，而且总是先称赞后批评，或者先批评紧跟着称赞，以此来激励球员。比赛结束后，要指出球员的错误时，他会开头先说："只是要分析比赛情况，而不是为了责怪谁，所以请不要紧张！"接着他会让所有记者退出，然后一条条分析比赛内容。希丁克不一样的心胸，为球员们的自信心和斗志奠定了坚实的基础，大大提高了球队的士气。美国著名篮球教练迈克·库赛维奇说："球队的'士气'是胜利的第一要素！"

希丁克能让"所有球员"在"所有比赛"中感觉自己是球队中最棒的球员。他随时都在鼓励球员"你刚才太棒了！"

领导人能让员工达到巅峰状态的重点是"激励"。领导者懂不懂专业技术不是重点，懂得如何凝聚适合的人才，如何改善缺点，如何发挥优点，如何激励别人达到巅峰状态，这才是领导的重点，利用赞美激励员工的士气往往会起到事半功倍的效果。

在玫琳凯化妆品公司中，赞美是最重要的，公司整个的行销计划都以它为基础。在各种场合中，公司总是不吝惜地给予赞美。例会上的赞美：玫琳凯公司每个地区的分公司每周的例会上都会有这周销售最佳人员的成功经验的讲述和分享，这是一种别样的赞美。主持人在介绍最佳销售员的时，每一个美容顾问都会毫不吝啬自己的掌声。缎带的赞美：在玫琳凯公司，每位美容师在第一次卖出100美元产品时，就会获得一条缎带，卖出200美元时再得一条，并以此类推。这种仅需要0.4美元的礼物奖赏远比100美元的礼物盒有效。别针的赞美：玫琳凯公司每一位美容师都会以佩戴各种各样形式各异的别针为荣，这些别针在美国达拉斯设计制造，然后用飞机运到世界各地，用以奖励在销售产品时有优异销售业绩的美容师。每个别针都有不同的含义。比如，代表最高奖赏的镶钻石大黄蜂别针：大黄蜂身体很笨重，要飞起来相当不容易，它象征玫琳凯的女性在身负家庭的各种负担的情况下，还能获得如此优异的成绩，是非常不容易的。在每一个不同的阶段，当你有了一些进步和改善的时候，玫琳凯都会奖给你各种不同意义的别针，别针是女性非常喜欢的装饰品，尤其是象征荣誉的别针。喝彩杂志的赞美："喝彩"是玫琳凯公司内部发行的杂志，这本杂志的最主要目的就是给予赞美，它的发行量和许多全国性的杂志不相上下。上面刊登每月世界各地最优秀的销售员、最优秀的培训员、各种竞赛活动及其获奖情况，详细介绍优秀的美容师和培训员，还有这些优秀女性的成功经验及成长体会。这个杂志每月一期，以不同的国家为单位发行，使玫琳凯美容师在公开赞美中分享经验。粉红色凯迪拉克的赞美：玫琳凯的区级指导员是蓝色的套装，再高一个层级是粉红色的套装，当你做到可以穿黑色套装的时候，玫琳凯公司就会同时奖励你一部粉红色的凯迪拉克轿车。世界上粉红色的凯迪拉克轿车的主人全部是玫琳凯的全国性指导员，开车走在外边，玫琳凯人都知道这代表玫琳凯的一位资深而优秀的美容师，这样不仅在公众场合赞美了玫琳凯的优秀美容师，同时也为玫琳凯公司做了宣传，粉红色的凯迪拉克轿车成为玫琳凯公司"到处跑的广告"。

赞美的力量是不容忽视的，有时甚至比金钱更重要。战国时，秦统一六国，独霸天下，燕国不甘败北，民间有位侠士，叫荆轲，此人勇力过人，而且相当自负，燕王想让此人去刺杀秦始皇，但人们心里都清楚，此次行动，不是凶多吉少，就是有去无回。怎么办呢？燕王便利用了荆轲自负的弱点，为他广为宣扬，说此人如何高尚，如何侠义，总之扣了好多的大帽子，最后在民间形成了极佳的口碑，然后再聚众宴请他，当着百姓的面请求他去刺杀秦王，才有了"荆轲刺秦"的历史典故。就是这块"贞节牌坊"，使这位勇士乘着萧瑟的秋风，长眠于他乡。

把赞美运用到企业管理中，往往起到意想不到的激励效果。作为领导，首先应该明白自己员工的心理，其次要学会赞美下属。做到这些，其实是很不容易的。林肯说过："人人都喜欢受人称赞"。员工当然也不例外。不可否认，有很多领导人员的心态就没有端正，认为员工是自己的手下，在手下面前要耍威风，是天经地义的事情，要让他来赞美下属，比登天还难。所以说，学会赞美下属，是一门艺术。学会赞美下属，必须掌握以下几点：

（1）发自肺腑的称赞。假装出来的赞美或不切实际的赞美都会起到反作用。

（2）赞其长，避其短。人无完人，赞美他，就要赞美他的长处。如果专拿他的短处赞美，就成了讽刺了。

（3）称赞要及时。员工作出成绩后，想得到第一时间的称赞，如果因为领导工作很忙，一个星期后想起来了，表扬几句，与无效一样。

# 为什么要把事故消灭在萌芽状态？
## ——海因里希法则

"海因里希"安全法则，是美国著名安全工程师海因里希通过分析工伤事故的发生概率，提出的300∶29∶1法则。这个法则意思是说，当一个企业有300个隐患或违章，必然要发生29起轻伤或故障，在这29起轻伤事故或故障当中，必然包含有1起重伤、死亡或重大事故。这一法则可以用于企业的安全管理上，即在1件重大的事故背后必有29件"轻度"的事故，还有300件潜在的隐患。

"海因里希法则"告诉人们，通过对事故成因的分析，可以使人少走弯路，把事故消灭在萌芽状态。俗话说："冰冻三尺非一日之寒，化冰三尺非一日之功"。重大的安全事故往往来源于平时点滴的隐患或违章，同样，大错往往来源于平常点滴的小错，历史上就有一笔之误导致十万大军伤亡的教训。1930年5月，蒋介石、冯玉祥、阎锡山三派势力混战中原。冯玉祥、阎锡山预定在豫晋交界处的沁阳会师，聚歼在河南的蒋介石部。然而冯玉祥的参谋长在拟发命令时误将"沁阳"写成"泌阳"，仅多了一笔，使冯玉祥部队南辕北辙，急急赶到豫南，结果误入绝地，伤亡十余万人，导致冯阎联合作战失败，这一笔之误，使冯玉祥部队遭到不可挽回的损失。

小错人人都有，指的是性格大大咧咧，做事马马虎虎，不认真，不细致，丢三落四，拖拖拉拉。小错不断，管理者就要整天为他"擦屁股"，这些小错不纠正，久而久之，下属会养成痼疾难以改正，工作中就会酿成大错，下属也被毁了，很难有大的出息。所以聪明的领导对小错的苛责是很重的，但有些下属不理解，认为领导是小题大做，小小的错误有什么了不起的。所以说，大错本身并不可怕，可怕的是对平常的小错或潜在的威胁毫无觉察，或是麻木不仁，结果或许会导致无法挽回的损失。

日本松下公司的创始人松下幸之助以经营技巧高超，管理方法先进，被誉为"经营之神"。

后藤清一原是三洋电机公司的副董事长，后来投奔松下公司，担任厂长时，工厂被火烧掉了。后藤清一心中十分惶恐，以为不被革职也要降级。不料松下幸之助接到报告后，只对他说了四个字："好好干吧！"松下幸之助这样做，并不是姑息部下的过错。以往，即使只是打电话的方式不当，后藤清一也会受到松下幸之助的严厉斥责。这种做法可以说是松下幸之助管人的秘诀。由于这次火灾发生后没有受到惩罚，后藤清一自然会心怀愧疚，对松下幸之助也会更加忠心效命，并以加倍的工作来回报他。松下幸之助的这种做法，巧妙地抓住了人类的心理。在犯小错的时候，犯错的人多半并不在意，因此，需要严加斥责，以引起他的注意；相反，犯下大错时，傻子也知道自省，因此，不必再去给予严厉的批评了。松下幸之助对小错误抓住不放，说明他深刻理解了海因里希法则的精髓。他对大错误又能宽仁大度地加以谅解，这真正体现了这位"日本经营之神"超凡的智慧。

# 为什么80%成本由公司20%部门产生？
## ——80/20法则

美国质量管理大师约瑟夫·朱兰（Joseph Juran）说："80%的业务来自20%的顾客。"这就是通常被称为"80/20法则"的格言。

20世纪30年代末，在底特律的一间汽车组装厂，朱兰就缺陷如何进入生产系统的问题进行了研究，并得出结论：80%的问题是由20%的系统引起的。他把这一现象称为帕累托法则（Pareto Principle），以纪念意大利经济学家维利弗雷多·帕累托（Vilifredo Pareto），帕累托曾观察到，意大利80%的财富被20%的人拥有。朱兰进一步将该理论应用到其他商业方面：80%的利润由20%的雇员创造；80%的成本由公司20%的部门产生；最后，80%的销售额来自20%的顾客。精确的百分比不那么重要，关键是原则：一小部分顾客通常带来一大块不成比例的销售，这些顾客频繁购买，或大量购买，或两者兼备。比如，有小孩的家庭会购买大量洗衣粉；大批量制造商要比小批量制造商定购更多的原材料和元件，等等。因此，这条法则在理论上基本正确，问题是如何运用它。朱兰在对该法则的论述中，使用了两个关键术语，他把多数人（即80%的顾客）称为"有用的多数"（useful many），没有这些人，公司会遭受损失，但仍能生存下去；他把20%的少数人称为"关键的少数"（vital few），即使只失去少量这部分顾客，公司也会陷入困境。有两种策略可供选择，第一种是把注意力集中于"关键的少数"，并逐渐甩开其他顾客。然而，这会导致企业把所有鸡蛋都放在一个篮子里。当顾客需求改变时，企业就会自食其果。

某些情况下，专注"关键少数"，放弃其他顾客的做法可能是正确的，但做这样一个决定决不轻松。在这么做之前，要想一想得到那些顾客多么不容易，然后记住，如果放弃这些顾客，以后再要把他们争取回来就需要花费双倍力气。

# 华为公司为什么不惧怕外国同行？
## ——狼性文化

在日益完善的市场经济环境中，作为竞争主体的企业要生存，就必须用发展的事实，解决前进中不可回避也不应该回避的攻坚难题。企业发展如逆水行舟，不进则退。丛林残酷搏杀的生存，最终结果是富有进取性的"狼"胜出，因为"狼"的生存理念顺应了丛林竞争法则。胜者的背后，其实是"狼性"思维文化的胜利。

在企业运营中，企业只有通过严密高效的协调合作才能快速适应客户需求，才能够适应市场需要的多变性。在一个群雄逐鹿、竞争激烈的行业中，只有那些强调团队合作精神，能够迅速组成队伍服务顾客，采用现代化的管理手段的企业才能更容易获得成功，在这样的组织中，团队每个成员都很清楚个人和团队的共同目标，都能非常明确自己在团队中所扮演的角色和应起的作用，从而在各自的专业领域保持高度的敏感和前瞻思考，分工合作，相互照应，以快速敏捷的运作有效地发挥角色所赋予的最大潜能，进而推动整个企业系统的快速和高效运转——这种我们称为"狼性文化"的精髓将在市场中成为超越竞争对手的重要利器。

自创立以来，华为以令人吃惊的速度成长为中国通信行业领头羊，华为的群狼们正在世界范围内扩张自己的领土。2005年2月，美国最大的专业电信行业媒体Light Reading下属的调研公司调查表明，在2005年的整体排名中，华为知名度已经从2003年秋的第18名一跃而到第8名，成为电信行业中设备买方市场中知名度提升最快的公司。华为一直以来就被认为是中国最具有狼性的企业之一，而外界对华为企业文化最著名的断论为——狼性文化。华为在早期的创业阶段的国内市场上采取的策略，人海战术、低价格进攻、利益均沾原则、客户关系以及服务客户等策略。在进入美国市场初期，华为在面对思科这个对手的时候，采用以低于对手30％的价格进行竞争。在美国媒体上刊登的广告具有强烈针对性和暗示意味，"我们唯一的不同就是价格"，其中就透着一股子狼性。狼性文化要求企业从管理层到各个团队成员保持对市场发展和客户需要的高度敏感，保持对市场变化的快速反应和极强的应变能力，保持强大而坚定的信念并且在运转过程中表现出高效的团队协同作战能力。

任正非曾经说："企业就是要发展一批狼，狼有三大特性：一是敏锐的嗅觉；二是不屈不挠、奋不顾身的进攻精神；三是群体奋斗。企业要扩张，必须有这三要素。"在对队伍和文化建设上，华为也强调如是。但是在华为内部，却很少提到狼性文化，任正非对狼性文化第一次，也是唯一的一次系统阐述，是在20世纪90年代初期，任正非与美国某著名咨询公司女高管的一次会谈时。人大教授吴春波回忆说："那天整个是谈动物。任总说跨国公司是大象，华为是老鼠。华为打不过大象，但是要有狼的精神，要有敏锐的嗅觉、强烈的竞争意识、团队合作和牺牲精神。"

华为大约有2.4万员工，其中大多数的员工都是高素质的大学毕业生，华为需要依赖一种精神把这样的一个巨大而高素质的团队团结起来，而且使企业充满活力。华为找到的精神就是团队合作精神。在新大学生入职培训的时候，华为就很注意培养员工的团队精神和合作意识。任正非在《致新员工书》中是这样写的："华为的企业文化是建立在国家优良传统文化基础上的企业文化，这个企业文化黏合全体员工团结合作，走群体奋斗的道路。有了这个平台，你的聪明才智方能很好发挥，并有所成就。没有责任心，不善于合作，不能群体奋斗的人，等于丧失了在华为进步的机会。"

"胜则举杯相庆，败则拼死相救"的市场工作原则是华为团队合作精神的一大体现。团队精神是华为在营销团队的建设方面一直重点强调的，虽然这种精神显得有些抽象，在实际中也很容易流于形式，但是华为从企业文化上形成一种保障机制来加强员工之间的合作意识。

其他企业的营销人员的一段关于对华为这个对手的评价很好地说明了华为的确是依靠整个团队来进行市场竞争，这段评价为："他们的营销能力很难超越。刚开始人们会觉得华为人的素质比较高，但对手们换了一批素质同样很高的人后，发现还是很难战胜他们。最后大家明白过来，与他们过招的，远不止是前沿阵地上的几个冲锋队员，因为这些人的背后是一个强大的后援团队，他们有的负责技术方案设计，有的负责外围关系拓展，有的甚至已经打入了竞争对手内部。一旦前方需要，马上就会有人来增援。"华为通过这种看似不很高明的"群狼"战术，将各国列强苦心圈好的领地搅得七零八落，并采用蚕食策略，从一个区域市场、一个产品入手，逐渐将他们逐出中国市场。

华为的管理模式是矩阵式管理模式，矩阵式管理要求企业内部的各个职能部门相互配合，通过互助网络，任何问题都能迅速作出反应。这种管理模式的优点就是能够快速地形成一个团队来服务顾客。华为销售人员在相互配合方面的高效率让客户惊叹，让对手心寒，因为华为从签订合同到实际供货只要四天的时间。

华为接待客户的能力和效率令以效率而著称的日本人都不得不佩服，他们认为华为的接待水平是世界一流的。在华为客户关系被总结为：一五一工程，即一支队伍、五个手段、一个资料库。其中五个手段是参观公司、参观样板店、现场会、技术交流、管理和经营研究。在华为对客户的服务是一个系统流程，华为几乎所有部门都会参与进来，因为没有团队精神，一个完整的客户服务流程很难顺利完成。

# 为什么犯一次错只能批评一次？
## ——超限效应

　　刺激过多、过强和作用时间过久会引起心理极不耐烦或反抗的心理现象，这被称为"超限效应"。

　　超限效应在批评教育中时常发生。例如，当某人做错某事后，如果管理者多次地重复对这件事作同样的批评，会使他从内疚不安变得不耐烦，变得反感讨厌，这不仅起不到教育作用，还会引起逆反心理和行为。因为人受到批评后，总是需要一段时间来认识自己的错误，但受到重复批评时，他挨批评的心情就无法归复平静，会逐渐产生反抗心理。

　　著名作家马克·吐温有一次在教堂听牧师演讲。最初，他觉得牧师讲得很好，使人感动，就准备捐款，并掏出自己所有的钱。过了十分钟，牧师还没有讲完，他就有些不耐烦了，决定只捐一些零钱。又过了十分钟，牧师还没有讲完，他决定，一分钱也不捐。到牧师终于结束了冗长的演讲，开始募捐时，马克·吐温由于气愤，不仅未捐钱，相反，还从盘子里偷了二元钱。像这位牧师这样的滔滔不绝，只能听得别人昏昏欲睡，甚至烦躁不堪。

管理者对下属的批评不能超过限度，应对下属"犯一次错，只批评一次"。如果非要再次批评，那也不应简单重复，要换个角度，换种说法。这样，员工才不会觉得同样的错误被"揪住不放"，厌烦心理、逆反心理也会随之减少。

# 为什么企业鼎盛期的员工离职率反而会高？

## ——镜面效应

物理光学原理中的"平面镜成像"可概括为以下三点：物在平面镜中成虚像；像和物关于镜面对称，即像到平面镜的距离与物到平面镜的距离相等；像与物大小相等。将这一现象引入到企业发展与员工心理变化中，就被称为"镜面效应"。

一方面，企业发展的鼎盛时期，员工的流失率反而高于企业创立之初，企业发展稳定时期，员工的离职率反而高于企业困境时期；另一方面，企业发展的攻坚阶段，员工的贡献及创造激情反而高于企业发展的稳定时期，并且，同期员工的激励方式和效果，前者明显也优于后者。由此引发的思考和结论基本上可深度概括为：企业发展态势和员工心理不成正比，而是成反比，从某种意义上分析是结构呈反面对称。

当企业处于创业初期、受到挫折或是经营和发展处于"低谷"时，企业与员工的距离很贴近，则员工显示出很强的责任感和凝聚力，在人力资源管理领域表现为：员工跟随企业创业和克服困难的自觉性、积极性很高，员工与企业形成很强的合力，管理者除了向员工明示企业的发展方向外，不必花太多精力用于员工的激励；员工不太计较企业暂时给予的回报，员工对企业给予理解和支持态度，员工满意度尽管不明确但处于理想状态，员工流失率、离职率较低。相反，当企业处于经营稳定期、发展鼎盛期时，企业与员工之间的距离相对疏远，则员工的责任感和凝聚力减弱甚至萎缩，表现为：员工自主贡献的热情降低，安于现状或要求企业给予的报酬和提供的福利逐步"加码"，人力资源管理在员工激励方面的压力很大，企业虽然面临更好的发展机遇但进步不再明显，员工与相关行业员工的攀比严重，员工满意度不高，一些核心人才出现"跳槽"的现象或离职倾向。

A公司是一家生产热轧带钢的企业，公司成立于1995年，筹建期人员规模不足五十人，核心技术人员约十人，他们主要集中于轧钢工艺、电气、机械等方面，且均为在该行业较有影响的人员。因是加工制造业，则公司投资大、周期长，筹建及试生产期时技术人员待遇及工作环境都较差，但是，员工的贡献热情是让人佩服的，也正是由于这个原因，该企业不到两年便顺利投产，赶上市场，并将多项新工艺及节能措施首次在同行业采用。从1997年开始，A公司生产与销售一路攀升，到2000年，公司经营趋于鼎盛时期，令同行业无法企及，特别是新型的合金带钢产品迅速占领了市场，为企业获得了更大的赢利空间。不幸的是，2000年7月，一位工艺工程师的"跳槽"，彻底暴露了近几年来隐藏的人力资源管理的问题，在企业快速发展的同时，员工的积极性却在"萎缩"，从核心技术人员到普通员工对企业呈现了更多的不满，如有对企业给予回报的责难、有对自身发展的担忧等，员工的向心力与凝聚力在减弱。企业管理者不得不"转向"，在员工激励方面作了些"大动作"，如推行期权计划、加大核心人才的福利与报酬投入等，但收效甚微。到2001年，当初筹建期的核心技术人员仅两人留下，不计算普通员工，技术、经营人才流失率达30%以上。有人将这"归罪"于A公司的人力资源管理缺乏"警觉"，或者是单纯的企业发展盛衰的自然规则。就在该企业想方设法进行员工激励时，员工却义无反顾地离职，企业处于良好的发展态势且面临难得的发展机遇，而员工却激情萎缩，这一反差是引人深思的。无独有偶，武汉一家通讯制造企业提供的相关员工流失数据和企业发展过程中员工的一些心理状态的信息也验证着这一反差。

B公司从成立到现在已将近十二年，由于受国外及国内大牌企业的竞争影响，十多年来，公司的经营和发展一直较平缓甚至出现过一些波折，特别是在1998年公司还一度出现经营"低谷"，但是因为受整个通讯行业迅猛发展的冲击与带动，从公司的产值、销售额、利润等指标可以看出，2000—2001年是公司发展的最好时期，且让企业引以为自豪的"人均利润率"跃为国内同行业之首。但让人诧异的是，人力资源部门提供的这两年的核心人才（技术、销售、管理人才）的流失率也达到了历史最高，分别为28%和32%。更让B公司人力资源部门不解的是，企业发展好了，福利和报酬体系更完善、更优越了，但员工似乎"胃口"越来越大，越来越不好"侍候"了。这时，员工的积极性反而成了公司进一步发展的"瓶颈"。

企业发展与员工心理形成如上所述的镜面效应的原因，并不是一种偶然，对具体的例证进行分析，我们可以从企业、员工及外部环境等方面找出具体原因。

1. **企业在人力资源管理方面的"盲点"**

（1）企业在创业之初和企业困顿时期，往往急需适用的人才来"打天下"或"解燃眉之急"，因而对人才、人力资源十分重视，但企业一旦步入正轨，获得长足发展，便无意中逐渐疏忽了对人力资源的关注，导致企业在主观方面疏远了员工。

（2）企业过于"短视"，只看到了部分人力资源或少数核心人才目前的作用，缺乏对公司整体人力资源的统筹，也没有对人力资源进行深度挖掘和培养，导致"重点而不重面"的现象，使企业在人力资源管理与开发方面始终不能形成重视人力资源开发的氛围，员工与企业关系松散，特别是在企业发展到一定时期，员工认为企业不能对大多数员工"知恩图报"，因而员工对企业的信赖度降低，企业与员工之间关联弱化。

（3）企业没有关注核心人力资源的市场价值，没有去主动"狙击"外部，甚至没关注同业竞争者对企业核心人才的"诱惑"，则员工因受外力吸引而开始疏远企业。这也是导致部分核心人才离职后反而成为企业竞争者的重要原因。

**2. 企业在人力资源管理方面的"误区"**

（1）有的企业对核心人才缺乏持续有效的激励，当企业发展到稳定或鼎盛时期时，就"高傲自大"，认为只要企业发展好，就不怕引不来或留不住"金凤凰"。

（2）没有主动、深入地了解员工个人发展需求，不能从员工立场出发，为优势人力资源"量身定做"职业生涯规划。这导致部分核心人才错误地认为企业已发展到鼎盛时期，则个人的职业发展也将到了"尽头"。

**3. 员工心理与企业发展的不同步和个人需求的变化**

员工心理与企业发展的不同步表现在：

（1）在企业创业或攻坚阶段，员工自主贡献的热情在很大程度上来源于对企业发展前景的企求和愿望，但如果到了企业发展的稳定和鼎盛时期却得不到企业的追偿或公正回报，员工心理就会产生落差，贡献热情就不能再随着企业发展而递增或持续。

（2）员工在企业发展中也逐渐意识到了自己在某专业、某行业的位置，对工作经验、理论及实务水平的价值有所考量，对自身"含金量"越来越有信心，开始不局限于本企业的岗位，对外界更具挑战性的工作产生兴趣，心态慢慢游离于企业。

个人需求的变化表现在：

（1）随着员工工作阅历的丰富、知识的增长、物质生活的满足，员工的需求逐渐提高。如果企业没有及时地根据员工的需求进行激励，员工便会对所在企业的发展感到失望，就不能继续支持企业的发展。

（2）企业发展过程中，特别是在企业出现良好经营业绩的情况下，员工会相应地提出多方面、高层次的个人需求。如果企业不加重视并尽可能满足其需求，员工的贡献激情就会大打折扣。

**4. 外部环境因素的影响**

从人力资源角度来理解员工这一概念，我们就不能单纯将其视为企业的雇员，而应将每位员工都视为社会资源的一份子，所以外部环境无时不在地影响企业的每一位员工。

首先，企业的核心人力资源多是社会的高价值资源，社会、同业者同样对这部分资源有很大需求。所以难免有的员工会"这山望着那山高"，对企业的报酬和福利过分挑剔，与同行业或其他企业相互攀比，对企业表现出不理解或不满情绪。

其次，企业的发展更加提升了核心人力资源的价值，所以外界对这部分人力资源的估价会愈来愈高，这也就是优秀人才难以安于现状的"诱因"，是引发"人才争夺战"，核心人力资源流失的重要原因。

最后，在企业发展态势良好时期，员工的优越感要优于企业经营的低落时期，这时员工对外界充满自信，外界也对企业员工持较高的认可态度。这样使得员工"疏远企业而亲近社会"。

"镜面效应"影响着企业的凝聚力和向心力，是企业进一步发展的制约因素，要消除"镜面效应"，除了全面寻求其形成的原因以外，还必须"对症下药"，顺应企业发展的方向，牢牢抓住员工的心，持续且最大限度地激发员工的贡献热情，使员工与企业紧密联为一体。具体应注意以下几方面。

### 1. 持续激励，及时回报

企业在创立之初，因良好的发展前景吸引或聚集了一批核心人才，这部分人才在很大程度上影响企业的发展方向和速度，同时，这部分人才也多在不知不觉成为企业核心人力资源。因此，要注意对这部分人才的激励、保持和发展，特别是对这部分员工在创业和攻坚阶段的贡献要在企业发展稳定阶段给予追偿。这不仅是稳定这部分人才的基本手段，也为之后加入企业的员工树立表率：只要是为企业作出贡献的，就一定会得到企业持续的回报。

### 2. 重视沟通，显示尊重

企业在创业时，因面临新环境，所以要解决许多新问题，则企业管理者与核心员工甚至全体员工之间沟通频繁，同样，当企业遇到外部挑战和挫折，要克服困难时，企业也有求员工出谋划策、献计献力，显示出一种群策群力的积极氛围，员工普遍感到受重视、受尊重。但企业发展到一定阶段时，企业经营管理事务庞杂，人员规模扩大，员工沟通不如以前直接、频繁，企业对员工的态度与员工对企业的反应无法及时地交流。因此，企业与员工越来越疏远。所以，企业要主动与员工沟通交流，及时了解员工的思想动向，大范围、深层次地"团结"员工。

### 3. 澄清误解，主动规划

在企业发展的鼎盛时期，员工若出现自我发展再无路可走的思想倾向，无非会出现两种情况：一是员工离开企业另谋发展；二是积极性挫败，对企业发展无法作出新贡献。所以，企业应未雨绸缪，主动为员工作好职业生涯规划，特别是核心人才在企业发展鼎盛时期的职业规划，要消除员工在企业成功后对自身发展的顾虑，澄清部分员工认为的企业发展与自身发展不相关联的误解。

### 4. 放眼四周，斩尽诱因

员工思想涣散，心态游离企业，在很大程度上受诸多外部因素的影响，特别是在当今自由开放的人才及就业环境中，大部分员工都不会放弃企业以外更好的发展机会，特别是对部分高价值的人力资源，即紧俏人才，外界的诱因繁多且吸引力大，所以企业要时刻关注这部分人力资源价值的变化，及时调整保持和激励的对策，有效防止被"挖墙脚"，并使员工安心随着企业一道发展和提高。

企业发展与员工心理的"镜面效应"虽然还不足以称为企业人力资源管理的重要课题，但如果企业不认识到这一现象对自身发展的反作用并及时消除，其后果势必不言而喻。

# 为什么会根据应聘者的形象来选人？
## ——首因效应

第一印象所产生的作用被称为首因效应。人在交往中给对方留下的第一印象的好与坏，关系到今后人们对其评价如何，它往往决定着今后人际交往和人际关系。

心理学家曾经做了这样一个实验：让学生评价一个人，把学生分成两组，第一组先看介绍这个人内向的材料，然后再看介绍这个人外向的材料；第二组恰恰相反。结果是第一组大部分评价他为内向，第二组评价的多为外向，这种现象被称为首因效应，又称第一印象。它是指第一次接触陌生人或事物形成的印象，起到了先入为主的作用。

有这样一个关于首因效应的故事：

一个新闻系的毕业生正急于寻找工作。一天，他到某报社对总编说："你们需要一个编辑吗？"

"不需要！"

"那么记者呢？"

"不需要！"

"那么排字工人、校对呢？"

"不，我们现在什么空缺也没有了。

"那么，你们一定需要这个东西。"说着他便从公文包中拿出一块精致的小牌子，上面写着"额满，暂不雇用"。

总编看了看牌子，微笑着点了点头，说："如果你愿意，可以到我们广告部工作。"

这个大学生通过自己制作的牌子表达了自己的机智和乐观，给总编留下了美好的"第一印象"，引起其极大的兴趣，从而为自己赢得了一份满意的工作。

实验证明，第一印象是难以改变的。因此，在日常交往过程中，尤其是与别人的初次交往时，一定要注意给别人留下美好的印象。要做到这一点，首先，要注重仪表风度，一般情况下，人们都愿意同衣着干净整齐、落落大方的人接触和交往，所以"先敬罗衣后敬人"就是这个道理。其次，要注意言谈举止，言辞幽默、侃侃而谈、不卑不亢、举止优雅，就会给人留下难以忘怀的印象。首因效应在人们的交往中起着非常微妙的作用，只要能准确地把握它，就能给自己的事业创造良好的人际关系氛围。

了解首因效应的意义在于能使人们自觉地利用这一社会心理效应，为人们的现实生活和实际工作服务，帮助人们顺利地进行人际交往。这一方面的意义，对于领导者和管理工作者来说，尤为重要。在领导活动和管理活动等现实人际交往活动中，给交往对象留下好的第一印象，对顺利、有效地开展工作起着不可低估的积极影响。开端不好，就是今后花上十倍的气力，也很难消除其消极影响。所以，在现实交往中，务必在"慎初"上下工夫，力争给人们留下良好的第一印象。

# 偷奸耍滑者为何得到很好的评价？
## ——近因效应

美国社会心理学家洛钦斯说："最近或最后的印象对人的认知有强烈的影响。"

所谓近因效应，指的是在交往过程中最近一次接触给人留下的印象对社会知觉的影响作用。

首因效应一般在对陌生人的知觉中起重要作用，而近因效应则在熟悉的人之间起重要作用。在经常接触、长期共事的人之间，彼此之间往往都将对方的最后一次印象作为认识与评价的依据，并常常使彼此的人际交往和人际关系发生质和量的变化。现实生活中的友谊破裂、夫妻反目、朋友绝交等，都与近因效应有关。

举个例子来说：一个工人一直都很勤勤恳恳地工作，但是到了即将绩效考评的时候，他却因为一些原因而无法尽心工作，通常领导都只会认为他偷懒，而给他一个不太好的评价；相反地，一个平时偷奸耍滑惯了的工人到了考评的时候，却作出了很好的表面工作，领导却认为他一直都很努力，而给了他一个很好的评价，这也是所谓的"近因效应"。

近因效应使人们仅仅根据人的一时一事去评价一个人或人际关系，割裂了历史与现实、现象与本质的关系，妨碍人们客观地、历史地看待人和客观事实，常常造成人与人之间的心理冲突，影响了人们对人和事作出客观、正确的评价和判断，对人们的实际工作和生活有着消极的影响。

# 业绩好的销售员一定可以胜任销售主管吗？
## ——晕轮效应

晕轮效应，亦称光环效应，它指人们看问题时，像日晕一样，由一个中心点逐步向外扩散成越来越大的圆圈，是一种在突出特征这一晕轮或光环的影响下而产生的以点代面、以偏概全的社会心理效应。

我们在日常生活中对他人的知觉大多数都受着这种效应的影响。它使得人们仅仅根据人的某一突出特点去评价、认识和对待人，如某人一次表现好，就认为他一切皆优，犯了一次错误，就说他一贯表现差等。所以，晕轮效应是一种把我们引入对人知觉误区的常见的社会心理效应。

在对人的外表特征的知觉中，如对人容貌的识记，晕轮效应具有一定的积极作用，为我们提供了一定的方便。晕轮效应的消极作用往往在判断一个人的道德品质或性格特征时表现得最为明显，它妨碍我们去全面地观察、评价一个人，使我们不能从消极品质突出的人身上发现其积极的品质和优点，也不能在积极品质突出的人身上看到其缺点和不足，从而对人作出"一无是处"或"完美无缺"的评价。事实上，在现实生活中，一无是处和完美无缺的人都是不存在的。所以，晕轮效应的危害是"一叶障目，不见泰山"。以点代面、以偏概全，容易影响对人的评价的准确性和可信度。

管理中因晕轮效应而犯的错误有很多，例如，业绩很好的销售人员会被想当然地认为其业务管理能力也很强，而被提拔到销售主管的位置，但最终发现其并不善于领导一个团队。一个说话结巴的人会被想当然地认为其不适合从事谈判工作，其实很多谈判高手并不一定是口齿伶俐的人，缜密的思维和对谈判心理的掌握才是谈判制胜的关键。

名人效应也是一种典型的晕轮效应。一个作家，一旦出名，则以前压在箱子底的稿件就不愁发表，其所有著作都不愁销售。一般来说，外貌的魅力很容易导致晕轮效应。传说杨贵妃死后，一位老太太拾到了杨贵妃的一只鞋子，她把这只鞋子拿到市场上展示，并索要1 000文钱以让参观者闻一下，愿意出钱的人竟然络绎不绝，这恐怕应该算是晕轮效应发挥到极致了。但即使是在强调个人意识的今天，晕轮效应也并不因为人们追求个性化的行动而减弱。青少年追星族就是一个很典型的例子，很多青少年因为喜欢一个歌星或影星而极力地模仿这位歌星，从服装、发型到说话做事的方式，都是在竭尽全力地模仿。一个有名的歌星的演唱会，票价会炒到几百元甚至上千元，花上这么多钱所听到的和看到的实际效果并不比电视里的好，但是许多人还是为能亲自感受一下现场听歌星演唱的氛围而情愿付出，并感到无比自豪。

认识和掌握这一社会心理效应，有助于人们克服看待别人的偏见，也有利于人们了解别人产生偏见的原因。例如，在招聘时，面试人可能会由于应聘者的优秀外表或某些出色的表现，而把其他优点如聪明、能干等，一并加在他身上，这种就是"晕轮效应"；而相反地，面试人会因为一个缺点就认为应聘者什么都差从而不予考虑，这种就是"弦月效应"。这两种情况所产生的面试结果都是非常主观的，会使招聘部门作出错误的决定。这种情况下，避免晕轮效应的办法就是多方位沟通，并向应聘者索取一些他自己已准备的报告，或对近期工作的深度概括，以此作为评估能力的客观依据。

另外，营销策略中常见的名人效应策略就是晕轮效应的一个特例。出现晕轮效应，是因为当人们在判断人或事物时，总是先把人或事物分成"好"与"不好"两种。当某事物被列为"好"时，一切好的品质便都加在该事物上面；相反地，如果某事物被列为"不好"时，则一切不好的品质又都加在该事物上了。商业企业可以利用这种认识上的偏差来影响消费者的购买行为，甚至使消费者"创造"出一种自我应验的感觉，于是在一个形象的保护伞下，就会出现消费者对商业企业销售的某种品牌商品的继续购买。商业企业的形象实际上就是商业企业营造的"光环"，它能有效地影响社会大众对商业企业及其商品的看法和评价。其作用主要表现为以下几方面。

### 1. 稳定和吸引消费者

按现代零售商业晕圈理论：大中型商业企业的商业晕圈（以下简称商圈），一般由三个层次组成：主要商圈、次要商圈和边际商圈。主要商圈，指最接近商业企业并拥有高密度顾客群的区域，通常本区域50%左右的消费者来该商业企业购物；25% ~ 30%的消费者来自于次要商圈；边际商圈，指属于本商业企业的辐射商圈，一般该商业企业20% ~ 25%的消费者来自于这一区域。商业企业形象的影响力强度，是与稳定主要商圈消费者、吸引次要商圈和边际商圈的消费者成正比的。如郑州亚细亚商场的形象强度，使其成为全国各地去郑州的旅客的首选商场，其商业企业辐射力已面向全国。

### 2. 强化商品竞争力

现代的商业企业已很难再从商品价格、服务等方面入手来吸引顾客对其销售的新商品感兴趣。如果一种季节性流行的商品不能以最快的速度占领市场，那么就有可能使商业企业陷入困境。

# 为何人们喜欢"随大流"？
## ——从众效应

　　从众就是指由于群体的引导或施加的压力而使个人的行为朝着与群体大多数人一致的方向变化的现象。用通俗的话说，从众就是"随大流"。

　　1952年，美国心理学家所罗门·阿希设计实施了一个实验，来研究人们会在多大程度上受到他人的影响，而违心地作出明显错误的判断。他请大学生们自愿做他的被试着，告诉他们这个实验的目的是研究人的视觉情况的。当某个来参加实验的大学生走进实验室的时候，他发现已经有5个人先坐在那里了，他只能坐在第6个位置上。事实上他不知道，其他5个人是跟阿希串通好了的假被试者（即所谓的"托儿"）。阿希要大家作一个非常容易的判断——比较线段的长度。他拿出一张画有一条竖线的卡片，然后让大家比较这条线和另一张卡片上的3条线中的哪一条线等长。判断共进行了18次。事实上这些线条的长短差异很明显，正常人是很容易作出正确判断的。然而，在两次正常判断之后，5个假被试者故意异口同声地说出一个错误答案。于是许多真被试者开始迷惑了，他是坚定地相信自己的眼力呢，还是说出一个和其他人一样、但自己心里认为不正确的答案呢？从总体结果看，平均有33%的人判断是从众的，有76%的人至少作了一次从众的判断，而在正常的情况下，人们判断错的可能性还不到1%。当然，还有24%的人一直没有从众，他们按照自己的正确判断来回答。

这就是著名的阿希实验，这个实验告诉我们，人们总是倾向与跟随大多数人的想法或态度，以证明自己并不是孤立的，而是存在于一个群体之中。所以持某种意见的人数的多少往往是影响从众的最重要的一个因素，"人多"本身就是说服力的一个明证，很少有人能够在众口一词的情况下还坚持自己的不同意见。压力是从众的另一个决定性因素。"木秀于林，风必摧之"，在一个团体内，谁作出与众不同的行为，往往会招致"背叛"的嫌疑，会被其他成员孤立，甚至受到严厉惩罚，因而团体内的成员的行为往往高度一致。

　　美国霍桑工厂的实验也很好地说明了这一点：工人们对自己每天的工作量都有一个标准，完成这些工作量后，就会明显地松弛下来。因为任何人超额完成都可能使管理人员提高定额，所以，没有人去打破日常标准。这样，一个人干得太多，就等于冒犯了众人；但干得太少，又有"磨洋工"的嫌疑。因此，任何人干得太多或者太少都会被提醒，而任何一个人冒犯了众人，都有可能被抛弃。为了免遭抛弃，人们就会采取"随大流"的做法，而不会去"冒天下之大不韪"！

　　积极的从众效应可互相激励情绪，做出勇敢之举；消极的从众效应则互相壮胆干坏事，如看到别人乱穿马路，不少人也会跟着走捷径。因此，在做事时应作出正确判断，以避免盲从，酿成恶果。

## 为什么有时候先表明态度会比较有利？
### ——名片效应

　　所谓名片效应，就是在交际中，如果表明自己与对方的态度和价值观相同，就会使对方感觉到你与他有更多的相似。

有一位求职青年，应聘了几家单位都被拒之门外，他感到十分沮丧。最后，他又抱着一线希望到一家公司应聘，在此之前，他先打听该公司老总的历史，通过了解，他发现这个公司老总以前也有与自己相似的经历，于是他如获珍宝，在应聘时，他就与老总畅谈自己的求职经历，以及自己对未来的发展展望。果然，这一席话博得了老总的赏识和同情，最终他被录用为业务经理。

实验结果表明，经过"名片"递送程序的被试者要比未经过"名片"递送程序的被试者，更快、更容易地接受我们所主张的思想观点，而自己在对方面前也容易成为一个他们所能接受的、感到亲切的、同他们有许多共同点的人。因此，只要我们摸准对方的预设立场和基本态度，而后恰当地运用"名片"，就能比较有效地对别人施加影响，并顺利地达到自己的目的。

这位求职者所使用的，就是"名片"效应。

名片效应指的是要让对方接受你的观点、态度，你就要把对方与自己视为一体，首先向对方传播一些他们所能接受的和熟悉并喜欢的观点或思想，然后再悄悄地将自己的观点及思想渗透和组织进去，使对方产生一种印象，即似乎我们的思想观点与他们已认可的思想观点是相近的。表明自己与对方的态度和价值观相同，就会使对方感觉到你与他有更多的相似性，从而很快地缩小与你的心理距离，更愿同你接近，形成良好的人际关系。

美国前总统里根迎合选民的手法就变化多端，富有吸引力。在向一群意大利血统的美国人讲话时，他说："每当我想到意大利人的家庭时，我总是想起温暖的厨房，以及更为温暖的爱。有这么一家意大利人住在一套稍嫌狭小的公寓房间里，但已决定迁到乡下一座大房子里去。一位朋友问这家一个12岁的儿子托尼：'喜欢你的新居吗？'孩子回答说：'我们喜欢，我有了自己的房间，我的兄弟也有了他自己的房间，我的姐妹们都有

了自己的房间，只是可怜的妈妈，她还是和爸爸住一个房间'。"这个笑话明显地拉近了他与选民的心理距离，有效地推广了他的形象。他所使用的，就是一种名片效应。

日本松下电器公司总裁松下幸之助出身贫寒，年轻时到一家电器工厂去谋职，这家工厂的人事主管看着面前衣着肮脏、身体瘦小的小伙子，觉得不理想，信口说："我们现在暂不缺人，你一个月以后再来看看吧。"这本来是个推辞，没想到一个月后松下幸之助真的来了，如此反复了多次，人事主管只好直接说出自己的态度："你这脏兮兮的外表是进不了我们工厂。"于是松下幸之助立即回去借钱，买了一身整齐的衣服穿上再次去面试。人事主管看他如此实在，只好说："关于电器方面的知识，你知道得太少了，我们不能要你。"不料两个月之后，松下幸之助再次出现在人事主管面前："我已经学会了不少有关电器方面的知识，您看我哪方面还有差距，我一项项来弥补。"这位人事主管紧盯着态度诚恳的松下幸之助看了半天才说："我干这一行有几十年了，还是第一次遇到像你这样来找工作的。我真佩服你的耐心和韧性。"

正是松下幸之助这种不轻言放弃的精神，在人事主管的心目中形成了一种良好的名片效应，从而使他得到了这份工作。而他自己最终也通过不断努力，逐渐成为电器行业的英雄和日本的"经营之神"。

"名片"效应有助于消除别人的防范心理，缓解他们的矛盾心情，也有助于减少信息传播渠道上的"噪音"，形成传者和受众两者情投意合的沟通氛围。具体的操作方式是，在交际中先向对方传播一些他们所能接受的和熟悉并喜欢的观点或思想，然后再悄悄地将自己的观点及思想渗透和组织进去，使对方产生一种印象，即似乎我们的思想观点与他们已认可的思想观点是相近的。其要点在于：首先，要善于捕捉对方的信息，把握真实的态度，寻找其积极的、你可以接受的观点，形成一张有效的"名片"。其次，寻找时机，恰到好处地向对方展示自己根据"名片"打造出的形象，这样，你就可以达到目标。

掌握名片效应，对于人际交往以及处理人际关系具有很大的实用价值。

# 为什么蠢材也会得到提拔？

## ——彼得原理

管理学家劳伦斯·J·彼得，1917年生于加拿大的范库弗，1957年获美国华盛顿州大学学士学位，6年后又获得该校教育哲学博士学位，他阅历丰富，博学多才，著述颇丰，他的名字还被收入了《美国名人榜》、《美国科学界名人录》和《国际名人传记辞典》等辞书中。

彼得原理是彼得根据千百个有关组织中不能胜任的失败实例的分析而归纳出来的。其具体内容是："在一个等级制度中，每个职工趋向于上升到他所不能胜任的地位"。彼得指出，每一个职工由于在原有职位上工作表现好，就将被提升到更高一级职位；其后，如果继续胜任则将被一个不能胜任其工作的职工所占据。层级组织的工作任务多半是由尚未达到不胜任阶层的员工完成的。"每一个职位最终都将达到彼得高地，在该处他的提升商数为零"。至于如何加速提升到这个高地，有两种方法：其一是上面的"拉动"，即依靠裙带关系和熟人等从上面拉；其二是自我的"推动"，即自我训练和进步等，而前者是被普遍采用的。

彼得认为，由于彼得原理的推出，使他"无意间"创设了一门新的科学——层级组织学。该科学是解开所有阶层制度之谜的钥匙，也是了解整个文明结构的关键所在。凡是置身于商业、工业、政治、行政、军事、宗教、教育各界的每个人都和层级组织息息相关，亦都受彼得原理的控制。当然，原理的假设条件是：时间足够长，且层级组织里有足够的阶层。彼得原理被认为是同帕金森定律有联系的。

帕金森是著名的社会理论家，他曾仔细观察并有趣地描述层级组织中冗员累积的现象。他假设，组织中的高级主管采用分化和征服的策略，故意使组织效率降低，借以提升自己的权势，这种现象即帕金森所说的"爬升金字塔"。彼得认为这种理论设计是有缺陷的，他给出的解释员工累增现象的原因是层级组织的高级主管真诚追求效率。正如彼得原理显示的，许多或大多数主管必已到达他们的不胜任阶层。这些人无法改进现有的状况，因为所有的员工已经竭尽全力了，于是为了再提高效率，他们只好雇用更多的员工。员工的增加或许可以使效率暂时提升，但是这些新进的人员最后将因晋升而到达不胜任阶层，于是唯一改善的方法就是再次增雇员工，再次获得暂时的高效率，然后是另一次逐渐归于无效率。这就要使组织中的人数超过了工作的实际需要。

彼得原理首次公开发表于1960年9月美国联邦出资的一次研习会上，听众是一群负责教育研究计划，并刚获晋升的项目主管，彼得认为他们中的多数只是拼命想复制一些老掉了牙的统计习题，于是引入彼得原理说明他们的困境。演说招来了敌意与嘲笑，但是彼得仍然决定以独特的讽刺手法呈现彼得原理，其中所有案例研究都经过精确编纂，且引用的资料也都符合事实，最后定稿于1965年春，但是总计有16家之多的出版社无情地拒绝了该书的手稿。1966年，作者零星地在报纸上发表了几篇论述同一主题的文章，读者的反应异常热烈，引得各个出版社趋之若鹜。正如彼得在自传中提到的"人偶尔会在镜中瞥见自己的身影而不能立即自我辨认，于是在不自知前就加以嘲笑一番，这样的片刻里正好可以使人进一步认识自己"。"彼得原理"扮演的正是那样一面镜子。

# 你的公司适合推行弹性工作制吗？

## ——弹性工作制

　　所谓弹性工作制，是指完成规定的工作任务或固定的工作时间长度的前提下，员工可以自由选择工作的具体时间安排，以代替统一固定的上下班时间的制度。

　　弹性工作制是20世纪60年代由德国的经济学家提出的，当时主要是为了解决职工上下班交通拥挤的困难。从70年代开始，这一制度在欧美得到了稳定的发展。在欧洲，1975年英国约有70万职工，1977年瑞士估计有40%的产业工人，在德国约有四分之一的工人实行这一制度。在美国，在一些脑力劳动占重要地位的行业中也推行弹性工作制。到90年代，大约40%的大公司采用了弹性工作制，其中包括杜邦公司、惠普公司等著名的大公司。在日本，日立制造所在1988年推行这一制度，除生产线上的工人以外，有4万人自由地选择自己的工作时间。富士重工业、三菱电机等大型企业也都以此为目标，进行了类似改革。近年来我国的许多工厂也在试行这种制度。

　　**目前弹性工作制有多种形式：**

　　（1）核心时间与弹性时间结合制。一天的工作时间由核心工作时间（通常5~6小时）和环绕两头的弹性工作时间组成。核心工作时间是每天某几个小时所有员工必须到班的时间，弹性时间是员工可以在这部分时间内自由选定上下班的时间。

例如，某个公司规定每天工作时间为8小时，不算1小时的午餐休息时间，核心工作时间可以由上午9点到下午3点，而办公室实际开放时间为上午6点到下午6点。在核心工作时间内，所有员工都要求来到工作岗位，但在这核心区段前后的弹性时间内，员工可以任选其中3个小时工作。如下所示：

| | |
|---|---|
| 弹性时间 | 6:00~9:00 |
| 核心工作时间 | 9:00~12:00 |
| 午餐 | 12:00~13:00 |
| 核心工作时间 | 13:00~15:00 |
| 弹性时间 | 15:00~18:00 |

有些弹性工作制方案还准许累积额外的工作时间，从而每个月内可以腾出一整个自由日。

（2）成果中心制。公司对职工的劳动只考核其成果，不规定具体时间，只要在所要求的期限内按质量完成任务就照付薪酬。

（3）紧缩工作时间制。职工可以将一个星期内的工作压缩在二三天内完成，剩余时间由自己安排。职工上班时间减少，可以节省交通费，提高公司的设备利用率。

弹性工作制比起传统的固定工作时间制度，有着很显著的优点。弹性工作制对企业或组织的优点主要体现在：

（1）弹性工作制可以减少缺勤率、迟到率和员工的流失。

（2）弹性工作制可以增进员工的生产率。有一项研究发现，在所调查的公司中，弹性工作制使拖拉现象减少了42%，生产率增加了33%。对这种结果的解释是，弹性工作制可以使员工更好地根据个人的需要安排他们的工作时间，并使员工在工作安排上能行使一定的自主权。其结果是员工更可能将他们的工作活动调整到最具生产率的时间内进行，同时更好地将工作时间同他们工作以外的活动安排协调起来。

（3）弹性工作制增加了工作营业时间，减少了加班费的支出（例如，德国某公司采取该制度后，加班费减少了50%）。

弹性工作制对员工个人的优点主要体现在：

（1）员工对工作时间有了一定的自由选择权，他们可以自由按照自己的需要作息，上下班可以避免交通拥挤，免除了担心迟到或缺勤所造成的紧张感，并能安排时间参与私人的重要社交活动，便于安排家庭生活和业余爱好。

（2）由于员工感到个人的权益得到了尊重，满足了社交和尊重等高层次的需要，因而产生责任感，提高了工作满意度和士气。

但是，弹性工作制也具有一定的缺陷：

（1）它会给管理者对核心的共同工作时间以外的下属人员工作进行指导造成困难，并导致工作轮班发生混乱。

（2）当某些具有特殊技能或知识的人不在现场时，它还可能造成问题更难以解决，同时使管理人员计划和控制工作更为麻烦，花费也更大。

（3）许多工作并不宜转为弹性工作制，例如，百货商店的营业员、办公室接待员、装配线上的操作工，这些人的工作都与组织内外的其他人有关联，只要这种相互依赖的关系存在，弹性工作制通常就不是一个可行的方案。

推行弹性工作制也需要一定的条件，不是所有的企业、所有的工作岗位都适合。推行弹性工作制需要具备的条件包括：

（1）该项工作能进行精确的个体工作绩效（质量、数量）的考核。

（2）企业的生产工艺流程和技术规范应能允许该工作实行弹性工作制。

（3）企业具有较严密的管理规章制度作保证。

（4）各级企业管理人员，包括基层管理人员，具有较高的管理水平，而且支持这一变革措施。

（5）职工对这一制度有足够的认识和理解。

每个人的生活需要和风格、习惯不同，但传统的固定工作时间制强迫每个人按照同样的时间工作，是一种比较僵化的方式，不能适应人的需要，因此无法发挥出人的最大效率。从这种意义上讲，弹性工作制看到了工作中人的位置，注重人的需要，因此它的实施产生了较好的效果。由于弹性工作制的推广应用及其激励的后果，它已成为目前研究组织发展和变革的重要内容之一。

# 为何辞退不合格的员工要快？
## ——酒与污水定律

酒与污水定律，是指如果把一匙酒倒进一桶污水中，你得到的是一桶污水；如果把一匙污水倒进一桶酒中，你得到的还是一桶污水。

在任何组织里，都存在几个难弄的人物，他们存在的目的似乎就是为了把事情搞糟。最糟糕的是，他们像果箱里的烂苹果一样，如果你不及时处理，它会迅速传染，把果箱里其他的苹果也弄烂。"烂苹果"的可怕之处在于它那惊人的破坏力。一个正直能干的人进入一个混乱的部门可能会被吞没，而一个无德无才者能很快将一个高效的部门变成一盘散沙。一个能工巧匠花费十日精心制作的陶瓷品，一头驴子一秒钟就能将它毁坏掉。

这是一条来自西方的管理定律，其实在我们中国也有同理的谚语：一块臭肉坏了满锅汤；一粒老鼠屎坏了一锅粥；一条臭鱼坏了一锅汤。

无论是来自西方的定律还是中国的谚语，已经把负面影响的始作俑者做了准确的定性：污水、臭肉、老鼠屎、臭鱼。这些已经定型的东西已经没有改变和改造的可能。污水总不可以成为酒吧，臭肉总不可以成为好肉吧，老鼠屎总不可以成为调料吧，臭鱼又怎么可能成为好鱼？既然如此，就要及时处置，对极坏的东西不需要再抱什么幻想。

# 第8章

[哈佛团队管理课]

# 为什么默契的关系需要双方学会妥协?

## ——磨合效应

新组装的机器，通过一定时期的使用，把摩擦面上的加工痕迹磨光而变得更加密合。这就是磨合效应。

上海贝尔阿尔卡特对跨国公司和国有企业文化的艰难磨合就是一个典型的例子。上海贝尔的发展可以归结为四个阶段，而且在每一个阶段都抓住了机会：

第一个阶段是20世纪80年代，上海贝尔抓住了当时改革开放、打开国门、以市场换技术的机会，成立了业界第一家合资企业，当时的大胆探索获得了相对领先的优势；

第二个阶段是20世纪90年代初，邓小平南行讲话，明确了加快改革开放和大力发展经济的方针，上海贝尔又抓住了中国电信业的大发展机会——通讯改造带来的全面机会，在固网以及后来的移动网络领域抢得了先机，到20世纪90年代中后期买方市场形成后，上海贝尔又适时进行了一系列改革，创立了营销平台和服务平台，从"坐商"和"官商"顺利转变为"行商"；

第三个阶段是20世纪90年代末，上海贝尔抓住中国加入WTO和国企深化改革的大好机遇，在国务院和信息产业部的支持下，制定了新的资产重组计划，与上市公司阿尔卡特联姻，使公司在2002年顺利地进入第四个阶段。当时来讲，上海贝尔和阿尔卡特的联姻是前无古人的探索。上海贝尔是一家典型的中国"土"企业，而阿尔卡特则是一家地地道道的跨国"洋"公司。以结果为导向的本土企业和以过程为指向的跨国企业之间存在文化冲突是在所难免的。根据2001年10月23日中国政府签署的《上海贝尔公司中方部分股权转让阿尔卡特备忘录》，阿尔卡特拥有公司50%多一点的股份。股份制改造后，阿尔卡特变成阿尔卡特集团的中国成员。但是，实际上，上海贝尔阿尔卡特仍然是一个地道的中国公司：业务独立，研发自主，而且通过资产的纽带，省去了其他外企开展中国业务普遍设置的机构——控股公司。在2002年合并后，得到了很多跨国公司的管理和运作经验，从这一点来讲，上海贝尔阿尔卡特在磨合中前行，合并的意义是1加1大于2的。

一般来说，很多中国企业的管理是人治，采取的是粗放的管理模式，可能是一个领导一个企业，一个项目一个企业，进入真正的市场中就会凸显劣势；而国际大公司是"法治"，希望通过一个完整的组织架构和完善的业务流程来对整个企业进行管理与控制，但在不成熟市场中往往缺乏灵活性和快速反应能力。上海贝尔阿尔卡特要做的是在两种文化中扬长避短，取得一种平衡，使"土狼"和"狮子"的优势都发挥出来。新公司组建后，上海贝尔阿尔卡特吸收了很多跨国公司的优秀因子，对审计管理质量和经济运行质量都很看重。

第一个差异是，审计的概念在许多国有企业中并没有上升到很高的位置，有的甚至没有这一概念，往往出了事情才去审计。而上海贝尔阿尔卡特董事会则设立了审计委员会，从公司的管理组织架构开始，代表股东和董事会，全方位对公司的各个业务环节进行审计，对公司有可能出现的问题进行审核，出现差异的话，要管理层在规定的时间内进行整改。

到2003年，阿尔卡特已经有一支独立的将近250人的审计队伍，差不多每一亿美元的销售就有一个审计师；现在上海贝尔阿尔卡特就有10多个专职审计人员，全年不间断地按审计计划对内部流程进行审计。

另一个差异是，大多数国有企业在财务上往往采取粗放式管理。例如，在一些行业，经常碰到的问题是收款。上海贝尔阿尔卡特对应收款非常重视，要求销售人员不仅仅把产品卖出去，还要把款收回来。这些方面加大力度后，取得了非常好的效果，企业的现金流有了大幅度的增长，并对有可能出现的坏账采取预期的方式规避风险。

从管理方面来讲，上海贝尔已经与国际充分接轨，从过去的"人治"全面转向"法治"，所有的流程都达到了国际上市公司的水平。要想达到完整的契合，须双方都作出必要的割舍。磨合效应在实际生活中的运用：

（1）一个人到了新环境（年轻人参加工作，到新单位），就必须通过一定时间适应新环境，通过磨合使自己的工作作风、处事方式及性格，达到新环境（新单位）的要求。

（2）工作单位来了新领导或新同事，也需要磨合。

（3）朋友、恋人、夫妇之间要很好的相处，更需要磨合，彼此都要作出必要的舍弃。

# 如何理解"兵熊熊一个，将熊熊一窝"？

——鲶鱼效应

鲶鱼因个体弱小而常常群居，并以强健者为自然首领。然而，如果将一只较为强健的鲶鱼脑后控制行为的部分割除后，此鱼便失去自制力，行动也发生紊乱，但是其他鲹鱼却仍像以前一样盲目追随。这就是我们在企业管理中经常提到的"鲹鱼效应"。

企业、部门与团队以及任何组织，只要出现了问题，管理者应该承担不可推卸的责任。

鲹鱼的首领行动紊乱导致整个鲹鱼群行动紊乱。同样地，在一个企业或者组织中，只要管理者出现问题，那么整个企业或者组织也就不可避免地会出现问题，管理者就是一个企业的核心脊梁，必须为企业的发展承担责任。

敢于承担责任，关键时刻上得去，是管理者在管理中管理到位的体现。当自己分管的部门出现问题时，管理者不是推卸、溜肩膀、指责和埋怨，而是主动承担责任，从自身的管理中去寻找原因，有主见，妥善地解决问题。这些都是管理者管理到位很重要的因素。

# 为什么"问题员工"也是有价值的？

## ——马蝇效应

没有马蝇叮咬，马慢慢腾腾，走走停停；有马蝇叮咬，马不敢怠慢，跑得飞快。马蝇效应给我们的启示是：一个人只有被叮着、咬着，他才不敢松懈，才会努力拼搏，不断进步。企业也是这样。

1860年，林肯当选为美国总统。一天，银行家巴恩到林肯的总统官邸拜访，正巧看见参议员萨蒙·蔡思从林肯的办公室走出来。于是，巴恩对林肯说："如果您要组阁的话，千万不要将此人选入您的内阁。""为什么？"林肯奇怪地问，巴恩说："因为他是个自大成性的家伙，他甚至认为他比您伟大得多。"林肯笑了："哦，除了他以外，您还知道有谁认为他自己比我伟大得多？""不知道，不过，您为什么要这样问呢？"林肯说："因为我想把他们全部选入我的内阁。"

事实证明，蔡思果然是个狂态十足、极其自大而且妒忌心极重的家伙。他狂热地追求最高领导权，本想入主白宫，不料落败于林肯，只好退而求其次，想当国务卿，林肯却任命了西华德，无奈，只好坐第三把交椅——当了林肯政府的财政部部长。为此，蔡思一直怀恨在心，激愤不已。不过，这个家伙确实是个大能人，在财政预算与宏观调控方面很有一套。林肯一直十分器重他，并通过各种手段尽量减少与他的冲突。

后来，目睹过蔡思种种现状并搜集了很多资料的《纽约时报》主编亨利·雷蒙顿拜访林肯的时候，特地告诉他蔡思正在狂热地上蹿下跳，谋求总统职位。林肯以他一贯以来特有的幽默对雷蒙顿说："亨利，你不是在农村长大的吗？那你一定知道什么是马蝇了，有一次，我和我兄弟在肯塔基老家的农场里耕地，我吆马，他扶犁，偏偏那匹马很懒，老是磨洋工。但是，有一段时间它却在地里跑得飞快，我们差点都跟不上它。到了地头，我才发现，有一只很大的马蝇叮在它的身上，于是我把马蝇打落在地。我的兄弟问我为什么要打掉它，我告诉他，不忍心让马被咬。我的兄弟说：'哎呀，就是因为有那家伙，这匹马才跑得那么快。'"然后，林肯意味深长地对雷蒙顿说："现在正好有一只名叫'总统欲'的马蝇叮着蔡思先生，那么，只要它能使蔡思那个部门不停地跑，我还不想打落它。"

林肯的胸襟和用人能力，使他成为美国历史上最伟大的总统之一。

从某种意义上说，企业组织类似于马群。而那些个性鲜明、我行我素，同时又是能力超强、充满质疑和变革精神的员工，就是企业中的"马蝇"。在一些组织中，他们被叫做"问题员工"，甚至上了"黑名单"，因为他们难于管理。

"如果把马蝇看作是对组织的一种刺激，那么IBM公司确实也有很多这样的员工，因为IBM公司的核心理念之一就是'创新'。要创新，就必须要有这样的员工来经常刺激整个组织。"IBM华东区人力资源经理姜雅玲曾说过，"IBM不会简单地将这样的员工当做问题员工。"

"马蝇也要分两种，有的马蝇会传染疾病。"姜雅玲说，"个性化员工也要分两种，应区别对待。IBM每年都要与员工签订一份《员工行为准则》，其中包括遵纪守法、诚实、正直等。那些违反了行为准则的马蝇，如作假的员工，会通过正当程序被IBM辞退。"

IBM一直宣称，它寻求的是最"合适"的员工。在"合适"这个标准中，除了工作能力强这个硬指标外，还包括更多的软指标，其中最为重要的是，员工必须认同IBM的核心价值观，如成就客户、创新为上、诚信服务以及必胜心、执行能力、团队精神等。在认同IBM价值观的大前提下，那些个性化很强的员工也都可以得到支持和培养。

有一个经典故事经常被管理界引用，这个故事来源于新近翻译出版的IBM商业三部曲之《小沃森传》中：1947年，小沃森刚刚接手IBM销售副总裁。一天，一个中年人沮丧地来到他的办公室，提出辞职，因为他原来的导师柯克和小沃森是竞争对手，他确信小沃森主政后会把他挤垮。这个中年人就是曾任销售总经理的伯肯斯托克，他才华横溢但一度受挫。没有想到，小沃森对他笑着说："如果你有才华，就可以在我的领导下展现出来，在任何人的领导下，而不光是柯克！现在，如果你认为我不够公平，你可以辞职。但如果不是，你就应该留下来，因为这里有很多机会。"伯肯斯托克留下来了，并在后来为IBM立下了卓著功勋。小沃森说，"在柯克死后，留下他是我最正确的做法。"事实上，小沃森不仅挽留了伯肯斯托克，他还提拔了一批他并不喜欢但却有真才实学的人。

这个故事体现的精髓，后来构成了IBM企业文化的一个重要营养来源。"吸引、激励、留住行业中最好的人才"如今已成为IBM人力资源工作的宗旨。而从另外一个角度来说，伯肯斯托克是IBM历史上一只很大、很厉害的马蝇。

人的工作是最难做的。很多时候公司无法取得更大的发展，甚至分崩离析，树倒猢狲散，其根源就在于没有做好人的工作。作为一个管理者，最大的成就就在于构建并统帅一支由各种不同的专业知识及特殊技能的成员组成的、具有强大战斗力与高度协作精神的团队，不断挑战更高的工作目标，不断创造更大的绩效。为此，可能需要超越旁人的勤奋，需要更多的知识，需要更强的资源支持，更重要的是，还需要像林肯一样，善于运用自己的智慧，利用"马蝇效应"，把一些很难管理但又是十分重要和关键的员工团结在一起，充分发挥他们的作用，不断为公司创造更大绩效。

# 为什么抱怨多的公司有可能更成功？
## ——牢骚效应

哈佛大学心理学教授梅约提出：凡是公司中有对工作发牢骚的人，那家公司或老板一定比没有这种人或有这种人而把牢骚埋在肚子里的公司要成功得多。这就是牢骚效应。

牢骚效应来源于美国哈佛大学心理学系组织的一次有价值的实验。

实验的具体做法就是专家们找工人个别谈话，而且规定在谈话过程中，专家要耐心倾听工人们对厂方的各种意见和不满，并作详细记录。与此同时，专家对工人的不满意见不准反驳和训斥。这一实验研究的周期是两年。在这两年多的时间里，研究人员前前后后与工人谈话的总数达到了两万余次。

结果他们发现：这两年以来，工厂的产量大幅度提高了。经过研究，他们给出了原因：在这家工厂，长期以来工人对它的各个方面就有诸多不满，但无处发泄。"谈话实验"使他们的这些不满都发泄出来了，从而感到心情舒畅，所以工作干劲高涨。

在日本，很多企业都非常注重为员工提供发泄自己情绪的渠道。松下公司就是如此。在松下，所有分厂里都设有吸烟室，里面摆放着一个极像松下幸之助本人的人体模型，工人可以在这里用竹竿随意抽打"他"，以发泄自己心中的不满。等他打够了，停手了，喇叭里会自动响起松下幸之助的声音，这是他本人给工人写的诗句："这不是幻觉，我们生在一个国家，心心相通，手挽着手，我们可以一起去求得和平，让日本繁荣幸福。干事情可以有分歧，但记住，日本人只有一个目标，即民族强盛、和睦。从今天起，这绝不再是幻觉！"

当然，这还不够，松下幸之助说："厂主自己还得努力工作，要使每个职工感觉到：我们的厂主工作真辛苦，我们理应帮助他！"正是通过这种方式，使松下的员工自始至终都能保持高度的工作热情。

疏导是治理拥塞的根本之策。人有各种各样的愿望，但真正能达成的却为数不多。对那些未能实现的意愿和未能满足的情绪，千万不要压制，而是要让它们发泄出来，这对人的身心发展和工作效率的提高都非常有利。

# 危机意识对企业的发展有多重要？
## ——青蛙效应

在19世纪末，美国康奈尔大学做过一个有名的实验。研究人员将一只青蛙突然扔进煮沸的油锅里，青蛙在这紧要关头用尽全力，跃出油锅，安然逃生。接着，实验人员将青蛙放在一只温度适宜的小锅中，让青蛙在锅里悠闲地游动。然后，工作人员在锅底下用小火慢慢加热，青蛙仍然自由自在地享受着安逸，直到被渐渐沸腾的开水煮熟了，也没有引起它的警觉。

这说明在遇到突如其来的危险或压力时，可能发挥出意想不到的潜力战胜危险。但如果对潜在的危险认识不够的话，可能在不知不觉中导致失败或者灭亡。

"天下虽安，忘战必危"。在市场中，许多企业虽有过辉煌的历史，但由于管理者忽视危机对员工的激励作用，没能让危机意识在企业内部长久存留，使企业最终如青蛙那样"死于安乐"。

电脑界的蓝色巨人IBM当年的"惨败"就是一个生动的实例。当大型电脑为IBM带来丰厚利润，使IBM品尝到辉煌的甜头后，整个IBM都沉浸在绝对安逸的氛围里，危机感尽失。在市场环境慢慢发生变化，更多的人青睐于小型电脑时，IBM却对市场出现的新情况不予理睬，没有意识到市场危机的降临，依然沉醉于大型主机电脑铸就的辉煌中，按部就班，继续加大大型主机电脑的市场比重，最终自己打倒了自己。

"人无远虑，必有近忧"。在这个竞争残酷的时代，一切都是瞬息万变的，任何企业都不能保证自己在任何时候都立于不败之地，"居安思危、未雨绸缪"才是高明之举。当代管理革命已经公认，有效的组织现在已不强调"有反应能力"，而应强调"超前管理"。环境可增强组织的"抗逆"能力，这就要求主管在日常的员工管理中，注重培育员工的危机意识，发挥员工的主动性、创造性。如果企业满足眼前的一时辉煌，没有看到潜伏的危机，其结果可能只是昙花一现，最终被市场所淘汰。

# 为什么"空降兵"能激发企业的活力？
## ——鲶鱼效应

　　"鲶鱼效应"源于这样一个故事：挪威人爱吃沙丁鱼，而沙丁鱼只有活鱼才鲜嫩可口，但由于沙丁鱼不爱动，捕上来不久就会死去。一个偶然的机会，一个渔民误将一条鲶鱼掉进了装沙丁鱼的鱼舱，当他回到岸边打开船舱时，惊奇地发现以前都会死的沙丁鱼居然都活蹦乱跳地活着，渔夫马上发现，这是先前掉进去的鲶鱼的功劳，沙丁鱼要想躲过"被吃"的噩运，就必须在鱼槽内拼命不停地游动，最终大部分的沙丁鱼都能活着返港。

　　这就是管理学界有名的鲶鱼效应，用来比喻在企业中通过引进外来优秀人才，增加内部人才竞争程度，从而促进企业内部血液循环的良性发展。而近年来争论较多的所谓"空降兵"，也就是外聘职业经理人，可以说就是一条大鲶鱼了。

　　日本是一个推崇终生聘用制的国家，大多数人喜欢从进入一家公司开始一直待到退休。相应地，用人单位也大都倾向于招聘第一次就业者，很少采用中途聘用的方式。但是，本田每年都保持很大的中途聘用比例，在日本的企业中显得非常"另类"。这项措施来源于日本本田技研工业株式会社的创始人本田宗一郎对公司内部员工的一次考察。他在对内部员工进行考察之后发现，公司的人员基本上由三种类型组成：一是约占20%的不可缺少的干将之才；二是占了约六成的以公司为家的勤劳人才；三是终日东游西荡，拖企业后腿的蠢材，这种人约占20%。那么，如何使前两种人增多，使第三种人减少呢？如果对第三种类型的人员实行完全的淘汰，需要面对来自工会组织等方面的压力，同时也会让企业的形象受损，显然不是好办法。有什么更好的办法让自己的公司充满活力吗？这是本田宗一郎当年碰上的一个棘手问题，而据说，解决的灵感，最后来自于前文讲的鲶鱼的故事。

　　受此启发，本田宗一郎立即开始对公司进行人事方面的改革，不是要淘汰第三种类型的人，而是着手从外部引进"鲶鱼"，以激活那些缺乏活力的"沙丁鱼"型员工。

　　改革首先从气氛沉闷的销售部门着手，本田宗一郎从其他公司挖来了一个年轻的销售部副经理担任本田的销售部经理。此人出任销售部经理后，员工的工作热情被极大地调动起来，活力大为增强，公司的销售业绩也是接连上升。更重要的是，在销售部的带动下，公司其他部门的员工也受到冲击，热情和活力被激发出来，整个公司的精神面貌焕然一新。

　　从此，本田公司每年重点从外部"中途聘用"一些精干的、思维敏捷的、30岁左右的生力军，有时甚至聘请常务、董事一级的"大鲶鱼"。这样一来，公司上下的"沙丁鱼"都有了触电式的感觉，业绩蒸蒸日上。

　　适当的竞争犹如催化剂，可以最大限度地激发人们体内的潜能。

# 为什么很小的力量可以引发巨大的变化？

——多米诺效应

1849年，一位名叫多米诺的意大利传教士把骨牌带回了米兰。作为最珍贵的礼物，他把骨牌送给了小女儿。多米诺为了让更多的人玩上骨牌，就制作了大量的木制骨牌，并发明了各种的玩法。不久，木制骨牌就迅速地在意大利及整个欧洲传播，骨牌游戏成了欧洲人的一项高雅运动。

后来，人们为了感谢多米诺给他们带来这么好的一项运动，就把这种骨牌游戏命名为"多米诺"。到19世纪，多米诺已经成为世界性的运动。在非奥运项目中，它是知名度最高、参加人数最多、扩展地域最广的体育运动。

从那以后，"多米诺"成为一种流行用语。在一个相互联系的系统中，一个很小的初始能量就可能产生一连串的连锁反应，人们就把它们称为"多米诺骨牌效应"或"多米诺效应"。

多米诺骨牌效应告诉我们：一个最小的力量能够引起或许只是察觉不到的渐变，但是它所引发的却可能是翻天覆地的变化。

楚国有个边境城邑叫卑梁，那里的姑娘和吴国边境城邑的姑娘同在边境上采桑叶，她们在做游戏时，吴国的姑娘不小心踩伤了卑梁的姑娘。卑梁的人带着受伤的姑娘去责备吴国人。吴国人出言不恭，卑梁人十分恼火，杀死吴人走了。吴国人去卑梁报复，把那个卑梁人全家都杀了。卑梁的守邑大夫大怒，说："吴国人怎么敢攻打我的城邑？"于是发兵反击吴人，把当地的吴人老幼全都杀死了。吴王夷昧听到这件事后很生气，派人领兵入侵楚国的边境城邑，攻占以后才离去。吴国和楚国因此发生了大规模的冲突。吴国公子光又率领军队在鸡父和楚国人交战，大败楚军，俘获了楚军的主帅潘子臣、小帷子以及陈国的大夫夏啮，又接着攻打郢都，俘虏了楚平王的夫人回国。

从做游戏踩伤脚，一直到两国爆发大规模的战争，直到吴军攻入郢都，中间一系列的演变过程，似乎有一种无形的力量把事件一步步、无可挽回地推入不可收拾的境地。这也是多米诺骨牌效应。

头上掉一根头发，很正常；再掉一根，也不用担心；还掉一根，仍旧不必忧虑……长此以往，一根根头发掉下去，最后秃头出现了。哲学上称这种现象为"秃头论证"。

往一匹健壮的骏马身上放一根稻草，马毫无反应；再添加一根稻草，马还是丝毫没有感觉；又添加一根……一直往马身上添稻草，当最后一根轻飘飘的稻草放到了马身上后，骏马竟不堪重负瘫倒在地。这在社会研究学里称为"稻草原理"。

第一根头发的脱落，第一根稻草的出现，都只是无足轻重的变化。但是当这种趋势一旦出现，还只是停留在量变的程度，难以引起人们的重视，只有当它达到某个程度的时候，才会引起外界的注意，但一旦"量变"呈几何级数出现时，灾难性镜头就不可避免地出现了！

由于变化是渐进的，犹如从很缓的斜坡下来，人们很难察觉其递降的痕迹。对个人或组织来说，"防微杜渐"能让人们及时堵塞漏洞，防止危机的发生。但大部分时候，人们想做到"防微杜渐"并不是一件容易的事，所以必须在隐患刚开始出现时还要做到"亡羊补牢"。知道了什么是多米诺效应，也知道了它的危害，如果能做到"防微杜渐"和"亡羊补牢"，那么就算不能完全防止多米诺骨牌效应的发生，也可以把它的影响降到最低。

# 为什么提大要求之前要先提小要求？
## ——登门槛效应

　　美国心理学家弗里德曼和他的助手曾做过这样一项经典实验：让两位大学生访问郊区的一些家庭主妇。其中一位首先请求家庭主妇将一个小标签贴在窗户或在一个关于美化加州或安全驾驶的请愿书上签名，这是一个小的、无害的要求。两周后，另一位大学生再次访问家庭主妇，要求她们在今后的两周时间里在院内竖立一个呼吁安全驾驶的大招牌，该招牌很不美观，这是一个大要求。结果答应了第一项请求的人中有55%的人接受这项要求，而那些第一次没被访问的家庭主妇中只有17%的人接受了该要求。这种现象在心理学上称为"登门槛效应"。

　　一下子向别人提出一个较大的要求，人们一般很难接受，而如果逐步提出要求，不断缩小差距，人们就比较容易接受，这主要是由于人们在不断满足小要求的过程中已经逐渐适应，意识不到逐渐提高的要求已经大大偏离了自己的初衷；并且人们都有保持自己形象一致的愿望，都希望给别人留下前后一致的好印象，不希望别人把自己看作"喜怒无常"的人，因而，在接受了别人的第一个小要求之后，再面对第二个要求时，就比较难以拒绝了，如果这种要求给自己造成损失并不大的话，人们往往会有一种"反正都已经帮了，再帮一次又何妨"的心理。于是"登门槛效应"就发生作用了，一只脚都进去了，又何必在乎整个身子都要进去呢？

当顾客选购衣服时，精明的售货员为打消顾客的顾虑，"慷慨"地让顾客试一试，当顾客将衣服穿在身上时，售货员称赞该衣服很合适，并周到地为顾客服务，在这种情况下，当售货员劝顾客买下时，很多顾客难于拒绝。

男子求爱，直截了当地会吓跑姑娘，从朋友做起，则易达成目标。一位男士遇到一位令自己心仪的女孩子，如果他马上直截了当地要与对方结为夫妻、共度一生，恐怕女孩子会在惊讶之余，对其避之唯恐不及。大多数男士不会这么莽撞冒失，他会邀请她一起吃饭、看电影、逛公园等，这些小要求实现之后，才顺理成章地提出求婚。

做父母的望子成龙，但人才的培养只能循序渐进而不可能拔苗助长。尤其是对于年龄较小的孩子，可先提出较低的要求，待他（她）按要求做了，予以肯定，表扬乃至奖励，然后逐渐提高要求，逐步实现他（她）的人生目标。

一个企业要想成功扩张，必须要一步一个脚印地向前走，先"得寸"后"进尺"，而不是全面撒网，遍地开花。

"得寸进尺"实质是被动选择循序渐进，而非理性的遍地开花，往往事与愿违，甚至遍体鳞伤。因为任何一个企业都不能回避以下三大问题：

（1）顾客认同。

（2）资源限制。企业要想在竞争中取胜，必须把有限的资源用到最合适的地方去。

（3）渠道障碍。中间商永远是终极消费者的代言人，终极消费者不能完全接受你的品牌。

这也要求企业必须采用"挖土豆"的方式，一寸一寸地蚕食市场，而不是全面开花。

"得寸进尺"其实亦是主动意识。不过，虽说"得寸进尺"是被动选择，但"得寸"后的"进尺"却是主动意识。因为不难想象，如果一家企业"得寸"而不"进尺"，要么在战略上有特殊的设计，要么经营者的脑子有问题。

**"得寸进尺"不会影响企业发展速度。**

（1）"得寸进尺"让你获得足够的经验。对一些中小企业而言，先在一个区域市场把自己做大，会积累很多经验和教训。恰好这些经验和教训有利于开发下一个区域市场。一定要相信"先慢后快"的威力，它不仅会带来更大的商机，而且更大程度上降低了企业的经营风险。

（2）"得寸进尺"让你获取足够的资讯。企业在做一个区域市场的同时可以拿出足够的时间来研究将要进入的市场，牢牢掌握其目标市场顾客的消费模式及购买行为，清晰了解其渠道特征和媒介环境。

（3）"得寸进尺"让你样板市场发挥作用。先做好一个区域市场，还有一个好处，即起到了一个为其他区域市场树立一个先锋模范的作用。很多企业召开全国招商会议时，往往把经销商请到自己"家门口"，也就是自己成长最好的区域，从而说服其他区域的中间商，以便更加顺利而快速地实现拓展全国市场的梦想。

# 为什么让对方先拒绝会对自己比较有利？
## ——留面子效应

"留面子效应"正好是与"登门槛效应"相对应的现象。它是指人们拒绝了一个较大要求后，对较小要求的接受程度相应增加的现象。

戴尔·卡耐基著的《人性的弱点》里有这样一句金言："为别人着想"。与"留面子效应"有大同小异、异曲同工之妙。退一步海阔天空，何乐而不为呢？为人处世大凡如此！

美国心理学家查尔迪尼曾经进行过一项"导致顺从的互让过程：门面技术"的研究实验：

他要求20名大学生花两年的时间担任一个少年管理所的义务辅导员。这是一件很费神的工作，大学生们断然谢绝了。随后，他提出了另外一个要求，让这些大学生带领少年们去动物园玩一次，结果50%的人接受下来。而当他们直接向另一些大学生提出这个要求时，只有16.7%的人同意。

那些拒绝了第一个要求的大学生认为，这样做损害了自己富有同情心、乐于助人的形象。为恢复他们的利他形象，便欣然接受第二个要求。再者，当实验者提出一个要求遭到拒绝后，接着再提出另一个小一点的要求，这可以看做是某种让步。那么，出于一个文明社会的基本礼貌，另一方也应该作出相应的让步。

其实，带领少年们去动物园玩也是一件很费神的工作，这从被直接提出要求的大学生中只有16.7%的人表示同意便可以看出来。但为什么当把这个要求放在另外一个较困难的要求之后时，会有50%的人接受呢？

如果对某个人提出一个很大而又被拒绝接受的要求，接着再向他提出一个小一点的要求，那么他接受这个小要求的可能性就比直接向他提出小要求而被接受的可能性大得多，这种现象被称为留面子效应，也叫"门面"效应。

相应地，很多企业为了达到推销的最低回报，先提出一个明知别人会拒绝的较大要求，可以提高顾客接受较小要求的可能性。在日常生活中，售货人的标价和砍价就是对这种心理效应的具体运用。

许多人正是利用"留面子效应"去影响他人，当他们想让别人为自己处理某件事情之前，往往会提出一个别人根本不可能做到的要求，待别人拒绝且怀有一定的歉意时，再提出自己真正要对方办的事情。由于前面的拒绝，人们往往会为了留住面子而接受随后的要求。

当然，留面子效应是否会发生作用，关键在于别人是否有义务对你提供帮助，如果既无责任，又无义务，双方素昧平生，却想让别人答应做有损自身利益的事情，这时候采用"留面子效应"也是徒劳的。如果你想让自己的父亲买一台收音机，你可以先提出买一台电视机，但如果你想向一个陌生人用这一招儿的话，就有一点异想天开了。

# 为什么需要重视被其他公司淘汰的人？
## ——懒蚂蚁效应

　　动物学家研究发现，在成群的蚂蚁中，大部分蚂蚁都很勤快，寻找、搬运食物争先恐后，少数蚂蚁却东张西望而不干活。当食物来源断绝或蚁窝遭到破坏时，那些勤快的蚂蚁一筹莫展，"懒蚂蚁"则"挺身而出"，带领众伙伴向早已侦察到的新食物源转移。

　　因此，一位著名经济学家在阐述市场营销理念时，以上述现象作类比：相对而言，在蚁群中"懒蚂蚁"更重要，它们是蚂蚁群中的战略性人才。同样，在企业中，注意观察市场、研究市场、分析市场、把握市场的人更重要，这就是所谓的"懒蚂蚁效应"。

　　成功的组织最重视的就是战略性开拓人才。韦尔奇的做法就是找到最具有冒险精神、能力超强的领导型员工，为他们提供充裕的资源支持，激励他们获得成功。

　　奇瑞公司就是因为重视和培养"懒蚂蚁"才在汽车界崭露头角。

　　众所周知，"奇瑞"牌汽车是以自主研发为核心竞争力的，而"奇瑞"最初的研发班底就是别的公司淘汰下来的"懒蚂蚁"——十多个因原公司打算撤销技术中心而集体跳槽的工程师。当时，一些汽车公司热衷于为跨国汽车品牌做加工装配以获得短期利润，技术人员这些看着好像不干活的"懒蚂蚁"就不受重视甚至被淘汰。而市场却再一次证明，企业要长远发展，必须重视"懒蚂蚁"，培养"懒蚂蚁"，奇瑞公司里光研发人员就有200多个。

　　"懒蚂蚁效应"给我们这样的启示：一个组织中分工要合理，如同战场上，需要有人驰骋沙场，也需要有人运筹帷幄，千万不能因为追逐短期利润而忽视那些"懒蚂蚁"的作用。

　　很多企业老板太现实了，因此他们的企业缺乏应对未来的能力。如果他们找到了人才，这些人三天没有给组织带来现实的收益，这些老板就开始急躁，认为钱花得有点冤。三个月不到，这些人才就得走人。到头来，这些企业无法培养起探索未来的能力，找不到新的业务增长点，会做的只是模仿、跟风，毫无核心竞争力。当原有业务萎缩或者市场竞争激烈时，等待这些企业的就只有死路一条。

# 为什么跟在别人后面会付出无用的努力？
## ——毛毛虫效应

　　法国心理学家约翰·法伯曾经做过一个著名的实验，称之为"毛毛虫实验"：把许多毛毛虫放在一个花盆的边缘上，使其首尾相接，围成一圈，在花盆周围不远的地方，撒了一些毛毛虫喜欢吃的松叶。毛毛虫开始一个跟着一个，绕着花盆的边缘一圈一圈地走，一小时过去了，一天过去了，又一天过去了，这些毛毛虫还是夜以继日地绕着花盆的边缘在转圈，一连走了七天七夜，它们最终因为饥饿和精疲力竭而相继死去。

约翰·法伯在做这个实验前曾经设想：毛毛虫会很快厌倦这种毫无意义的绕圈而转向它们比较爱吃的食物，遗憾的是毛毛虫并没有这样做。导致这种悲剧的原因就在于毛毛虫习惯于固守原有的本能、习惯、先例和经验。毛毛虫付出了生命，但没有任何成果。其实，如果有一个毛毛虫能够破除尾随的习惯而转向去觅食，就完全可以避免悲剧的发生。

后来，科学家把这种喜欢跟着前面的路线走的习惯称之为"跟随者"的习惯，把因跟随而导致失败的现象称为"毛毛虫效应"。在自然界中许多比毛毛虫更高级的生物身上，这一效应也发挥着作用，其中比较典型的就是鲦鱼。鲦鱼因个体弱小而常常群居，并以强健者为自然首领。科学家将一只稍强的鲦鱼脑后控制行为的部分割除后，此鱼便失去自制力，行动也发生紊乱，但其他鲦鱼却仍像以前一样盲目追随。

再进一步，我们甚至可以说，我们人类也难逃这种效应的影响。例如，在进行工作、学习和日常生活的过程中，对于那些"轻车熟路"的问题，会下意识地重复一些现成的思考过程和行为方式，因此很容易产生思想上的惯性，也就是不由自主地依靠既有的经验，按固定思路去考虑问题，不愿意转个方向、换个角度想问题。

固有的思路和方法具有相对的成熟性和稳定性，有其积极的一面。因为袭用前人的思路和方法，有助于人们进行类比思维，可以缩短和简化解决的过程，更加顺利和便捷地解决某些问题。

但与此同时，它的消极影响也不容忽视，那就是容易使人们盲目运用特定经验和习惯的方法，对待一些貌似而神异的问题，结果浪费时间与精力，妨碍问题的解决。而且经年累月地按照一种既定的模式思考问题，不仅容易使人厌倦，更容易麻痹人的创造能力，影响潜能的发挥。

时代在不断地变化和发展，我们自己也在不断地成长和发展，对于任何问题的解决不能禁锢于以往的僵化模式，而要不断地创新和与时俱进，从而能够适应时代变化以及自身发展的需求。唯有在工作和生活中有所创造，摆脱自己头脑中的思维定势，不再因循前人的足迹，而是另辟一条属于自己的蹊径，才能百尺竿头，更进一步。

清朝扬州"八怪"之一郑板桥自幼酷爱书法，古代著名书法家的各种书体他都临摹，经过一番苦练后，终于和前人写得几乎一模一样，能够乱真了。但是大家对他的字并不怎么欣赏，他自己也很着急，比以前学得更加勤奋，练得更加刻苦了。

一个夏天的晚上，他和妻子坐在外面乘凉，他用手指在自己的大腿上写起字来，写着写着，就写到他妻子身上去了。他妻子生气地把他的手打了一下说："你有你的身体，我有我的身体，为什么不写自己的体，写别人的体？"

郑板桥猛然从这句话中受到启发：各人有各人的身体，写字也各有各的字体，本来就不一样，我为什么老是学着别人的字体，而不写自己的体呢？即使学得和别人一样，也不过是别人的字体，没有自己的风格，又有什么意思？

从此，他取各家之长，融会贯通，以隶书与篆、草、行、楷相杂，用作画的方法写字，终于形成了雅俗共赏的"六分半书"，也就是人们常说的"乱石铺街体"，成了清代享有盛誉的著名书画家。

毛毛虫那种毫无意义的绕圈所导致的悲剧还说明：在实际工作中，"一分耕耘，一分收获"难以体现与时俱进，我们不能只注意自己做了多少工作，而且还要关注这些工作带来多少成果，也就是人们常说的绩效。如果沿着一个错误的方向，老是跟在别人后面走，可能会付出很多无谓的努力，只有找到一个新的方向和思路，才能有更多的收获。做学问如此，做生意赚钱又何尝不是如此呢？

# 为什么奖金有时会削减工作积极性？
## ——过度理由效应

　　每个人都力图使自己和别人的行为看起来合理，因而总是为行为寻找原因。一旦找到足够的原因，人们就很少再继续找下去，而且，在寻找原因时，总是先找那些显而易见的外在原因。因此，如果外部原因足以对行为作出解释时，人们一般就不再去寻找内部的原因了。这就是社会心理学上所说的"过度理由效应"。

　　在日常生活中，我们常有这样的体验：亲朋好友帮助我们，我们不会觉得奇怪，因为"他是我的亲戚"、"他是我的朋友"，理所当然他们会帮助我们；但是如果一个陌生人向我们伸出援手，我们却会认为"这个人乐于助人"。因为我们无法用"亲戚"、"朋友"这样的外部理由来解释别人的行为，只能追究到他人格内部的原因。

　　有这样一个有趣的故事：一位老人在一个小乡村里休养，但附近却住着一些十分顽皮的孩子，他们天天互相追逐打闹，喧哗的吵闹声使老人无法好好休息。在屡禁不止的情况下，老人想出了一个办法，他把孩子们都叫到一起，告诉他们谁叫的声音越大，谁得到的报酬就越多，他每次都根据孩子们吵闹的情况给予不同的奖励。到孩子们已经习惯于获取奖励的时候，老人开始逐渐减少所给的奖励，最后无论孩子们怎么吵，老人一分钱也不给。结果，孩子们认为受到的待遇越来越不公正，认为"不给钱了谁还给你叫"，再也不到老人所住的房子附近大声吵闹。

老人这就是巧妙地利用了过度理由效应。对于这些孩子，他们如果只用外在理由（得到报酬）来解释自己的行为（吵闹），那么，一旦外在理由不再存在（没有报酬了），这种行为也将趋于终止。因此，如果我们希望某种行为得以保持，就不要给它足够的外部理由。

**过度理由效应的存在给企业管理者以下两个启示：**

（1）不要止步于任何外部理由，而要深入发掘外部理由背后的原因，哪怕这种理由看上去是一种无稽之谈。

一天，一个客户写信给美国通用汽车公司的庞帝雅克部门，抱怨道：他家习惯每天在饭后吃冰淇淋。最近买了一部新的庞帝雅克后，每次只要他买的冰淇淋是香草口味，从店里出来车子就发动不了。但如果买的是其他口味，车子发动就很顺利。

庞帝雅克派一位工程师去查看究竟，发现确是这样。这位工程师当然不相信这辆车子对香草过敏。他经过深入了解后得出结论，这位车主买香草冰淇淋所花的时间比其他口味的要少。原来，香草冰淇淋最畅销，为便利顾客选购，店家就将香草口味的特别分开陈列在单独的冰柜，并将冰柜放置在店的前端；而将其他口味的冰淇淋放置在离收银台较远的地方。

深入查究，发现问题出在"蒸汽锁"上。当这位车主买其他口味的冰淇淋时，由于时间较长，引擎有足够的时间散热，重新发动时就没有太大的问题。买香草冰淇淋时，由于花的时间短，引擎还无法让"蒸汽锁"有足够的散热时间。

（2）如果我们希望某种行为得以保持，就不要给它过于充分的外部理由。人们都有给事情找理由的习惯，所以很多商家利用"过度理由效应"，提供给消费者一个可信的非买不可的理由，大大促进了销售业绩。

在维萨卡和万事达卡为用户提供"花旗购物卡"的服务活动中，他们告诉消费者"使用花旗购物卡可以让您享受到20万种名牌商品的最低价"。结果出人意料的是，消费者对此的回应寥寥。经过自省后，他们发现了自己的错误就是他们为消费者解释了利益，但是却没有为消费者提供令人信服的理由。于是他们在后续的宣传中这样说道：使用花旗购物卡购物可以让您享受20万种名牌商品的最低价，因为我们的计算机一刻不停地监控着全国各地5万家零售商的价格，以保证您能够享受到市场上的最低价位。广告一经刊出，注册人数大增，几乎爆棚。

还有一个失败的例子：某个制造牛初乳企业宣称，其牛初乳进口于新西兰的奶牛基地，是健康乳牛分娩后72小时内分泌的乳汁，一头健康的奶牛一年仅仅能提取2公斤。那么，该企业宣称生产的牛初乳要满足中国上亿家庭的需求，那新西兰要有多少头乳牛的初乳才能满足需求啊！这样的宣传就明显地让消费者感到依据不足，进而怀疑产品原料的真实性，则牛初乳的市场一直没有打开。

著名的广告大师奥格威也说过，永远不要以为消费者是傻子，他们比我们要聪明得多，而且商品摆在商店里买不买是他们的事，如果你说得有道理，他们就会相信你，如果你说得牵强附会、于理不通，他们就会毫不犹豫地把你抛开。

## 什么事情员工会牢记在心？
### ——自我参照效应

当我们在回忆有关自己的事情时，最不可能出现遗忘，当某件事情与自己有直接关系时，人们就会牢记在心上，这种现象被称为自我参照效应。

自我参照效应在管理上的应用是很广泛的。例如，下面这个例子：

英国的一家大公司日常工作费用开支很大，公司经理为了降低费用开支，想出了一个办法。他雇了一位面孔冷酷、资历很深、有会计工作经验的人。经理让这位会计师坐在前面有玻璃窗的办公室里，这样，他就可以看到在他前面办公的所有员工。公司经理告诉所有员工说："他是被雇来检查所有的费用账簿的。"

每天早晨公司职员都会把一叠费用账簿摆在他的办公桌上。到了晚上，他们又来把这些账簿拿走交给会计部门。然而这位被请来的会计师根本未曾翻阅过那些账簿，但是所有的员工都不知道这回事。

奇迹出现了，在会计师来公司"检查"账簿的一个月时间内，公司所有费用开支降低至原来的80%。但是实际上，这家公司请来的会计师每天并没有检查账簿，但奇迹为什么出现了呢？

这主要是公司的人员出现了"自我参照效应"。公司请会计师这一客观事实，引起公司人员的神经冲动，开始产生心理活动，感知到"检查"，对"检查"作出整体反应，进行自我参照和自我调整，也就是要进行自律，不能胡乱开支。

我们在学习新东西的时候也常常有这种效应发生作用。

一方面，我们在学习新东西的时候，常常会将这些东西与自己联系起来。如果学到的东西与我们自身有密切关系的话，学习的时候就有动力，而且不容易忘记。

另一方面，这种效应也有其不利影响。例如，医学院的学生常常碰到这种情况，每当老师介绍一种病症的时候，学生总免不了会先想到自己是否出现过类似的征兆，如果不巧有两三点看似符合，就开始惊慌，怀疑自己是否已经病入膏肓，其实自己一点都没事。

这个记忆现象除了在我们的日常生活和学习中可以发挥作用之外，也可应用在广告中。有这样一个研究，让被试者看一则照相机的图片广告，然后分别问他们三个问题：这张图片有没有红色、这是什么、你用过这种产品吗。过后，让被试者回忆照相机的牌子，结果被问过第三个问题的人回忆得最好。很显然，第三个问题与我们自身有直接的联系。

# 为什么硅谷企业用自己的产品击败自己？
## ——自吃幼崽效应

美国硅谷企业竞争十分激烈，以至于各公司都积极寻找自己的致命弱点，所有公司共同的生存之道是：拿出更好看的产品来击败自己的原有产品。有人将这种行为戏称为"自吃幼崽"。

佳都国际，一个中国民营高科技企业，完全依靠自身的力量与世界接轨，与国际资本重组，在海外上市，上了世界500强的盘子。佳都国际的巨大成功，简直是个奇迹！佳都国际的成功，主要归功于佳都国际董事长刘伟的不断地"自吃幼崽"行为。

刘伟于1987年从中山大学应用力学系毕业后进了设计院，一技之长是CAD辅助设计；1989年从设计院出来，加盟南方四通，任副经理；1992年筹建希望广州分公司，靠的已经不再是具体的CAD技术，而是对CAD市场整体的理解以及独立运作一个公司的能力；1995年收购香港公司，刘伟创办佳都国际，并在两三年之内打造成为中国最主要的分销渠道之一，此时已经和CAD没有什么关系了。

在起跑线上，刘伟并不比别人强多少；但许多人跑得渐渐慢了下来，在原地踏步或被淘汰出局的时候，刘伟却能不断地加速前行。其中一个最根本的原因在于刘伟能不断地推陈出新，甚至敢于不断地否定自己身上曾经赖以安身立命的最有价值的部分。刘伟的这种自我否定，并非是在一条直线上递进式的自我否定，很多时候，他是在作方向性的自我否定。

1989年，刘伟所掌握的CAD辅助设计技术在整个广东省是数一数二的，但在今天看来，这些技术是一般的技术人员都能掌握的。如果刘伟只陶醉于自己的技术，那么，他的路也就走到了尽头。从技术人员到经理人再到创业者，刘伟在不停地进行着角色的转换。"不要说一本天书读到老，我相信两年都读不下去。"刘伟不断地否定自己，他总是说自己时时都能感觉到危机逼近的气息。

由于刘伟的不断否定自我，不断地"自吃幼崽"，他用了不足14年的时间，把佳都国际从一个区域性的贸易公司发展成为中国乃至整个亚洲最主要的分销渠道之一，从一个华南地区的小型民营高科技企业，发展到现在集IT信息产品制造、IT产品分销、IT服务、系统集成、轨道交通智能、国际贸易、汽车星级维护、商业地产业务和资本运营于一体的跨国综合性控股集团，全年营业收入突破130个亿。

没有一家公司只靠一种产品、一种模式发展。如果一个公司要往前发展，它就要不断地去否定自己的过去。因为：

（1）自己不逼自己，别人迟早会逼你。

（2）敢于对过去告一个段落，才有信心掀开新的一章。

# 为什么殷切期望的事情终会发生？
## ——皮格马利翁效应

皮格马利翁是古希腊神话里的塞浦路斯国王，他爱上了自己雕塑的一个少女像，并且真诚地期望自己的爱能被接受，这种真挚的爱情和真切的期望感动了爱神阿芙狄罗忒，就给了雕像以生命，变成美少女嫁给了国王。

虽然这只是一个神话传说，但是，在现实生活中，由于期望而使"雕像"变成"美少女"的例子也不鲜见。这就是皮格马利翁效应，指的是：殷切的期望总会实现。积极的期望促使人向好的方向发展，消极的期望则使人向坏的方向发展。

美国心理学家曾做过这样一个实验：研究人员提供给一个学校一些学生名单，并告诉校方，他们通过一项测试发现，该校有几名天才学生，只不过尚未在学习中表现出来。其实，这只是从学生的名单中随意抽取出来的几个人。

然而，有趣的是，在学年末的测试中，这些学生的学习成绩的确比其他学生高出很多。研究者认为，这就是由于教师期望的影响。

由于教师认为这个学生是天才，因而寄予他更大的期望，在上课时给予他更多的关注，通过各种方式向他传达"你很优秀"的信息，学生感受到教师的关注，因而产生一种激励作用，学习时加倍努力，因而取得了好成绩。

对少年犯罪儿童的研究表明，许多孩子成为少年犯的原因之一，就在于不良期望的影响。他们因为在小时候偶尔犯过错误而被贴上了"不良少年"的标签，这种消极的期望引导着孩子们，使他们也越来越相信自己就是"不良少年"，最终走向犯罪的深渊。

管仲在做齐国的宰相前曾经负责押送过犯人，但是，与别的押解官不同的是，管仲并没有亲自押送犯人，而是让他们按自己的喜好安排行程，只要在预定日期赶到就可以了。犯人们感到这是管仲对他们的信任与尊重，因此，没有一个人中途逃走，全部如期赶到了预定地点，由此可见，积极期望对人的行为的影响有多大。

在现代企业里，皮格马利翁效应不仅传递了管理者对员工的信任度和期望值，还更加适用于团队精神的培养。即使是在强者生存的竞争性工作团队里，许多员工虽然已习惯于单兵突进，我们仍能够发现皮格马利翁效应是其中最有效的灵丹妙药。

麦肯锡公司的创建者鲍尔指出："领导者有三种责任：给员工自信和自尊，让他们自我感觉良好；保持员工的精神和士气；帮助员工了解自己的责任，让他们作为个体成长发展。"

一名优秀的企业家，不仅要当好领导，更重要的是要当好老师，要诲人有术。给予员工自信，给人勇气，教人自立，是功德无量的善行，也是诲人的真谛，诲人不仅需要不倦，还需要良苦用心，要教育员工相信"天生我才必有用"。

在某公司，有这么一个故事：曾有一位新招聘来的年轻员工，在编制计算机程序时，总也做不好，他自己都丧失了信心，准备到总经理那里去辞职，总经理却亲切地鼓励他一定能干好，使这位年轻人备受感动，同时增强了自信，很快就完成了任务。现在，这位年轻人已成为企业的骨干。通过这件事情，该公司总经理说："我个人生活的目标是快乐生活，因此，我也要把快乐传给别人。我给了这位年轻人认可，他就获得快乐，并能影响他一生的生活，我也就更快活了。"

人们通常用这句话来形象地说明皮格马利翁效应："说你行，你就行；说你不行，你就不行"。总之，要想使一个人发展更好，就应该给他传递积极的期望。

# 为何不能同时设置两个目标、两套标准？
## ——手表定律

只有一块手表，可以知道时间；拥有两块或两块以上的手表并不能告诉一个人更准确的时间，反而会让看表的人失去对准确时间的信心。这就是著名的"手表定律"。

"手表定律"带给我们一种非常直观的启发：对于任何一件事情，都不能同时设置两个不同的目标和标准，否则将使人无所适从；对于一个人，不能同时选择两种不同的价值观，否则他的行为将陷于混乱。一个人不能由两个以上的人来指挥，否则将使这个人无所适从；而对于一个企业，更是不能同时采用两种不同的管理方法，否则将使这个企业无法发展。

在这方面，"美国在线"与"时代华纳"的合并就是一个典型的失败案例。

"美国在线"是一个年轻的互联网公司，企业文化强调操作灵活、决策迅速，要求一切为快速抢占市场的目标服务。而"时代华纳"在长期的发展过程中建立起强调诚信之道和创新精神的企业文化。两家企业合并后，企业高级管理层并没有很好地解决这两种价值标准的冲突，导致员工完全搞不清企业未来的发展方向。最终，"时代华纳"与"美国在线"的"世纪联姻"以失败告终。

要搞清楚时间，一块走时准确的表就已足够。要让企业的业绩蒸蒸日上，就只能有一个统一的目标、一个统一的奖惩标准、一个领导核心、一个价值观……依此类推。

## 附：团队管理的36条经验

总是在裁人，简称总裁；老是板着脸，故称老板；经常不理人，那叫经理。——别忙着笑，先拿这句话照照我们自己。

1.谨慎地设定团队目标，且认真严肃地对待它们。

2.将长程目标打散成许多短程计划。

3.为每个计划设定明确的期限。

4.找一位可提升团队工作士气的重量级人物。

5.时时提醒团队成员：他们都是团队的一份子。

6.将团队的注意力集中在固定可衡量的目标上。

7.奖赏优异的表现，但绝不姑息错误。

8.记住，每位团队成员看事情的角度都不一样。

9.征召团队成员时，应注重他们的成长潜能。

10.密切注意团队成员缺少的相关经验。

11.使不胜任的成员退出团队。

12.设定目标时，考量个别成员的工作目标。

13.与团队同事就生涯规划达成一致意见，并给他们提供必要的协助。

14.对待团队外的顾问要如同对待团队成员一般。

15.除非你确定没有人能够胜任，否则应避免"事必躬亲"。

16.肯定、宣扬和庆祝团队每次的成功。

17.绝对不能没有解释就驳回团队的意见，与此相反，解释要坦白，理由要充分。

18.记住要在工作中穿插安排娱乐调剂身心——这是每个人应得的福利。

19.若有计划出错，一定要作全面性、公开化的分析。

20.使用不带感情只问事实的态度，这是化解纷争的最好方法。

21.设立交谊场所，让团队成员可作非正式的碰面交谈。

22.实施会议主席轮流制，让每个人都有机会主持会议。

23.确定所有相关人士都能听到、了解好消息。

24.倘有麻烦在团队关系中发酵酝酿，要尽快处理。

25.安排团队与机构的其他部门作社交联谊。

26.避免使用名次表，因为落后的团队成员将会感到自尊心受创。

27.谨慎分派角色以避免任务重复。

28.找寻建议中的精华，且绝不在公开场合批评任何建议。

29.一定要找有经验的人解决问题。

30.分析团队成员每个人所扮演的角色。

31.脑力激发出的意见，就算不采用，亦不得轻视。否则，会打击人的积极性，创意的流动也会因此停止。

32.让提出问题的人解决问题。

33.设定奖励标准时，允许团队成员有发言权。

34.避免和团队成员有直接的冲突。

35.开检讨会时一定要避讳人身攻击。

36.先选择完成一些规模大的、可快速达成及有成就感的任务，以激励成员再接再厉。

# 第9章

[哈佛有效执行课]

# 为什么执行重于一切？

## ——格瑞斯特定理

美国企业家格瑞斯特提出：杰出的策略必须加上杰出的执行才能奏效。

美国ABB公司董事长巴尼维克曾说过："一位管理者的成功，5%在战略，95%在执行。"

美国航空公司是美国最大也是最赚钱的航空公司之一。其功劳归功于它的执行长官罗伯·柯南道尔及其管理团队所采取的一系列策略：执行高品质的服务体系等管理制度。

美国"奇异"公司最年轻的执行总裁韦尔奇在管理上以结果为导向，重视"底线"和结果：公开宣称凡是不能在市场上持续前两名的实业，都会面临被卖或被裁撤的命运。韦尔奇依据公司制度，裁起员来绝不手软。当然，"奇异"公司的很多员工抱怨韦尔奇的管理模式要求太严。但是，执行结果导向的管理有利于员工全身心地投入企业事业。

没有执行，一切都是空谈。制定全面而细致的管理制度固然重要，但要有一批能长期不懈、不折不扣地去执行制度的人，却更难能可贵。武汉广场六年蝉联全国零售业单体经济效益冠军的成功秘诀，就在于每天都切实地履行这种可贵的执行精神。这里有两个武汉广场关于管理执行的两个小细节：

细节一：武汉广场的管理非常细致，为了控制物业成本，全场营业照明的开关时间也按照科学的方式进行规划。在开门营业前3分钟，场内的照明设备才全部打开。而在此之前，场内仅提供柜台的基础照明，以供员工进场做各项开门准备工作。

细节二：在促销活动结束后，客户都会将多余的商品及奖品，从武汉广场的周转仓中退出来。每次，武汉广场5号门、6号门的保安及电梯管理员都会按照规定，不折不扣地执行公司关于退货的管理制度流程，非常认真地检查他们的退货清单，并一一核查相关的签批程序，确定无误后，才有礼貌地让客户通过。

目前，"执行不力"是我国企业界的通病，其现状表现形式主要有以下几种：一是不知"执行力"为何物，把它曲解为权威或权力，单凭老板或老总说了算，没有合理的制度支撑，或者有一些制度，但实际运营是老板或老总凌驾于制度之上。二是有相关的制度为"执行"作支撑，但常常是目标种种、策略多多，却议而不决、决而不行，行而不力流于"口号管理"。特别是对问题反应慢，不能有效地执行解决问题的方案。三是有比较完善的管理制度并重视执行，但缺乏合理的执行系统，执行阻力很大，以至于控制不力、效率低下。这是我国企业当前面临的最为普遍的执行问题。

执行不力的主要问题出在执行系统和执行者上，企业建立科学的执行系统和调整执行者的心态与行为尤为关键。提升执行力的步骤具体如下。

### 1. 规范战略制定，明晰业务流程，提炼核心内容

在战略制定时，必须保持严谨的态度，不能朝令夕改，以便执行者能坚定地按照该方向执行下去。明晰每一个流程，把复杂的东西简单化，把简单的东西量化，用流程来推动执行者的工作，让执行者通过该流程就知道自己该做些什么，应该怎么做，而不是事事靠领导来推动。并在每个环节系统中提炼出几点核心内容，以便执行者能优先配置、执行资源，而不是到处是重点、漫无边际。

### 2. 建立先进的企业文化，重视团队精神建设

首先，培养员工对公司的忠诚。要想员工对公司忠诚，公司首先要对员工忠诚，要履行对员工的每一个承诺，关心员工，爱惜员工。其次，培养员工的奉献精神等理念来教育员工。同时，树立一些典型榜样并予以一定的物质奖励，让奉献有回报，以此来激励员工。最后，培养员工"坚决服从"的意识。坚决服从不是被动的、抵制的服从，而是能动的、善意的服从，公司应在大会、小会上都要灌输"服从"思想，允许大家在决策前提建议，但一旦作出了决策，就应坚决执行。对于不服从决策者，要给予严厉的惩罚。

另外，在企业文化建设中要特别重视团队精神建设。树立美好的愿景，使员工了解本行业的魅力、本企业的美好前景和本人几年内会有什么样的位置与待遇，让大家为共同的奋斗目标而努力。明确工作职责和目标，制定合理的奖惩制度。这有利于员工在工作中找准方向，各司其职，减少彼此之间的摩擦，增进团结。加强教育，培养员工的团队意识与合作精神。教育不仅是职业道德的要求，也是自身发展的需要，与自身的利益密切相关，并给员工算一算不团结会付出的代价和成本。

### 3. 建立科学的培训体系，提升整体的执行素质

例如提供职员级、主管级、经理级、总经理级等级别的培训，让每一个上进的员工都有培训的机会，这也可以让员工明白自己未来会处在一个怎样的位置。让培训完了的员工把培训内容讲解给其他没有参加培训的同级别的员工听，并对培训者进行考核，让其根据培训的内容结合公司的实际情况拿出一些可行的方案，拿不出则记培训失职。每个主管以上的领导都要参与对内培训，即让每个领导为自己的岗位培养1～2个候选人。同时，把这纳入业绩考核之中，凡培养不出候选人的记为失职，扣除部分年终奖金，培养出比自己更优秀的人则记大功，给予特殊奖励。这样一来，就可以在一定程度上避免执行者能力倒退或嫉妒下属的事情的发生，能提高整体的执行素质。

#### 4. 建立合理的激励和授权机制

激励是提高执行力最有效的方法之一，如果把大家的积极性都调动起来了，有什么决策会执行不下去呢？

听觉激励。中国人喜欢把爱埋在心里，没有说出来，这其实就是爱的缺陷。如果你想赞美下属，就一定要说出来。视觉激励。把优秀员工的照片和事迹在公司内部杂志和光荣榜上贴出来，让大家都看到，以此激励这些获奖者及其他的员工。奖励成功也奖励失败。对成功者进行奖励是理所当然的，但对失败者，只要是尽力了，精神可贵，就应找出一些失败的典型来进行奖励，以此肯定他们的努力和所创造的精神价值。精神价值其实就是无形资产，有什么理由对创造了无形资产的人不进行奖励呢？引入竞争。讲团队精神不是不讲究竞争，但竞争又不同于斗争，这样既达到了激励双方的目的，又不会伤了和气。用爱惜的心态批评下属，指出其错误并帮助其改正，这也是一种激励，并且是一种更令人刻骨铭心的激励。合理的授权是最高的激励方式之一，能帮助下属自我实现。但在授权时应把授权内容书面鉴定清楚，授权后要进行周期性地检查，防止越权。

#### 5. 建立完善的控制系统，引入淘汰机制

对关键的流程进行简洁、实效、操作性强的控制，而不是对所有的程序进行控制。采用公平、公正、合理的控制系统，让大家在心里能够善意地接受，而不是潜意识地抵制。不定期地考核与检查。不定期地考核与检查能避免执行人员为应付定期考核和检查而采取的投机行为，能确保执行的稳定性，防止执行的"虎头蛇尾"。引入"淘汰机制"。每年选举一次，凡下属和上司都不满意的领导自动贬为员工或解聘，有一方不满意者降职1~2级。这样一来就可以把执行者控制好，如果你执行不力，做不出成绩，不能让下属和上司满意，你很可能就被淘汰出局。

#### 6. 建立温馨与友爱的团队氛围

上班前把员工召集起来喊喊"爱公司、爱同事"的口号，并互相握握

手，拥抱一下，活跃气氛，增进同事情谊。不要认为这是个形式，很多事情往往是"先有其形，后有其神"。只要心情好了，什么矛盾都好解决。员工生日时，组织大家去祝贺；员工生病了，组织大家去看望；员工有难，公司组织"爱心"资助。让员工感受到团体的温馨与友爱，这能有效地防止员工在背后刻意攻击同事或公司等扭曲心态的产生。开展拔河等能体现团队精神的活动，让大家体验为共同目标而努力的快乐。专门在晚上组织开展一些心态调整课，让员工明白差距是如何产生的，应如何去弥补。

# 为什么态度决定成败？
## ——不值得定律

不值得定律最直观的表述是，不值得做的事情，就不值得做好。这个定律似乎再简单不过了，但它的重要性却时时被人们疏忘。

不值得定律反映出人们的一种心理，一个人如果从事的是一件自认为不值得做的事，往往会保持敷衍了事的态度，这样不仅成功率小，而且即使成功，也不会有多大的成就感。因此，企业的领导者要合理地用人和分配工作，如让成就欲较强的职工单独或牵头完成具有一定风险和难度的工作，并在完成时给予肯定和赞扬；让依附欲较强的职工更多地参与到某个团体中共同工作；让权力欲较强的职工担任一个与之能力相适应的主管工作。哪些事值得做呢？一般而言，这取决于以下三个因素：

（1）价值观。一般来说，一件符合自己价值观的事，人们才会满怀热情去做。

（2）个性和气质。一个人如果做一份与他的个性气质完全背离的工作，他是很难做好的，如一个好交往的人成了档案员，或一个害羞者不得不每天和不同的人打交道。

（3）现实的处境。同样一份工作，在不同的处境下去做，给人的感受也是不同的。例如，一个人在一家大公司，如果最初做的是打杂跑腿的工作，很可能认为是不值得的，可是，一旦被提升为领班或部门经理，就不会这样认为了。

综上所述，值得做的工作是：符合个人的价值观，适合个人的个性与气质，并能让人看到期望。所以，领导者在用人时应该注意"知人"和"善任"。

"知人"，首先要对所需、所用之人有一个较全面的了解。在"知人"的基础上才有可能"选择"合适的人才，"知人"是领导者用人的第一要务和前提。当然，"知人"识才是为了"善任"，通过"善任"人才来获得企业持续的竞争力。

要用好人才，就必须"择人任势"。一个人，不可能具备种种才能，胜任一切岗位，某一特定人才总有最适合他的位子。这就需要管理者在"知人"的基础上，对人才的使用上给予恰当安排，形成人员配置的最佳组合机构，达成最佳组合，管理学家汤姆·彼得斯曾说过：企业或事业唯一真正的资源是人，管理就是充分开发人力资源以做好工作。如何有效地开发人力资源？这要做到两点：首先，领导者要广泛地了解他人的价值观、个性、期望及长处，并加以合理的运用，才算是艺术地"知人"。经过"知人"，领导者已掌握了一定的人力资源，这只是为用人打下基础，这还要第二步"善任"，只有这样，人才才能真正发挥作用。

"集合众智，无往不利"，这是日本著名的松下集团老板松下幸之助先生的至理名言，"一个人的才干再高，也是有限的，且往往是长于某一方面的偏才。而将众才为我所用，将许多偏才融合为一体，就能组成无所不能的全才，发挥出无比巨大的力量。"

事实也正如此，历史上看似一无所长的汉高祖刘邦是将知人善任发挥到极致的古代领导典范。刘邦市井出身，文不及张良、萧何，武不如韩信，却能驱策自如，善于发挥各自所长，用人到位，最终成为汉代开国帝王。

# 为什么"有争论才有高论"？
## ——波克定理

美国庄臣公司总经理詹姆士·波克说："只有在争辩中，才可能诞生最好的主意和最好的决定。"

南山集团是山东省龙口市东江镇一处村企合一的大型国家级企业集团，改革开放前只有260户、800人，人均不到一亩薄地，到目前，已经拥有总资产150多亿元，村民6 700人，员工3.6万名，企业40多处，涉及毛纺、铝业、电力、旅游、教育等十几种产业，在全国乡镇企业500强中位居前列。

说起南山集团的成功，离不开两大法宝：一是批评，二是争论。领导班子成员、厂长经理，每天早晨集中到集团办公室开碰头会，汇报工作不准表扬自己，更不准赞扬领导，只讲问题，讲办法，领导深度概括只批评，不表扬。南山最怕的不是批评，而是宣传表扬，南山集团董事长宋作文有句名言："一边跑一边喊的人跑不快"、"不该你得的荣誉你得了，很危险"。南山的争论，是民主决策的过程。凡重大问题，党委成员必须调研、讨论、集体决策，尤其是涉及项目、投资等发展大计，班子成员往往争论得面红耳赤，用他们的话说，都是"吵"出来的，不"吵"透了不罢休。最后提请党员大会、村民代表大会讨论通过。宋作文做事果敢，但从不盲目地一锤定音。他说："争论出真知，争论少失误。"

俗话说：无摩擦无磨合，有争论才有高论，如果不愿参与组织中的争论，永远也无法在工作中实现重要的事情。

有效的争论对于组织本身来说具有许多积极意义。当人们敢于提出不同意见并为之争论时，组织本身就变得更加健康。意见分歧会让人们对不同的选择进行更加深入的研究并得出更好的决定和方向。彼得·布劳克在《授权经理人：工作中的建设性政治技巧》一书中指出：如果你不愿参与机构中的政治与争论，你永远也无法在工作中实现对你来说重要的事情。要是这样就太悲哀了。

但是，争论总是令人不安，一场拙劣的争论更会使许多人受到伤害，因此，学会如何提出观点并参与有意义的争论是成功工作和生活的关键。这里有几点建议：

（1）创造健康争论的工作环境。培养一种鼓励不同意见的组织文化或环境。使不同意见成为意料之中的事，让人们倾向于关注与之不同的经验而非相似的观点和目标。

（2）奖励、承认并感谢那些愿意表明和捍卫自己观点的人。组织内建立相应的认可制度、奖金制度、工资和福利体系以及绩效管理过程，奖励那些愿意表明或捍卫自己观点的人。

（3）让人们以数据和事实来支持自己的观点和建议。

（4）培训员工，使员工掌握进行健康、良性、积极争论和解决问题的技能。

（5）注意争论解决，把握争论方向。

（6）聘用有能力并愿意解决问题的人。

# 为什么不能过于关注员工的错误？
## ——波特定理

波特定理的含义是：当遭受许多批评时，下级往往只记住开头的一些，其余就不听了，因为他们忙于思索论据来反驳开头的批评。

在很多时候，当下属犯了错误时，领导者都会严词批评一番，有时甚至将员工骂得狗血淋头。在他们看来，似乎这样才会起到杀一儆百的作用，才能体现规章制度的严肃性，才能显示出领导管理者的威严。其实，有的时候过于关注员工的错误，尤其是一些非根本性的错误的话，会大大挫伤员工的积极性和创造性，甚至产生对抗情绪，这样就会产生非常恶劣的效果。所以，在管理事务中，我们要学会宽容下属的错误。但宽容并不等于是做"好好先生"，而是设身处地地替下属着想。在批评的同时不忘肯定部下的功绩，以激励其进取心，并有效避免伤害其自尊和自信。一个懂得如何顾全下属面子的管理者，不仅会使批评产生预期的效果，而且还能得到下属的大力拥戴。

通用电气的杰克·韦尔奇认为：管理者过于关注员工的错误，就不会有人勇于尝试。而没有人勇于尝试比犯错误还可怕，它使员工故步自封，拘泥于现有的一切，不敢有丝毫的突破和逾越。所以评价员工的重点不在于其职业生涯中是否保持不犯错误的完美记录，而在于是否勇于承担风险，并善于从错误中学习，获得教益。通用能表现出很强的企业活力，这与韦尔奇的适度宽容员工错误的方式不无关系。

在这方面，值得特别提出的是世界最富创新的美国3M公司。

美国的3M公司，不仅鼓励工程师也鼓励每个人成为"产品冠军"。公司鼓励每个人关心市场需求动态，成为关心新产品构思的人，让他们做一些家庭作业，以发现开发新产品的信息与知识，公司开发的新产品销售市场在哪里，及可能的销售与利益状况等。如果新产品构思得到公司的支持，就将相应地建立一个新产品开发试验组，该组由R&D部门、生产部门、营销部门和法律部门等的代表组成。每组由"执行冠军"领导，负责训练试验组，并且保护试验组免受官僚主义的干涉。如果一旦研制出"式样健全的产品"，试验组就一直工作下去，直到将产品成功地推向市场。有些开发组经过3～4次的努力，才使一个新产品构思最终获得成功；而在有些情况下，却十分顺利。3M公司知道在千万个新产品构思中可能只能成功1~2个。一个有价值的口号是"为了发现王子，你必须与无数个青蛙接吻"。"接吻青蛙"经常意味着失败，但3M公司把失败和走进死胡同作为创新工作的一部分，其哲学是"如果你不想犯错误，那么什么也别干"。

日本富士Xerox公司从1988年就开始实施"关于事业风险投资与挑战者的纲领计划"。如果公司员工的新事业构思被公司采纳，则公司和提出人就共同出资创建新公司，并保证三年工资。假如失败了，仍可以回到公司工作。对于新创立的公司，公司不但给予资金的支持，还给予经营与财务等必需的人才的支持。

对研究开发的成功，实行奖励与特别奖励已是普遍的事情。但对于研究的失败,，却有着较大的差别。在一些企业，对于失败的项目，不但没有认真地深度概括失败的原因，而是采取了对项目全盘否定的做法。虽然很多公司也都明白研究开发是允许失败的，但常常不能正确地对待失败。3M公司允许工程师们将工作时间的15%在实验室中进行自己感兴趣的研究开发，努力创造轻松自由的研究开发环境。如果你的创造性构思失败了，那也没关系，你不会因此而遭到冷嘲热讽，照常可以从事原来的工作，公司依然会支持你的新构思的试验。在日本的一些企业，有着"败者复活制"和"失败大奖"的表彰制度，旨在给予失败者具有挑战精神的激励，并让失败者从失败中寻找成功的因素，把失败真正作为成功之母，从而最终获得成功。

优秀的管理者在员工犯错的情况下，是不会一味地责怪的。他会宽容面对他们的错误，变责怪为激励，变惩罚为鼓舞，让员工在接受惩罚时怀着感激之情，进而达到激励的目的。每个人都是需要鼓励的，有鼓励才能产生动力。批评的同时给予适当的肯定，只有把握好了，才能成为一名出色的管理者。

# 老板不在时员工在干什么？
## ——洛伯定理

美国管理学家R·洛伯说："对于一个经理人来说，最要紧的不是你在场时的情况，而是你不在场时发生了什么。"

国外儿童教育学家做过一个有趣的试验：把几个儿童依次单独放在一个藏着监视器的小房间里，告诉他，身后有一个玩具，但是，要求他无论玩具发出什么动静都不要回头看，试验的结果是，所有的孩子最后都忍不住回头偷看了一下，试验的关键在下一步，每一个孩子从房间出来后都被问到是不是回头看了，有些孩子承认了，有些孩子就坚持说自己没看。教育学家说，孩子回头是正常的，因为他们的自制力抵抗不了玩具的诱惑，但是，孩子应该有能力控制自己不撒谎。

一个经理人在管理一个组织的时候，要给予下属一定的自主空间，锻炼下属独立处理事物的能力。如果一直是高压政策，对谁都不放心，大权独揽，像一个掌管全局的大管家，则下属不过是他命令和思路的执行者，不需要头脑，不需要主见，只是执行而已。这样的经理人尽管也可以把一个组织管理的井井有条，可他手下的员工却被日复一日地被管理成了只会听话、行动的"好同志"，一旦他不在场时，属下就成了一群无头苍蝇，纪律开始散漫，工作效率开始降低，有事谁也不愿负责任——因为平时谁也没负过责，又怕一旦出了差错没法交代。

所以，对于一个经理人来说，不要大权独揽，事必躬亲，该授权时则授权，否则自己累得心力交瘁不说，员工也会对工作缺乏关心和热忱，时间长了，会使下属产生依赖心理或不被信任的感觉，并在你不在的时候无所适从、互相推诿、错失良机。

孔子的学生子贱有一次奉命担任某地方的官吏。当他到任以后，却时常弹琴自娱，不管政事，可是他所管辖的地方却治理得井井有条，民兴业旺。这使那位卸任的官吏百思不得其解，因为他每天即使起早摸黑，从早忙到晚，也没有把地方治好。于是他请教子贱："为什么你能治理得这么好？"子贱回答说："你只靠自己的力量去进行，所以十分辛苦；而我却是借助别人的力量来完成任务。"

经理人首要的任务，是扮演好教练的角色，也就是负责企业内人才的延续，企业领导要负责培育、激励员工，激发员工潜能，同时，企业领导也通过合理地授权给员工可以施展聪明才智的机会和表现的舞台，让他们能从中得到磨炼与成长，成为具有判断、创新能力的人才，而领导者本人也才能有更多的时间去作更重要的决定及思考企业的远景方向。

老子说："治大国若烹小鲜"。就是说，治理大国应当像煮小鱼一样，不能随意去搅扰它（否则小鱼就残碎了）；同样，企业管理的最高境界就是让员工感受不到你的存在，他能够明确目标、自我管理、自我激励，把个人价值与企业价值有机地结合起来，在实现个人价值的同时，也为企业创造价值。

# 你的脑子里能容纳两种相反的思想吗？
## ——托利得定理

法国社会心理学家H·M·托利得提出：测验一个人的智力是否属于上乘，只看脑子里能否同时容纳两种相反的思想，而无碍于其处世行事。两种正反思想共存，说明你能够听进不同意见，或者说，听到反对意见时不是暴跳如雷、恼羞成怒，能把反对意见认真听完，并加以分析，说明你已经将问题的两个方面都考虑到了，如能够充分加以分析，会对决策起到积极的影响。

历史上三国时期的袁绍就是因为不能容忍反对意见而最终以百万之师败给曹操七万大军的例子。袁绍兵多谋众粮足，宜守；曹操兵强将勇粮少，宜速战速决。袁绍起兵应战，田丰极力反对，被关入囚牢。袁绍果败，大伤元气，因大悔"吾不听田丰之言，兵败将亡；今回去，有何脸面见他呢！"逢况乘机进谗言，袁绍恼羞成怒，决意杀田丰。

田丰在狱中，狱吏贺喜说："袁将军大败而回，您一定又会被重用啊！"田丰怅然说："我死定了，袁将军外宽内忌，不念忠诚。若胜而喜，犹能赦我；今战败则羞，我没希望活了。"果然使者奉命来杀田丰，最终田丰伏剑而死。

而曹操面对不同意见时，采取的却是与袁绍截然相反的两种态度。曹操在初定河北后，又与众人商议西击乌桓；曹洪等人极力反对。曹操听从郭嘉之言，费尽艰难破了乌桓。回到易州，重赏先曾谏者。诚心对众将说："我前者凌危远征，侥幸成功。虽得胜，上天保佑，不可以为法。诸君之谏，乃万安之策，是以相赏。以后不要怕提意见！"

田丰的反对意见是对的，袁绍却把他杀了。像这样的糊涂蛋，谁还会再提反对意见呢？怎么会逃脱惨遭失败、受人耻笑的结局呢？袁绍四世三公，根基深厚，曹操也深为叹惜："河北义士，何其如此之多哉！唯袁氏不能用尔，若袁氏善用之，我何敢小觑此地？"

曹操则相反，从善如流，不闭目塞听，即使反对意见错了，仍然大加奖赏，鼓励大家多讲。因为反对者总有反对的理由，其中必有可取之处。如果侥幸成功，就轻视取笑甚至惩罚提反对意见者，那只会让众人变得唯唯诺诺而已。

管理者拥有权力、地位，容易被阿谀奉承、阳奉阴违所蒙蔽而听不到真话。现实生活中，为了赢得领导的欢心和偏爱，下属大多讨好，甚至糊弄管理者，说假话蒙骗上级的现象屡见不鲜。因此，一个优秀的管理者必须要有听真话的诚意、胸襟和行动。

有这样一个故事：某管理者带领下属一行10人，乘坐一艘小船，到某海岛游玩。归途中，管理者提出暂不回航，到另一小岛上去玩儿。其中有一人提出："那岛周围暗礁多，流急浪大，很危险，还是不去的好。"管理者听后很不满意，厉声说道："不要说不吉利的话，扫大家的兴，风平浪静有什么危险？同意去的站到左边，不同意的站到右边。"很多人察言观色，溜须拍马，结果一个个都向左边走去，当右边只剩下一个人时，小船由于重心偏移，翻了过来。

这则故事说明了什么呢？说明都站在一边，并不是好事。领导独断专行，讲真话者受到排挤、孤立，谁还愿意讲真话呢？管理者要听到真话，就必须以开放的心态容纳别人的想法，有民主的作风，让群众想说、敢说，真正做到言者无罪、闻者足戒、畅所欲言、各抒己见。

另外，管理者应该认识到，敢提意见的人，并非对自己有成见。多数敢提意见的人，是有事业心、进取心、责任感强、思想敏锐、关心工作的人。老子说"真言不美，美言不信"。真话未必中听，中听话未必真实。一些意见可能偏激、不全面、不正确，甚至个别人可能意气用事，发泄不满。管理者要有气度、有雅量，辩证地看待，不能因与自己意见不合而抱成见。要有实事求是的精神和宽广的胸怀和度量，听到一些过激的语言时，不要气恼，要宽容、忍让，耐心地让对方把话说完，然后再心平气和、实事求是地说明情况，分清是非，这样才不至于堵塞言路，才表明自己提倡、赞赏、鼓励、支持说真话的态度。当然，在听取不同意见或反对意见时，也要分清真伪，搞清凿凿之言、肺腑之言和毫无根据的谎言。要分清好坏，搞清金玉良言、别有用心的谗言。要分清虚实，搞清不含水分的实在话、毫无意义的空话和言过其实的大话。只要管理者放下架子，多一点人情味，以诚相待，平易近人，和下属交朋友，就能以自己的真情换来下属的真心。

# 为何高级主管必须互相信任？
## ——艾德华定理

英国BL有限公司前总裁M·艾德华说："高级主管如果不能互相信任，任何集体领导都不会有好的效果。"这被称为艾德华定理。

从前，某个国家的森林内，喂着一只两头鸟，名叫"共命"。这鸟的两个头"相依为命"。遇事时，向来两个"头"都会讨论一番，才会采取一致的行动，如到哪里去找食物、在哪儿筑巢栖息等。

有一天，一个"头"不知为何对另一个"头"产生了很大的误会，造成谁也不理谁的仇视局面。其中一个"头"想尽办法和好，希望还和从前一样快乐地相处。但另一个"头"则睬也不睬，根本没有要和好的意思。

如今，这两个"头"为了食物开始争执，那善良的"头"建议多吃健康的食物，以增进体力。但另一个"头"则坚持吃"毒草"，以便毒死对方才可消除心中怒气！和谈无法继续，于是只有各吃各的。最后，那只两头鸟终因吃了过多的有毒食物而死去了。

在一个组织内，如果领导之间的合作没有处理好的话，组织的命运就值得担忧了。只有有了好的领导集体，才会有好的集体领导。

大量的研究和企业实践表明，不团结和不协调是中国企业中存在的重要痼疾，特别是在高层管理者之间。企业高层管理者是制定发展战略、进行绩效和对利益相关者管理评估等实际操作的群体，由于在成员构成方面的差异性和层级结构上的特殊性，加上华人中不服输的"鸡头"文化的影响，在高层管理团队成员间更容易产生误解，而误解一旦产生，就难以形成有效沟通，由此所造成的损失比一般员工间产生误解所造成的损失要大得多。

单单从我国著名企业由高层更迭所带来振荡频率及作用程度来看，每年都呈上升态势，有些则是多年恩怨，有些则是不断出现。也有许多企业具有一定的抗风险的能力，保持了较好的发展势头；但某些企业的振荡，并没有在可控制的范围内，造成了巨大的亏损，只能依靠银行财团的输血才能持续企业的生命；还有某些企业则不断被并购，而且又不断留下财务黑洞。

所以，在高层团队中营造公开交流、团结协作的氛围，倡导"谈心谈话"，避免由沟通障碍造成的损失，就显得十分必要。万科董事长王石先生说："我是个职业董事长，我领导万科的秘诀，就是不断地交谈沟通——与投资人、股东、经理层和员工。"

# 为什么要及时教导第一个犯错的人？
## ——破窗理论

美国斯坦福大学心理学家詹巴斗曾做过这样一项试验：他找来两辆一模一样的汽车，一辆停在比较杂乱的街区，一辆停在中产阶级社区。他把停在杂乱街区的那一辆的车牌摘掉，顶棚打开，结果一天之内就被人偷走了。而摆在中产阶级社区的那一辆过了一个星期也安然无恙。后来，詹巴斗用锤子把这辆车的玻璃敲了个大洞，结果，仅仅过了几个小时，它就不见了。

政治学家威尔逊和犯罪学家凯琳依托这项试验，提出了一个"破窗理论"。这一理论认为：如果有人打坏了一个建筑物的窗户玻璃，而这扇窗户又未得到及时维修，别人就可能受到暗示性的纵容去打烂更多的窗户玻璃。久而久之，这些破窗户就给人造成一种无序的感觉。那么在这种公众麻木不仁的氛围中，犯罪就会滋生、蔓延。

在日常生活和工作中，经常可以发现这样一些现象：一个人带头摘取商店门口摆放的鲜花，其他人就群起而效仿，将数个花篮中的鲜花一抢而空；桌上的财物，敞开的大门，可能使本无贪念的人心生贪念；有的员工工作中违反程序，还称"××都是这样干的！"或者"上次就是这样做的！"；对于违反公司程序或廉政规定的行为，有关组织没有进行严肃处理，没有引起员工的重视，从而使类似行为再次发生甚至多次重复发生；对于工作不讲求成本效益的行为，有关领导不以为然，使下属员工的浪费行为得不到纠正，反而日趋严重……

"破窗理论"在社会管理和企业管理中给我们的启示是：必须及时修好"第一个被打碎的玻璃窗户"。中国有句成语叫"防微杜渐"，说的正是这个道理。

纽约市交通警察局局长布拉顿受到"破窗理论"的启发。他在给《法律与政策》杂志写的一篇文章中谈到："地铁无序和地铁犯罪在20世纪80年代后期开始蔓延。那些长期逃票的、违反交通规则的、无家可归骂街的、站台上非法推销的、墙壁上涂鸦的……所有这些加在一起，使得整个地铁里弥漫着一种无序的空气。我相信，这种无序就是导致不断上升的抢劫犯罪率的一个关键动因。因为那些偶然性的犯罪，如一些躁动的青少年，把地铁完全看成是可以为所欲为、无法无天的场所。"

布拉顿采取的措施是号召所有的交警认真推进有关"生活质量"的法律，他以"破窗理论"为师，虽然地铁站的重大刑案不断增加，他却全力打击逃票。结果发现，每七名逃票嫌疑犯中，就有一名是通缉犯；每二十名逃票嫌疑犯中，就有一名携带武器。结果，从抓逃票开始，地铁站的犯罪率竟然开始下降，治安大幅好转。

1994年1月，布拉顿被任命为纽约市的警察局局长，正是因为他对"破窗理论"的出色阐释。而布拉顿开始把这一理论推广到纽约的每一条街道、每一个角落。他指出，这些小奸小恶正是暴力犯罪的引爆点。针对这些看来微小却有象征意义的犯罪行动大力整顿，结果带来很大的效果。

"警局的最高领导居然要关心街头那些'毛毛雨'犯罪，这在纽约市是史无前例的，甚至在整个美国绝大多数警察局也是史无前例的。"马里兰大学政策研究专家沙尔曼感慨地说。

在"破窗理论"的指导下，纽约市的治安大幅好转，甚至成为全美大都会中治安最好的城市之一。人们把这个庞大的都市几十年来从没有过的崭新气象都归功于布拉顿，但是功高震主，1997年3月，布拉顿被当初任命他的纽约市市长朱利安尼请出了警察局。

"破窗理论"在社会治安的综合治理以及反腐败中的应用意义是显而易见的，在企业管理中也有重要的借鉴意义。

在日本，有一种称作"红牌作战"的质量管理活动：

（1）清理：清楚地区分要与不要的东西，找出需要改善的事、地、物。

（2）整顿：将不要的东西贴上"红牌"；将需要改善的事、地、物以"红牌"标示。

（3）清扫：有油污、不清洁的设备贴上"红牌"；藏污纳垢的办公室死角贴上"红牌"；办公室、生产现场不该出现的东西贴上"红牌"。

（4）清洁：减少"红牌"的数量。

（5）修养：有人继续增加"红牌"；有人努力减少"红牌"。

"红牌作战"的目的是，借助这一活动，让工作场所得以整齐清洁，打造舒爽的工作环境，并进而养成企业内成员做事有讲究的心；久而久之大家养成习惯后，则遵守规则，认真工作。

许多人认为，这样做太简单，芝麻小事，没什么意义，而且兴师动众，没有必要。但是，一个企业产品质量是否有保障的一个重要标志，就是生产现场是否整洁。这应该是"破窗理论"比较直观的一个体现。

公司对员工中发生的"小奸小恶"行为，要引起充分的重视，小题大做，加重处罚力度，严肃公司法纪，这样才能防止有人效仿，积重难返。特别是对违犯公司核心理念的行为要严肃查处，绝不姑息养奸。

美国有一家以极少炒员工著称的公司，一天，资深熟手车工杰瑞为了赶在中午休息之前完成三分之二的零件，在切割台上工作了一会儿之后，就把切割刀前的防护挡板卸下放在一旁，因为没有防护挡板安放收取加工零件会更方便、更快捷。大约过了一个多小时，杰瑞的举动被无意间走进车间巡视的主管逮了个正着。主管雷霆大怒，除了目视着杰瑞立即将防护板装上之外，又站在那里控制不住地大声训斥了半天，并声称要作废杰瑞一整天的工作量。此时，杰瑞以为结束了，没想到，第二天一上班，有人通知杰瑞去见老板。在那间杰瑞受过好多次鼓励和表彰的不规则形状的总裁室，杰瑞听到了要将他辞退的处罚通知。总裁说："身为老员工，你应该比任何人都明白安全对于公司意味着什么。你今天少完成了零件、少实现了利润，公司可以换个人、换个时间把它们补起来，可你一旦发生事故，失去健康乃至生命，那是公司永远都补偿不起的……"离开公司那天，杰瑞流泪了，工作了几年时间，杰瑞有过风光，也有过不尽如人意的地方，但公司从没有人对他说不行。可这一次不同，杰瑞知道，他这次碰到的是公司不可碰触的东西。

这个材料告诉我们，对于影响深远的"小过错"，"小题大做"去处理，以防止"千里之堤，溃于蚁穴"的现象出现，这正是及时修好"第一个被打碎的窗户玻璃"的明智之举。

另外，公司要鼓励、奖励"补窗"行为。不以"破窗"为理由而同流合污，反以"补窗"为善举而亡羊补牢，这体现了员工高尚的道德情操和自觉的成本意识。公司要提倡这种善举，通过表扬、奖励措施使之发扬光大。

# 为什么没有监督就没有绩效的改进？

——洛克忠告

英国教育家洛克说："没有有效的监督，就不会有满意的工作绩效。"

明智的管理者会利用监督这把利剑，促使员工们紧迫且满怀热情地投入到工作中去。规定应该少定，一旦定下之后，便得严格遵守。

在管理中，把事情程序化、制度化，让各职能部门有章可循，员工按部就班，可以提高管理效率。要做到这些，制定各种各样的规章制度就不可避免。俗话说："没有规矩，难成方圆。"如何制定规定，从而使企业能以最好的状态运转，是每个管理者都不能忽视的问题。过多的规定会使员工们无所适从，则规定应该少定。少定规定会给员工们以较大的个人发展空间，在工作中充分发挥积极性和创造性，从而提高企业的产出效率。但是，如果规定不能严格得到执行，那就会比没有规定还差。适当的规定，然后严格地得到执行是成功的保证。

令出必行才能保证成功。

春秋时期，有一次孙武去见吴王阖闾，与他谈论带兵打仗之事。吴王见他说得头头是道，心想我得看看他说的实效如何。于是，吴王要求孙武替他训练宫女。孙武答应了，并挑选了100个宫女，让吴王的两个宠姬担任队长，有板有眼地操练了起来。

孙武先将训练的要领清清楚楚地讲了一遍，但正式喊口令时，这些女人笑成了一团，乱作一堆，谁也不听他的。孙武再次讲解了要领，并要两个队长以身作则。但他一喊口令，宫女们还是满不在乎，两个当队长的宠姬更是笑弯了腰。孙武严厉地说道："这里是演武场，不是王宫。你们现在是军人，不是宫女。我的口令就是军令，不是玩笑。你们不按口令训练，这就是公然违反军法，理当斩首！"说完，便叫武士将两个宠姬杀了。场上顿时肃静，宫女们吓得谁也不敢出声，当孙武再喊口令时，她们步调整齐，动作划一，真正成了训练有素的军人。孙武派人请吴王来检阅，吴王正为失去两个宠姬而惋惜，再没有心思来看宫女训练，只是派人告诉孙武："先生的带兵之道我已领教，由你指挥的军队一定纪律严明，能打胜仗。"孙武没有说什么废话，而是令行禁止，换得了军纪森严、令出必行的效果。

古语云："慈不掌兵。"一位优秀的管理者就应该坚持正确的原则，虽然推行的结果可能是得罪一些高层人士，导致自己的职位不保，但如果你的政策推行不下去，那你同样没有前途。这就是机会成本，它所运用的就是经济学中最常用的一种理论——博弈论。其实，只要你是真正客观公正地执行规定，而不是关注自己的私利，你是会得到员工们尊重的。